JN409826

문화는 소통이다

엄정식 이기상 김성곤 김문환
윤경로 이원복 손동현

문화는 소통이다

엄정식 이기상 김성곤 김문환
윤경로 이원복 손동현

철학과현실사

머리말

지난 1년여에 걸쳐서 우리는 거의 매달 사회통합위원회 소회의실에 모여서 한국 사회가 안고 있는 소통의 문제에 관하여 논의하는 회합을 가졌다. 모임이 거듭됨에 따라 우리 사회가 당면한 갈등의 구조와 그 양상이 매우 심각하고 광범위하다는 사실을 인식하고 새삼스럽게 놀라지 않을 수 없었다. 여기에는 여러 가지 이유가 있을 것이다. 수난과 질곡으로 점철된 현대사적 배경과 여기서 형성된 조급한 민족성, 피비린내 나는 동족상잔의 경험과 분단 구조, 급진적으로 이루어진 산업화와 민주화 과정에서 야기된 여러 가지 부정적 현상, 그리고 무엇보다 거의 무비판적으로 수용된 서구의 과학 문명과 기독교 문화 등 이루 다 열거하기도 어려운 형편이다. 동서와 고금이 일시에 격돌하는 이 '폭풍 치는 언덕'의 바람 모지에서 소통이 원만하게 이루어지고 사회가 순조롭게 통합되기를 기대하는 것은 오히려 이상한 일일지도 모른다. 그러나 또한 우리는 이러한 현상을 방관하고만 있을 수도 없다.

국가 발전론적 관점에서 볼 때 경제적, 정치적 및 문화적 측면이 균형 있게 발전되어야 사회가 갈등을 최소화할 수 있고 안정을 유지하며 소통도 원만하게 이루어질 것이다. 잘 알려진 바와 같이 우리나라는 그동안 지나치게 급진전된 성장의 논리에 치우친 결과 분배의 정의에 심각한 문제점을 낳았고 외향적이고 물질적인 발전에 경도되어 정신적 및 도덕적 측면에서 내실을 기하는 데 있어서 상대적으로 게을리 한 경향이 있었다. 말하자면 넓은 의미의 문화적 발전에서 우리는 후진성을 면치 못하고 있다고 판단된다. 적어도 이것이 우리가 그동안 거듭된 논의에서 얻어 낸 문제의식이며 "문화는 소통이다"라는 결론에 도달한 이유이기도 한 것이다.

문화는 매우 모호하고 애매한 개념이다. 그러나 우리는 그것을 주로 경제나 정치와 대비되는 것으로 이해하고, 그 중에서도 특히 인문학적인 개념으로 파악하여 소통의 문제에 접근하였다. 아마 우리가 모두 인문학에 종사하는 학자들이기 때문이었을 것이다. 그러나 서로 접근하는 방식이 달랐고 비중 있게 다루어져야 한다고 생각하는 분야도 다양할 수밖에 없었다. 물론 공감하는 부분이 많이 있었지만 심도 있는 대화를 통해서 전공 분야에 따라 어느 정도 분담하여 작업하기로 한 것도 사실이다. 그 결과로 일단 마무리해 본 것이 이 책자인 셈이다.

이 책은 두 부분으로 나누어져 있다. 제1부는 현대의 문화 지형과 소통의 문제를 다루었다. 실제로 갈등의 심화와 소통의 문제는 우리 사회의 문제만은 아니다. 모든 국가가 세계화의 문제로 몸살을 앓고 있고 교통과 통신의 발달로 온 세계가 나날이 지구촌화되어 가고 있는 상황에서, 정도의 차이는 있지만 각기 다양한 방식으로 동일한 문제에 직면해 있다고 할 수 있다. 여기서 우리는 무엇보다 문화의 다양성을 인정하고 공감대를 극대화하기 위해 노력하지 않으면 안 된다. 그렇게 하기 위해서는 감성이나 지성보다 더 높은 차원의 능력인 영성에 호소해야 될지도 모른다. 또한 현대 문명의 총아라고 할 수 있는 디지털미디어가 소통의 순기능 못지않게 역기능의 도구로 활용되고 있음을 결코 간과할 수 없다. 이러한 문제점들을 공감하고 그 해법을 찾기 위하여 예술적 감수성과 창의성의 체계적인 훈련 및 교육을 통해서 배양하는 것이 매우 긴요하다는 것을 우리는 확인한 것이다.

제2부는 우리 사회의 특수성을 의식하여 한국의 정체성과 소통의 현실을 다루었다. 우리는 현대인이기 때문에 현대가 부딪친 온갖 갈등의 요소와 소통의 문제를 안고 있지만, 특히 분단의 시대를 살아가고 있는 한국인이기 때문에 국가적 정체성과 연관된 특수한 문제들이 있음을 간과할 수 없는 것이다. 이러한 문제들을 입체적으로 조명하기 위해서는 역사적으로 원활한 소통을 위해 어떠한 제도가 시행되었는지 살펴볼 필요가 있을 것이다. 또한 한국의 정체성을 파악하기 위해서는 경제적, 정치적 및 문화적 특수성에 관한 고찰 외에 가까운 이웃인 중국이나 일본과의 차이점도 주시해 볼 필요도 있다. 소통의 문제는 한국인의 독특한 의식구조와 무관하지 않기 때문이다. 이러한 검토를 통해서 얻은 우리의 결론은 역시 인문학적 가치의 공유를 통해서만 갈등이 어느 정도 해소되고 소통이 원활해지며 사회통합의 실마리를 찾아낼 수 있다는 사실이다.

이 책자의 내용은 우리들에게도 아주 흡족한 것은 아니다. 그것은 아직 체계적으로 심화된 본격적인 연구서가 아니기 때문이다. 그러나 요즈음 우리가 당면한 가장 심각한 난제인 소통의 문제에 대해서 어느 정도 디딤돌의 역할을 해낼 수 있기를 조심스럽게 기대해 본다. 끝으로 물심양면으로 지원을 아끼지 아니한 사회통합위원회의 송석구 위원장과 기꺼이 출판을 맡아 준 철학과현실사에 깊은 감사를 드린다.

2011년 12월
엄 정 식

차 례

제 2 부 한국의 정체성과 소통의 현실

제 1 부

현대의 문화 지형과 소통의 문제

문화는 소통이다:
문화 다양성 시대의 소통과 공감

이 기 상

1. 지구촌 시대와 문화 다양성

현대는 지구촌 시대다. 지구촌 시대의 주된 특징 중 하나가 문화다. 다양한 문화권의 인간들이 '하나'의 지구에서 함께 살아갈 수밖에 없는 운명 공동체를 이루고 있다. 이제 인간이 직면하는 위기나 위험은 어느 특정 나라나 민족, 특정 대륙에 한정된 지역적인 문제가 아니다. 하늘에서 본 땅에는 정치, 경제, 사회, 문화에 의한 경계란 없다. 그저 '하나'의 둥근 지구일 뿐이다. 이 하나뿐인 지구에서 운명을 같이해야 할 인간들, 생명체들, 자연 사물들, 하천과 산맥, 물과 공기들은 지구를 살려야 자신들도 살 수 있다는 살림의 지혜를 터득해야 한다.

우리가 사는 21세기의 가장 큰 문제는 생태계 파괴로 인한 지구 온난화와 기후 문제다. 이미 세계 각 나라들이 이산화탄소 배출권을 놓고 실랑이를 벌이고 있다. 또 하나의 문제는 테러와 반

테러로 얼룩진 극에 달한 문명권의 대립이다. 두 가지 모두 소통의 문제다. 생태계 문제는 자연과의 소통 문제이고, 문명권의 대립은 타 문화권과의 소통의 문제다.

도미니크 볼통은 21세기의 가장 큰 문제 중 하나가 '불통(不通)'이라고 했다. 이러한 비소통이 9 · 11이라는 사건으로 나타난 것이라고 말한다. 실제로 9 · 11 테러에 대해 아랍 측은 CNN 같은 국제적인 전 세계 네트워크가 아랍 문화권에 대한 위협이어서 그에 대한 대응이었다고 실토했다. CNN이 전 세계에 송출하는 뉴스는 자유민주주의와 인권을 위한 것이라고 했지만, 아랍권은 그것을 퇴폐한 미국식 제국주의를 전 세계에 퍼뜨리려는 것으로 받아들인 것이다. 볼통은 이것이 '소통의 불통'이라고 말한다. 미국이 생각한 민주주의 이념을 퍼뜨린다는 메시지가 아랍 문명권에게는 오히려 자기들의 문화를 죽이려 드는 말살의 정책으로 비춰지면서 그에 대한 대응으로 9 · 11 테러가 일어났다는 이야기다. 서로 간에 문화의 소통이 있었다면 이런 사건은 없었을 것이다.

사무엘 헌팅턴은 이러한 현상을 '문명의 충돌'이라고 이름 붙였다. 그가 문명의 충돌을 이야기했을 때, 가장 두려워했던 대상은 아랍이 아니라 떠오르는 신 문명권인 중국이었다. 그는 중국이 미국을 위협할 것이라는 예측으로 미국 사회에 경종을 울렸다. 이런 문명의 충돌은 지금 세계 곳곳에서 보이게 보이지 않게 벌어지고 있다.

2011년 4월 프랑스에서는 무슬림 여성에게 부르카, 니캅, 히잡 등 이슬람식 베일의 착용을 금지하는 법안을 통과시켰다. 현재 유럽 국가 중에 모든 공공장소에서 이슬람 여성들의 베일 착용을 금지한 나라는 프랑스와 벨기에가 있으며, 네덜란드도 이슬람식 베일 착용 금지를 추진하고 있다. 부르카 금지법을 시행하고 있는 국가들의 명분은 부르카 등 이슬람식의 베일이 무슬림 여성들을 억압한다는 것과, 얼굴과 몸을 가리고 다니는 이들로 인해 보안에 문제가 생길 수 있다는 것이다. 그러나 정작 당사자인 무슬림 여성들은 부르카 등을 착용할 자유를 빼앗는 법안이 자신들을 억압한다며 반발하고 있다. 한 통신사에서는 프랑스의 부르카 금지법과 무슬림 여성들에 대한 벌금 부과에 대해 '프랑스의 이슬람 혐오증(islamophobia)'이라고 표현하기도 했다. 관용을 앞세운 프랑스가 민주주의라는 명목을 내세워 강제로 이슬람 여성들의 베일을 벗긴 것은 시대를 역행하는 발상이라고 할 수 있다.

현대사회는 다문화 사회다. 따라서 사회통합이 가장 중요한 화두로 떠오르고 있다. 각기 다른 삶의 방식들이 어떻게 서로를 이해하면서 허용하고, 인정하면서 공존할 수 있는지에 대해 연구해야 한다. 정치인들은 어떤 식으로든 하나로 통합하고, 주류 속에 편입시키는 일방적인 방식을 선호한다. 또한 순응하지 않으면 배타 세력으로 간주하고 억압한다. 그러나 문화라는 것은 소통하고 섞이면서 자기에게 맞는 옷을 입는 것이다. 따라서 강제로 제압하고 획일화의 잣대를 들이댈 경우 충돌은 피할 수 없는 현실이 된다.

2. 문화의 세기를 읽는 몇 가지 코드

1) 현대사회의 인간 조건: 매체와 소통, 정보 불평등

우리는 100년 전 선조들이 살던 시대와는 매우 다른 조건 속에서 살고 있다. 현대는 문화 다양성의 시대다. 문화를 추구하고 싶어 하는 사람들이 급속도로 증가하면서 정치, 경제를 떠난 문화적인 동물로서의 욕망이 가장 충만한 시대다. 인간 집단의 형성과 존재 방식은 거대한 역사의 흐름 속에서 변화했고 그와 더불어 인간의 감각 지각 방식과 체험 방식이 변하고 아울러 인간의 의식도 달라졌다. 언어와 문자 같은 문화 기술도 자연적으로 주어진 것이거나 불변하는 것이 아니라, 주로 사회적인 관습으로부터 발생된 추상적인, 어느 정도는 임의적인 구성물이다. 특히 오늘날 우리는 단일 미디어의 문화에서 복합 미디어의 문화로 이행해 나가는 과도기에 살고 있다. 그리고 그와 같은 사회적 정보 처리의 새로운 형식들은 현재의 인간 조건(conditio humana)을 변화시키고 있다.

인간 조건을 구성하고 있는 가장 중요한 것은 기술에 의한 매체[미디어]의 혁명과 그것과 더불어 함께 변화하고 있는 사회적 실천, 즉 커뮤니케이션이다. 매체와 소통의 문제가 현대사회 인간 조건의 가장 큰 화두다. 소통의 문제가 대두하게 된 현대사회의 또 다른 배경은 정보화다. 쏟아지는 정보의 홍수와 과도한 정보 유출, 그로 인한 정치적, 경제적 갈등과 충돌이 큰 문제들을 일으키고 있다. 한쪽에서는 정보를 통제하고 관리하는 사람들이 생겨나는가 하면, 다른 쪽에서는 정보 획득을 민주화의 과정으로 여기고 목숨 건 투쟁을 한다. 정보화 시대는 정보를 어떻게 잘 활용하느냐가 개인은 물론 조직, 국가의 위상과 경제적 가치 창출에 중요한 역할을 한다. 그러나 정보를 활용해서 잘 누리고 사는 사람은 전 지구상 인구의 10퍼센트밖에 안 될 정도로 정보의 불평등이 심하다.

디지털 기술이 열어 준 정보와 통신 분야에서의 획기적인 발달로 인해 인류는 새로운 시대를 살고 있다. 이 새로운 시대에 대한 이름에서 우리는 그 독특함을 읽어 낼 수 있다. 지식 정보화 시대, 인터넷 시대, 디지털 시대, 사이버 시대, 영상 시대 등은 우리가 사는 시대가 첨단 기술 과학에 의해 작동되고 있는 기술 문명의 측면을 부각시키고 있다. 그런가 하면 지구촌 시대, 탈근대, 후기 산업주의 시대, 문화 다원주의 시대, 상호 문화 시대, 문화의 세기 등은 사람들의 생활방식, 생산방식의 변화, 관계 맺음과 욕구의 변화 등을 표현하고 있다. 한마디로 기술과 문화가 우리가 사는 현대를 특징짓는 표정이다. 이 둘을 아우르는 표현이 있으니 '첨단 기술 문명의 시대'다. 그런데 넓게 보면 기술 문명도 문화의 한 형태이므로 우리 시대를 '문화의 세기'라 해도 틀린 말은 아니다.

2) 인간은 문화적인 동물이다

1815년경 나폴레옹은 "정치는 우리의 운명이다"라고 말했다. 이 말은 인간이 정치적인 동물로서 정치의 굴레를 벗어날 수 없다는 뜻으로, 다시 말하면 정치가 어떤 모습이냐에 따라 인간의 모습도 달라진다는 의미다. 전제군주의 왕권 정치 아래 살다가 대혁명을 통해 민주주의를 경험하면서, 정치에 따라 인간의 삶이 확 달라질 수 있다는 것을 깨닫게 된 것이다. 1845년경에 마르크스는 "경제는 우리의 운명이다"라고 이야기한다. 그는 결국 정치도 먹고살기 위한 것인데, 빵의 문제가 해결되지 않으면 인간은 영원히 불행할 수밖에 없다고 주장한다. 빵의 문제, 경제문제가 해결되어야 정치의 판도도 달라지고, 모든 것이 달라진다는 것이다. 그로부터 100년 뒤, 하이데거는 "기술은 우리의 운명이다"라고 말한다. 즉, 우리의 삶과 세계를 구성하는 것은 기술인데, 이때의 기술이란 단순히 도구가 아니다. 어떤 기술을 쓰느냐에 따라 우리의 삶이 완전히 달라진다는 관점이다. 하이데거가 1945년경에 이 말을 했을 때만 해도 사람들은 크게 공감하지 않았다. 그러나 그로부터 불과 30-40년이 흐른 다음부터 본격적으로 기술은 우리의 삶을 편리하게 하면서 동시에 우리를 기계의 노예로 만들기 시작했다. 이제 우리는 기술을 벗어날 수가 없다.

우리는 정치, 경제, 기술 등의 굴레를 뒤집어쓰고 살아간다. 우리를 옭죄는 굴레로부터 벗어날 수 있는 길은 문화밖에 없다. 그래서 필자는 "문화는 우리의 희망이다", "문화는 우리의 여유다"라는 화두를 던진다. 지금까지는 정치적 가치, 경제적 가치, 기술적 가치 등이 우리를 지배해 왔다면, 이제는 문화적인 가치로 우리 삶의 희망을 키워 나가야 한다는 것이 필자의 생각이다. 문화적 가치 안에는 21세기 인류가 희망하는 단초가 담겨 있다. 이제 문화는 탈근대를 살아가는 현대인의 화두가 됐다.

그렇다면, 역사적으로 거쳐 온 인류의 다양한 삶의 가치들과 21세기 새롭게 등장한 문화의 세기를 이끌어 갈 문화적 가치는 어떻게 다르고, 무엇이 새로운가?

정치적 가치

자주, 자율, 자립이라는 근대의 이념은 민족국가의 건립이라는 거대한 정치적 이념을 앞세워서 정치적 동물로서의 인간의 본성을 자극하며 새로운 시대를 열었다. 개인으로서의 인간은 자유,

평등, 인권과 같은 민주적 가치들을 확산시키며 자유민주주의 시대를 만들어 나갔다. 자유민주주의 시대가 구현된 오늘날의 시대를 후쿠야마는 '역사의 종말'이라고 했다. 정치적인 이념에서는 더 좋은 것이 나올 수가 없다는 것이 그의 주장이다.

그러나 정치적인 동물의 문제점은 항상 소수의 엘리트들이 권력, 신분, 명예에 대한 욕구를 키워 나가면서 다수의 타인을 배려하지 않고 오로지 지배와 통치에만 신경 쓴다는 것이다. 따라서 인간이 정치적인 동물이기는 하지만, 정치의 무대에 선 사람은 소수의 능력 있는 사람들뿐이다. 이에 대한 부작용으로 정치 혐오증이 나타난다. 더욱 심각해지면 일반인들의 정치 무관심화가 이어지는데, 이를 탈정치화라고 한다.

이러한 현상에 저항하기 위해 독일의 철학자 하버마스는 담론(談論, discourse), 의사소통 등을 통해 민주적인 시민들이 자기의 의견들을 표현해서, 다양한 의견 속에서 정치의 형태까지도 바꿔 나가는 노력을 기울여야 한다고 강조한다. 정치적인 동물과 정치적인 가치의 차원은 인간이 가지고 있는 본성을 건드리고 있기는 하지만, 그 밑바탕에는 지배자와 피지배자라는 수직적인 관계가 깔려 있다.

경제적 가치

정치적 재능의 엘리트들은 경제적인 뒷받침 없이는 정치적 변화를 꾀할 수 없다는 것을 알고 재력 있는 사람들과 함께 사유재산권을 강조하며 경제적인 부를 만들어 나간다. 생존을 위한 빵[밥]의 확보 없이는 안정된 정치는 불가능하다는 것을 깨닫고 국가적 차원에서의 경제적 성장이 필요함을 역설한다.

경제적 가치가 부각되면서 풍요, 안정, 성장, 발전, 선진, 경쟁, 성과 등이 사람들의 관심을 사로잡는다. 그러나 이것도 결국 가진 사람들이 돈을 벌어들이기에 훨씬 유리한 조건을 마련해 주는 방향으로 만들어지고 있기 때문에, 결국엔 정치적인 지배자-피지배자가 다시 돈에 의해서 가진 자-못 가진 자라는 새로운 계급 구도로 형태를 달리할 뿐이다. 이것을 타파하기 위한 투쟁이 프롤레타리아 혁명으로 발산된다. 이처럼 정치문제와 경제문제는 끝없이 엎치락뒤치락 하면서 가치의 충돌을 빚는다.

정치적 가치와 경제적 가치의 충돌을 해소하기 위해 등장한 것이 '복지' 개념이다. 정치적으로 경제적 약자를 돌봐야 한다는 것이 복지 정책이다. 유럽에서는 일찍부터 경제적 약자들에 대한 배려와 지원이 정책적인 차원에서 많이 펼쳐져 왔다. 가난한 이들이 최소한의 생활 조건을 유지할 수 있도록 의료나 교육 등의 보장제도를 잘 마련해 놓고 있다.

독일의 경우, 복지 정책에 초점을 맞추고 있는 곳이 사회민주당이다. 반면에 사회 안정, 경제성장과 같은 쪽으로 보수적인 정치를 펼치는 곳은 기독민주당이다. 그래서 사회민주당이 집권하면 복지에 많은 힘을 기울이게 되는데, 그러기 위해선 돈을 많이 써야 한다. 즉 부자들에게서 세금을 많이 걷어서 가난한 사람들을 위해 투입하게 된다. 그러다 보면 산업이 위축되고 국가의 부채도 늘어나게 된다. 어느 정도 사회민주당이 복지 정책을 펼쳐 나가다가 경제가 어려워지면 이번에는 기독민주당이 다시 집권을 한다. 이렇듯 집권 정당이 교대로 바뀌면서 독일 정치인들은 상호 보완적인 정책을 찾아 좀 더 나은 정치를 펼치려고 노력한다. 그러나 우리나라는 정치가 정책으로 대결을 하지 않고 이념만으로 싸우고 순전히 집권을 위해 온갖 술수를 다 동원하는 형색이다 보니 집권 여부에 따라 정당들이 세워졌다가 사라지기를 반복한다.

과학기술적 가치

경제적 성장을 위해서는 생산방식의 혁명이 필요하고 이를 위해서는 첨단 과학기술이 요구된다. 정치적 가치와 경제적 가치의 충돌을 과학기술로 풀어 보려는 다양한 합리적 방법이 모색된다. 통제와 조정을 통한 관리 시스템, 편리와 효율성을 앞세운 도구적 합리성이 새로운 **과학기술적 가치**로 등장한다.

기능, 적용, 통합, 확산 등의 기계적 합리성이 판을 치며 인간 역시 그러한 기술의 부품으로 취급받게 된다. 이는 지금으로부터 약 60여 년 전 하이데거가 지적했던 문제이기도 하다. 하이데거는 기술적인 합리성이 부각되면서 인간이 기술을 도구화해서 마음대로 부리게 된다고 생각하는 것은 착각이라고 지적한다. 그는 기계화 시대 기술적 마음이 현실을 지배하면, 인간도 기술의 부품이 된다고 경고했다.

과학기술적 가치의 부작용은 바로 인간 생활세계의 식민지화 현상이다. 현대가 이룩한 과학, 기술, 산업, 상업, 금융에서의 새로운 발전들은 인간 공동체에 새로운 시대를 열어 주었다. 우리를 존재케 해준 지구와 예전과는 다른 관계를 맺게 해주었다. 그 결과로 지구 전체가 황폐화되는 위기에 직면하게 되었다. 우리의 상업적, 산업적인 강박관념이 종국에는 역사에 전례가 없을 만큼 심각하게 생명 체계를 교란시켰다. 이것이 '지구 온난화'와 '기후변화'라는 전 지구적 위협으로 우리 가까이 다가와 있다.

통신과 정보 분야의 첨단 과학기술에 의해 우리는 전 세계인을 국경과 민족의 울타리 없이 하나로 묶은 지구촌 시대를 살고 있다. 이 새로운 시대는 다양한 세계관, 인간관, 가치관이 공존하는 문화 다원성과 문화 다양성의 시대이며, 전 지구인이 위기에 놓인 '지구호'에 탑승하고 있는 운명의 공동체 일원이다. 지금 당장 지구의 위기를 해결할 해법을 마련하지 못한다면 인간에게 지금과 같은 다음 세기는 기대하기 어려울 것이다. 그런데 이 절체절명의 위기를 정치적 가치나 경제적 가치로는 해결할 수 없고, 더욱이 기술 공학적으로 푼다는 것은 말이 안 되는 이야기다. 여기에 우리는 새로운 대안으로서 문화적 가치를 고려에 넣어야 할 때가 되었다. 결국 위의 가치들은 인류 문명의 발전에 기여를 했지만 한계를 가지고 있다. 그렇기 때문에 이 한계를 보완하기 위하여 문화적인 전제로서의 문화적인 가치를 얘기하는 것이다.

문화적 가치

우리는 이제 문화적 존재로서의 인간을 부각시키며 다양성과 차이를 개개인의 독특함으로 인정하고 받아들이는 관용과 공존의 생활방식을 체화시켜야 한다. 이럴 경우 서로서로의 독특함을 인정하는 가운데 전체와 조화를 이루는 어울림과, 다양성과 차이를 다 포섭하는 아우름과 관용, 그 속에서 더불어 함께 서로 살리며 사는 공생과 상생, 다른 사람들과 소통하는 가운데 서로 이해하며 자기를 표현하고 구현하는 자기실현의 문화적 가치들이 빛을 발하며 인류에게 희망의 불씨를 건네줄 것이다. 여기서 강조하는 어울림, 아우름과 관용, 공생과 상생, 자기 구현과 자기실현이 문화적인 가치들이다.

이렇듯 문화적인 것을 강조하게 되면 정치, 경제, 과학기술이 좀 뒤처지는 개도국이나 후진국은 선진국이 도와줘야 한다. 현재 이산화탄소 배출권을 놓고 세계 각국이 줄다리기를 하고 있는데, 미국과 같은 경우 전 지구의 오염 가스 4분의 1을 배출하고 있다. 그러면서도 배출 가스 협상권을 인정하지 않고 그대로 가스를 배출하겠다고 버티고 있다. 반면에 중국, 인도 등 신흥 개발도상국에서는, 자기들은 지금껏 가스 배출을 안 했다면서 배출권에 대한 권리를 주장하고 있다. 중국이 서서히 산업 폐기물을 쏟아 내고 있는데, 만약 미국 수준으로 쏟아 낸다고 한다면 지구 전체는 10년 만에 기후 변화를 면할 수 없을 것이다. 그렇기 때문에 중국과 인도의 탄소 배출은 줄여야 한다. 그럼에도 불구하고 중국, 인도, 파키스탄과 같은 나라는 여태까지 탄산가스를 배출한 양으로 조절해 달라는 입장이다. 즉, 그동안 미국이나 다른 선진국에 비해 많이 배출을 하지 않았기 때문에 이제라도 많이 배출을 해서 경제성장을 할 수 있도록 해달라는 것이다. 그러나 문제는 여태까지 배출하지 않던 나라가 선진국에서 배출한 양의 반만 배출을 해도 이 지구가 감당할 수 없다는 것이다. 그것이 지구의 온난화 문제다.

이 문제를 완화하기 위해서는 서로 도와주는 것이 최선이다. 선진국에서는 배출량을 줄이고 개발도상국에 조금 더 배출할 수 있는 권한을 주는 것이다. 이제 지속 가능한 발전에서 '녹색 성장'이라는 화두가 중요 관심사의 하나로 대두되고 있다. 성장을 하되 오염 폐기물을 적게 배출하는 것으로 패턴을 바꾸자는 것이다. 그래서 녹색 기술이 개발되면 개발도상국과 같은 나라에 무료로 제공하면서 같이 발전해 나가자는 패턴이다. 이것이 문화적인 자세다.

3) 문화적 존재는 통합한다

켄 윌버의 통합적 인간

『통합 비전』, 『통합 심리학』, 『모든 것의 역사』 등의 저자 켄 윌버는 새로운 영성가, 심리학자로 많은 독자층을 확보하고 있다. 켄 윌버의 화두는 통합(統合)이다. 그는 인류 역사의 발전의 큰 축을 예수 탄생 시대에서 본다. 야스퍼스는 그 시기를 차축(車軸) 시대(Achsenzeit)라고 했다. 인류 역사의 든든한 발전의 큰 주춧돌을 놓은 시기라는 뜻이다. 그 당시 서양에 예수가 있었다면 동양에는 공자가 있었고, 부처가 있었다. 그때는 '존재의 대사슬'이라는 표현에서 알 수 있듯이, 존재 전체에 대한 혜안을 가지고 인류 역사를 해석하는 큰 틀을 제시한 시대다. 그 시기가 중세까지 이어진다.

근대에 와서는 이러한 대사슬이 분해되고, 분석의 시대를 맞이하게 된다. 분석의 시대는 과학의 시대다. 이때는 모든 것이 전문화된다. 그러나 모든 사람이 자기 분야에서는 전문가가 되지만, 다른 사람의 분야에 대해서는 모르는 시대가 된다. 근대의 문제점은 바로 전문 바보(Fachidiot)의 시대라는 점이다. 따라서 탈근대로 넘어오면 이러한 분석과 전문성이 새로 통합되어야 한다는 것이 켄 윌버의 주장이다. 이제 다시 한 번 전문화된 것들이 큰 그림 안에서 새로운 비전을 주느냐 하는 것이 관건이 된다. 이때 통합이라고 하는 것은, 단순히 전문 분야나 주제뿐만 아니라 동서양의 다른 문화권의 통합까지도 아우르는 개념이다.

『통합 심리학』에서 켄 윌버는 동서양을 아우르는 통합 심리학을 기획하고 있다. 이때 심리학(psychology)의 어원인 'psyche'는 그리스어로 영혼을 뜻한다. 따라서 켄 윌버는, 심리학은 단순히 심리적 차원이 아니라 영성적인 차원이므로, 심리학이 제대로 그 역할을 수행하려면 영성적인 차원을 가미해야 한다고 주장한다. 언제부턴가 우리의 정신도 뇌 과학, 심리도 기계적으로 뉴런 등을 통해 설명하는 추세다. 그런데 '심리'라는 것이 그 근원을 따져 올라가면 인간의 영성적인 차원까지 아우르게 된다. 정신 치료 분야에서도 이제는 과학적이고 실증적인 추세만 있는 것이 아니라, 영성적인 차원으로 나가는 추세도 있다.

우리나라에는 이러한 영성적인 차원을 강조하는 모임으로 '도(道) 정신치료학회'가 있다. '도 정신치료학회'를 창립한 이동식은 우리의 '도(道)'로 정신을 치료해야 한다고 주장한다. 그가 국제정신치료학회에 '도 정신치료학회'라는 분과를 만들어서 발표를 하기 시작한 것이 벌써 20년째다. 10여 년 전부터는 이 분과가 정신치료학회에서 가장 사람들이 많이 모이는 분과가 됐다. 그 정도로 서양에서는 기계적인 정신 치료의 한계를 느끼고 있다. 환자를 부품 갈아 끼우듯이 정신적인 것을 갈아 치우고, 약물에 의존해서 치료하는 것이 문제가 많다는 것을 서양 사람들도 알게 된 것이다.

'도 정신치료학회'의 치료법 중 한 가지는 심우도(尋牛圖)다. 십우도(十牛圖)는 잃어버린 소를 찾아가는 열 가지 그림을 뜻한다. 여기서 잃어버린 소란 잃어버린 자아를 뜻하고, 심우도는 잃어버린 자아를 찾아가는 열 가지 선(禪) 수행의 길이다. 정신 치료란 결국 잃어버린 자아를 찾아가는 과정이다. '도 정신치료학회'는 선 수행을 통한 자아 찾기가 현대인의 정신 치료에 좋다는 것을 입증하는 임상 실험 결과를 계속 발표하고 있다.

이처럼 동서양이 문화적인 교류를 하게 되면 다양한 이야기들이 소통이 되면서 새로운 비전을 열어 갈 수가 있다. 그런 의미로 켄 윌버는 '통합 심리학', '통합 비전'이라는 개념을 사용하는 것이다. 켄 윌버가 강조하는 통합은 감성, 지성, 이성, 영성 등 네 가지 차원의 통합이다. 즉 인간의 능력을 이 네 가지를 모두 갖춘 통합적인 차원으로 보자는 이야기다. 이제까지는 이성이나 지성만을 강조해서 이성적인 동물이라고 했는데, 탈근대에서는 감성만을 강조하는 것이 문화적 추세였다. 필자는 한국인의 문화적인 정서 역시 감성과 영성을 함께 아우르는 것에 있다고 본다.

한국인의 통합적 세계관

필자는 『지구촌 시대와 문화 콘텐츠』[1]라는 책에서 우리의 문화적인 역사를 통해 한국인의 통합적 세계관을 열어 밝힌 바 있다. 특히 서민들의 삶은 지성과 이성은 부족하지만 감성과 영성의 차원이 풍성한 문화적인 면이 풍부했다. 또한 전체를 아우르는 조화, 융합의 사상이 기저에 깔려 있다. 문화의 세기는 통합적인 인간을 추구하는 시대다. 오늘날 우리의 문화적인 유산이 빛을 발휘할 수 있다는 것을 명심해야 한다.

동서양의 융합을 통한 문화 정체성을 구현하려고 노력한 나라로 일본을 들 수 있다. 일본은 제2차 세계대전 패망 후, 국가적 수모와 위축된 국민감정을 회복하기 위해 '망가(漫画)', 즉 만화

---

1) 이기상, 『지구촌 시대와 문화 콘텐츠』, 한국외국어대학교 출판부, 2009.

를 통한 세계 공략에 들어갔다. 초기의 일본 만화는 서양의 입맛에 맞춰 서구적 가치가 통용되는 것을 그려 나갔지만, 조금씩 자기 문화의 색채를 부각시켜 나갔다. 지금은 애니메이션을 통해 일본의 문화를 전 세계에 확산시키고 있다.

『센과 치히로의 행방불명』, 『하울의 움직이는 성』, 『원령공주』 등 일본이 만화를 통해 내세운 문화적인 가치는 기술에 맞선 자연 중심주의였다. 자국의 문화가 자연 중심 문화라는 것을 알리기 시작한 것이다. 이는 1970-80년대 일본에서 많이 일어난 현상이다. 한 예로, 『원령공주』는 기술이라는 괴물에 맞서는 자연의 공주라는 구도를 가지고 서양의 기술 문명을 비판적으로 접근해 나갔다.

우리도 우리 문화의 독특함을 살린 문화적인 정체성을 세워 나가야 한다. 그러나 아직까지 우리에게는 정체성 없는 콘텐츠들이 난무하고 있다. 한류가 세계인들에게 공감대를 형성하고 있지만, 무엇이 그것을 가능케 했는지에 대한 알맹이가 없다. 우리의 어떤 면이 한류를 만들어 냈는지, 우리 문화의 어떤 부분에 세계인들이 공감하는지를 밝혀내야 한다. 한류라는 문화적 흐름의 기저를 이루는 우리만의 문화적 정체성을 찾아 그 밑바탕에 깔려 있는 문화적 가치들을 열어 밝혀야 한다.

우리 문화가 갖고 있는 힘의 원동력은 생명 중심의 한국인의 삶의 방식에 있다. 생명(生命)이란 삶을 살아가라는 하늘의 명령이다. 따라서 살아남아야 하고, 살아남기 위해서는 눈치를 봐야 한다. 한국인의 의식구조를 눈치 문화로 분석했던 심리학자 최상진은 한국 사람이 전 세계에서 가장 발달한 것이 눈치라고 했다. 그는 눈치 문화가 있었기 때문에 서민들이 살아남았다고 이야기한다. 서민들은 끊임없이 정치인들의 눈치를 봐야 하고, 잘나가는 세력가, 종교가들의 눈치도 봐야 하기 때문에, 그 중간에서 샌드위치가 되면서도 끊임없이 생존의 길을 모색해 왔다는 것이다.

우리 문화는 단군 신화에서부터 바로 그 생존의 길을 모색하며 지금까지 이어져 왔다. 우리는 항상 강한 문화권에 끼어서 그 둘을 나름대로 조화롭게 섞어 가면서 천천히 보이지 않게 변해 왔고, 계속해서 변화하고 있다. 지금도 우리는 강대국의 강한 문화 — 중국 문화, 일본 문화, 미국 문화 — 의 틈바구니 속에서 알게 모르게 우리 나름대로의 독자적인 흐름을 형성하고 있다. 우리의 바탕을 규정할 수 있는 문화 정체성을 하루 빨리 찾아야 한다. 우리 나름대로 독자적인 문화의 흐름을 형성하고, 이어 오게 만든 원동력과 눈깔[시각]을 이론으로 정립하는 것이 문화를 연구하는 사람의 사명이다.

3. 문화란 무엇인가?

1) 이식된 개념으로서의 '문화'

모든 낱말에는 역사가 있다. 우리는 '문화'라는 표현을 사용하기 시작한 지가 고작해야 100년밖에 안 됐다. 그렇다면 100년 전에는 문화가 없었을까? 조선시대에는 문화를 무엇이라고 표현했을까? 아쉽게도 문화를 연구하는 학자들은 우리 것에 대한 이름표를 우리의 역사 안에서 길어 올리지 못했다. 서양의 문화 개념인 'culture'가 처음 들어왔을 때 그 의미를 파악하려고 애쓴 학자들은 한국인이 아니었다. 중국이나 일본의 학자들이었다. 처음에 그들은 'culture'를 '사물(事物)'이라고 이해했다. 그러나 사물이라는 개념이 적절하지 않다고 판단되자, 다음으로 '수련(修鍊)'이라는 용어를 사용했고, 그것도 부족하다 싶어 여러 가지 고심한 끝에 지금의 '문화(文化)'라는 개념이 정착됐다. 그러나 여전히 아쉬운 것은 이 또한 일본 학자들에 의해 얻어진 결론이라는 것이다.

우리말 국어사전이나 철학사전에서 문화라는 개념의 뿌리를 찾아 올라가면 그곳엔 서양의 문화가 옮겨져 있다. 서양의 'culture'는 라틴어 'cultura'에서 왔고, 'cultura'는 2천 년의 역사가 있다. 2천 년 전부터 'cultura'를 누가 어떤 의미로 썼는지에 대한 역사가 있다. 서양의 모든 개념은 역사적 맥락과 토대가 있다.

그러나 우리의 모든 개념은 전혀 그렇지 않다. 자유, 평등, 민주, 노동, 인권 등, 이런 표현들도 고작해야 100년의 역사가 안 된다. 그렇다면 이 개념들은 어디에서 어떻게 왔을까? 모두 바다 건너 온 것이다. 우리의 삶의 세계에서 오지 않았다. 이것을 '이식된 근대화'라고 한다. 우리 스스로 만든 것이 아니라 서양에서 강제로 이식된 것이라는 의미다. '착종(錯綜)'이라는 표현도 사용한다. 학문의 주체성을 찾으려면 이식된 것부터 훌훌 털고, 스스로 찾아 나서야 한다.

우리의 철학개념사전이나 표준국어대사전을 봐도 우리 스스로가 낱말이나 개념들을 어떻게 썼는지를 소급해서 찾아 올라가는 것이 아니라 일본어나 영어에서 어떻게 사용되는지를 보고 번역해서 만들어 낸다. 이런 사전들은 엄밀히 말해 우리 사전이 아니다. 예를 들어 '자연'이라는 항목을 찾아보면 쉽게 알 수 있다. 내용이 서양 사전과 거의 비슷하다. 서양에서 자연의 개념이 네 가지라면, 우리도 네 가지로 설명하고 있다. 이것은 비극이다. 자연의 개념에 있어서는 더욱 아픈 현실이다. 우리에게는 자연 중심적으로 살아온 5천 년의 역사가 있는데, 100년 전에 수입된 개념으로 우리의 생활세계를 덮어 버린다. 학문의 식민지화, 바로 이것이 우리의 비극이다. 문화라는 개념도 마찬가지다.

2) '문화' 개념의 시대사적 변천

영어 단어 중에서도 가장 정의하기 어려운 것 중 하나가 '문화'라고 할 정도로, 문화에 대한 그림을 얻기는 쉽지 않다. 문화만큼 개념의 폭이 넓고 깊이가 깊은 것도 없다. 여기에서는 우선 문화 개념의 시대사적 배경과 변화를 살펴보고, 그것을 토대로 문화 개념의 얼개를 그려 보도록 하자.

파이데이아(humanitas, 인문학적) 전통

'culture'는 라틴어 'cultura'에서 왔다. 그렇다면 'cultura'에 해당하는 그리스어는 무엇일까? 그것은 바로 'paideia'다. 고대 그리스의 메난드로스는 "파이데이아란 인간에게 주어진 가장 값진 선(善)이다"라고 했다. 일반적으로 파이데이아란 문화보다는 교육의 의미가 강하다. 문화라는 개념의 인문학적 전통은 바로 여기에 있다. 고대 그리스에서는 문화를 "한 인간[어린이, 소년, 성인]이 자기 존재의 고유하고 진정한 형상에 이르게 되는 과정"이라고 보았다. 다시 말해서, 문화란 양성(disciplina)과 수련, 도야로서의 문화이고, 한 개인으로서의 인간을 인간답게 교육시켜 형성시키는 교육학적, 인문학적 과정을 가리키는 것이다.

그렇다면 고대 그리스에서는 한 인간을 인간답게 만드는 것은 무엇이었고, 어떻게 사는 것이 가장 행복한 삶이라고 보았을까? 과연 어떤 인간을 완전한 사람이라 생각했을까? 고대 그리스에서는 관조적인 삶(vita contemplativa)을 가장 이상적이라고 생각했다. 아리스토텔레스는 앎을 세 가지로 이야기했는데, 기술적인 앎(예술적인 앎), 실천적인 앎, 이론적인 앎이 그것이다. 그 중 최고의 앎은 이론적인 앎이라고 했다. 여기서 'theoria'란 명상과 관조 속에 사물의 근본 원칙을 꿰뚫어 보는 것이다. 물론 당시에 이러한 삶을 살 수 있는 사람은 극히 소수의 특정 계급에 속하는 사람들이었다.

학문이라는 뜻의 '스콜라(schola)'는 그리스어 '스콜레(σχολη)'에서 나왔는데, 스콜레의 뜻은 '여유, 한가로움'이다. 노동에서부터 자유로운 사람만이 학문을 할 수 있고, 그런 사람만이 관조를 할 수 있었다. 문화는 모두가 누리는 것이 아니었다. 특정 인간, 특정 계급이 가지고 있는 인문학적, 교육학적 과정이었다. 이러한 그리스적 전통은 라틴 문화의 전통으로 이어져 새로운 개념이 대두될 때까지 천 년 이상 유지된다.

인간[사회]학적 전통

문화 개념이 바뀌기 시작하는 것은 16, 17세기경부터다. 특정 계급에 의해서 지속되어 오던 생산방식, 정치제도 안에 민주적인 씨앗이 퍼지기 시작하면서 새롭게 등장한 것이 인간[사회]학적 전통이다.

이제 문화는 한 사회집단이나 민족, 국가를 특정 짓는 관습, 기술, 가치들의 총체이자 한 사회의 생활양식 또는 형상을 나타내는 개념으로 바뀐다. 18세기에 들어서면서 문화는 하나의 민족이나 국가를 집단 전체적으로 형성시켜 주고 있는 관습, 제도, 가치들의 총체로서의 사회적인 형상을 지칭하게 된다. **제도적 관습이나 틀, 사회적 형상으로서의 문화**를 보기 시작하는 것이다. 우리가 사는 방식을 반성적으로 되돌아보고, 다른 문화권도 가능하다는 혜안이 생기기까지 거의 2천 년이 걸린 것이다. 일단 그런 혜안이 생기기 시작하자 끊임없이 가지치기가 진행되면서, 문화의 개념이 세분화되기 시작하고, 이전까지와는 다른 시각으로 문화를 바라보게 된다. 이러한 노력이 구체화되어 나타난 것이 문화인류학적 전통이다.

문화인류학적 전통

문화인류학적 전통은 19세기에 등장했다. 문화제국주의를 앞세운 영국은 자국의 식민지에 대한 풍토와 생물 등을 조사하기 위해 학자들을 파견한다. 다윈도 이때 어느 섬에 파견되어 생물 조사를 하면서 유명한 『종의 기원』을 쓰게 된다. 이와 같이 문화인류학은 제국주의적 관점에서 발생된 것이다. 영국이 전 세계 문화를 관리하기 위해 만든 것이 문화인류학이다.

문화인류학적 전통이란 대체적으로 인식되고 있는, 사물들에 대한 일반적인 관점으로, 개개인들이 살면서 사회에서 취득한 삶의 지침으로서의 현실[세계]에 대한 감수성을 뜻한다. 인간[사회]학적 전통에서 문화가 제도적, 관습적 틀이라고 한다면, 이제는 그러한 틀을 바탕으로 어떤 방식으로 세상을 보고 사물을 대하느냐에 관한 방식이 중요하게 된다. **삶의 방식과 인식론적 틀로서의 문화**라고 할 수 있다. 예를 들어, 한국의 문화가 일본의 문화와 다르다고 할 때, 그것은 한국인과 일본인이 세상을 보는 눈이 서로 다르다는 사실을 전제하고 있는 것이다.

예술[작품]적 전통

예술[작품]적 전통은 고급문화의 개념이다. 여기서 문화는 인간 사고와 표현의 뛰어난 정수다. **예술과 예술적 활동으로서의 문화**란, 예술과 예술 활동을 자체 목적을 가진 독특한 분야의 특출한 심미적 태도로 보는 고급문화의 전통이다. 인간의 생물학적 필요에서 해방된 엘리트들이 삶의 여유에서 일궈 낸 고급스러운 삶의 취향이 반영되어 있다.

왕족 또는 귀족들이 가지고 있었던 문화적인 고급스러운 취향에 중세 후반 돈을 많이 번 상인들도 합류한다. 돈 많은 상인들이 나름대로 멋을 즐기며 문화예술가들을 지원하면서 르네상스를 일으키고 거기에 독특한 멋을 유행시키게 된다. 이런 전통이 르네상스 이후 계속 이어져 내려오고 있다. 이것이 예술과 예술적 활동으로서의 문화다.

기술[도구]적 전통

문화는 도구의 발견에서 시작됐다. 기술[도구]적 전통으로서의 문화란, **인간이 일궈 낸 모든 업적과 활동들의 체계**를 뜻한다. 이 경우 인간 정신들의 선험적 조건들의 해명이 중요하다. 다시 말해 순전히 도구의 발전만으로 문화의 형성을 이야기해서는 안 된다는 것이다. 어떤 정신으로, 어떤 사회적 실천 속에서 도구를 발견하고 기술을 발전시켰는지를 함께 살펴야 한다. 인간이 삶을 편하게 만들기 위해 자연에 가한 모든 인위적인 행동과 그 산물들이 다 여기에 포함된다. 인간의 연장(延長)으로서의 기술과 도구 개념이 여기에 속한다.

교양적 전통

문화 개념이 완전히 넓어진 것은 20세기부터다. 이때부터 대중문화와 고급문화의 차이가 없어지고, 문화는 모든 인간을 위한 기본 소양이 된다. 모든 인간이 다 문화적인 존재라는 것을 인정하게 된다. 인간다운 삶을 즐기는 문화적 향유, 문화적 편의, 문화적 멋, 문화적 처신[교제], 문화적 소양 등이 모두 교양적 전통이 된다. 앞서 설명했던 예술[작품]적 전통으로서의 문화 개념에서 고급화된 문화가 일반화된 경우로서, 문화가 특정 엘리트들의 독과점이 아니라 문화적이기 바라는 모든 대중들의 기본 소양으로 간주되는 것이다.

그러나 문화적 소양을 평가할 때, 집에 무슨 값나가는 물건이 있는지, 어떤 첨단 기기들을 들여놓았는지 식의 소유를 가지고 평가하는 것은 문화적 소양에 대한 개념 자체가 없는 것이다. 교양적 전통으로서의 문화는 예술과 예술 활동으로서의 문화 그 자체를 즐기고 사랑하는 멋스러움의 차원으로 해석되어야 한다. 또한 각자 나름대로의 독특한 심미적 취향으로 다른 이들과 공감대를 형성해 나가며 인간다운 삶의 의미를 찾는 것이 진정한 의미에서의 문화적 소양이라고 할 수 있다.

문명적 전통

문명적 전통에서는 도시 문화가 강조된다. 문명을 뜻하는 'civilization'은 프랑스어 'civilisér'에서 시작됐다. 'civilisér'는

'시민화'라는 의미다. 인간을 '시민화시킨다' 혹은 '시민을 만든다'라는 뜻을 포함한다.

문명으로서의 문화는 바로 시민화로서의 문화라고 할 수 있다. 인류가 지향해야 하는 하나의 성취된 상태로서의 문화를 지칭한다. 여기에는 기술[도구]적 전통과 교양적 전통이 합쳐져 문화화된 특정한 물리적, 사회적 기반 상태를 바람직한 인간적 공동생활의 조건으로 보는 발전적 시각이 깔려 있다. 문명화된 세계 속에서는 삶의 인프라, 의식주의 인프라가 최소한 이 정도는 되어야 한다는 기준이 있고, 그 기준에 따라 선진국과 후진국이 나뉜다.

3) 문화 개념의 독특한 시각

시대의 흐름에 따라 살펴본 문화 개념의 변천을 통해, 우리는 그 밑바탕을 흐르는 몇 가지 독특한 시각을 찾아낼 수 있다.

(1) 인간은 확정되고 고정된 존재가 아니라 되어 가는 과정적 존재다.

(2) 인간은 훈육과 학습을 통해 더 나은 상태로 발전적으로 변해 갈 수 있는 교육적, 학습적 존재다. 배울 수 있고 가르칠 수 있기 때문에 문화가 있고, 문화가 전수된다.

(3) 인간은 사회적 존재로서 인간성의 훈육을 사회적 공동생활의 테두리 안에서 전수 받는다. 그래서 지배층은 자신들의 통치 체제를 공고히 하기 위해 인간적인 소양 교육을 자신들의 계급에만 국한시킨다. 이제는 모든 이들을 위한 교육으로 바뀌었지만

알다시피 우리는 지배층 안에 들어가기 위해 온갖 수단과 방법을 가리지 않고 돈을 들이고 유학을 보내고 등등의 방식으로 자기들만의 독특한 패턴을 만들어 내고 있다.

(4) 특정한 사회는 특정한 인간성에 대한 이념을 갖고 특정한 사회적 제도와 관습의 틀을 만들어 나가는 가운데 자신의 독특한 인식론적인 틀과 삶의 방식을 형성한다.

(5) 지배층은 피지배층과의 차별화 속에서 자신들만의 독특한 고급스러운 삶의 취향을 갈무리하며 자신들의 신분과 위상의 징표로 삼는다.

(6) 사회가 민주화되면서 귀족과 천민의 차별이 없어지고 사회적 신분이 평준화됨에 따라 고급스러운 문화적 삶이 인간다운 삶의 지표가 된다. 문화는 이제 추구해야 할 삶의 가치다. 그것은 인간이 생물학적 존재부터 사회적, 경제적, 정치적 존재를 거쳐 한 단계 더 올라간 문화적 존재라고 한다면, 단순히 먹고사는 것에 그치는 것이 아니라 그것을 멋스럽게 하는 차원이다.

(7) 기술적, 사회적 차원에서는 모든 사람이 문화적 삶을 영위하는 바람직한 사회를 문명화된 도시 사회로 보게 된다.

이것을 종합해 보면, 아래와 같은 문화의 세 가지 개념이 도출된다.

첫째, 예술과 예술적 활동으로서의 문화.

둘째, 삶의 방식으로서의 문화.

셋째, 과정과 발전으로서의 문화.

문화가 처음 그 모습을 취한 형태는 지배계층의 삶의 취향으로서 '예술과 예술적 활동'으로서의 문화였다. 그것이 긴 역사적 과정을 거쳐 오면서 한 사회를 특징짓는 '삶의 방식'으로서의 문화로까지 개념의 외연이 커졌다. 이것은 아주 넓은 의미의 문화 개념이라고 할 수 있다. 그리고 개인을 고려에 넣든 사회를 고려에 넣든, 개인과 사회가 시간의 흐름 속에 변하며 더 나은 상태로 발전한다는 '과정과 발전'으로서의 문화 개념이 그 밑바탕에 깔리게 된다. 인간이 과정적인 존재이기 때문에 문화는 발전되고 진보되어 간다. 따라서 문화의 개념 안에는 개인의 능력 개발은 물론이고 사회적, 역사적 과정 전반이 포함된다.

4) 문화는 소통이다

학문하는 사람들의 가장 큰 고민거리 중 하나가 전체의 특징을 아우를 수 있는 이름표를 붙이는 일이다. 새로운 이름을 만드는 것은 항상 어려운 과제다. 필자 역시 문화에 대한 모든 규정들을 고려하면서, 문화를 문화이게끔 하는 가장 기본은 무엇일까 고심했다. 그리고 그것은 '소통(communication)'이라고 결론지었다. 물론 이와 같은 주장은 필자가 처음이 아니다. 에드워드 홀의 『침묵의 언어』를 보면 '소통으로서의 문화'라는 절(節)이 있다.[2] 『코무니콜로기』를 쓴 빌렘 플루서도 문화는 소통이라는 맥락에서 논의를 전개했다.[3] 맥루언도 마찬가지로 미디어를 통한 문화 개념을 이야기하고 있다.[4] 최근에는 도미니크 볼통이 쓴 『불통의 시

---

2) 에드워드 홀, 『침묵의 언어』, 최효선 옮김, 한길사, 2000, p.68 이하.

3) 빌렘 플루서, 『코무니콜로기. 코드를 통해 본 커뮤니케이션의 역사와 이론 및 철학』, 김성재 옮김, 커뮤니케이션북스, 2006.

4) 마셜 맥루한, 『미디어의 이해』, 김성기 · 이한우 옮김, 민음사, 2002.

대 소통을 읽다』를 보면, '산다는 것은 소통한다는 것이다'라는 절이 있다.[5] 이렇듯 소통의 관점에서 문화를 보려는 시각이 많이 있었고, 지금도 끊임없이 시도되고 있는 것은 현대를 특징짓는 화두 중 하나가 소통이기 때문이다. 소통, 즉 커뮤니케이션(communication)과 미디어가 오늘날의 큰 화두이기 때문에 문화가 소통이라는 관점에서 수렴될 수 있다.

앞서 살펴본 문화의 역사적인 발자취와 흔적들을 감안하여 필자는 문화를 다음과 같이 정의해 본다. "문화는 유한한[죽을 수밖에 없는] 존재인 인간이 다른 사람과 더불어 자연 속에서 자연과 관계하며 자연의 전개 속에서 자연을 거슬러[넘어서] 기호와 상징을 사용해 인간다운[행복한] 삶을 추구해 나가며 펼치는 삶의 방식과 그 산물이다."

더 간략히 정리한다면 "**문화란, 사이-존재로서의 인간이 자연 속에서 기호와 상징을 사용해 다른 존재하는 것들과 맺는 자유로운 소통과 그 산물**"이다. 한마디로 "문화는 소통이다."

프랑스 철학사전에서는 소통을 아래와 같이 풀이한다.

"소통의 개념은 사회적 교환의 여러 형태를 포함한다. 대체로 소통은 기호와 전언을 전달하고 교환하는 행위를 가리키는데 다양한 사물의 순환, 나아가 인간들의 순환에도 관련된다. 그래서 가장 넓은 의미의 소통 개념은 사회적 삶 자체를 가리킨다고 할 수 있다. 소통은 생명계에서 기호의 전달과 교환에 관계되는 다양한 현상도 포함한다. 20세기에 이르러 이 개념은 광범위하게 개발된 정보 매체들(언론, 라디오, 케이블, 위성, 영화 등)의 새로

5) 도미니크 볼통, 『불통의 시대 소통을 읽다』, 채종대 · 김주노 · 원용옥 옮김, 살림, 2011, p.17 이하.

운 기술까지 포함하게 되었다. 공업 사회에서 '미디어'는 광범위하게 유포되어 있는 전언, 즉 '메시지'를 전달하는 그물망이다."6)

소통을 '발신자－메시지－수신자'의 모델로 설명하려는 이론은 인간의 소통[커뮤니케이션]을 다 아우르기에는 협소하다. 그래서 필자는 소통으로서의 문화에 걸맞은 '소통' 개념의 얼개를 아래와 같이 정리해 본다.

산다는 것은 소통하는 것이다. 물리 생물학적 차원에서 힘과 에너지, 유전자의 소통이 일어나고 있고, 문화적인 차원에서 다양한 양태의 정보의 소통이 펼쳐지고 있다. 개인적 삶이건 집단적 삶이건, 소통, 즉 교류, 교환, 대화 없는 삶은 상상할 수 없다. 소통은 인간의 내재적 조건이다.

소통의 목적은 개체적, 종적 삶의 유지라는 물리 생물학적 목적 외에 다른 문화적 목적과 지향성이 있다. 죽을 수밖에 없는 유한한 인간이 느끼는 고독감과 불안감을 떨쳐 내기 위해 다른 사람 또는 사물[생물]과의 소통이 필요하다.

소통에서 핵심은 관계다. 대화와 교제를 통해 친밀한 관계를 맺어 서로 간에 신뢰감을 얻게 되면 관계가 돈독해진다. 이 돈독한 관계의 망이 넓게 형성되면 사회적 결속력이 강화된다. 그러면 그 사회는 안전하고 안정적인 사회가 된다.

죽음의 위험 속에 노출된 인간은 외로움을 해소하고 긴장감을 풀기 위해 다양한 양태의 소통을 시도한다. 함께함의 든든함[안정감]과 유쾌함, 표현의 즐거움, 연출의 짜릿함, 실천의 보람, 앎의 기쁨, 터득의 뿌듯함, 일치의 황홀함 등이 소통을 통해서 얻게 되

6) 엘리자베스 클레망 외, 『철학사전: 인물들과 개념들』, 이정우 옮김, 동녘, 2001, pp.165-166.

는 상태들이다.

소통에는 구조상 소통의 주체로서 **소통하미**[소통의 당사자]가 있고, 소통의 주제 또는 내용[메시지]로서의 **소통거리**가 있고, 소통의 매체로서 **소통다리**인 미디어가 있고, 소통거리가 지시하는 관련항[실재의 사물/사태/사건]으로서의 **소통걸이**가 있다.

인간적인 차원에서 이야기하자면, 소통은 어떤 사람이 다른 사람[소통하미]에게 어떤 특정한 매체[소통다리]를 사용해 어떤 일어난/일어나는/일어날 사건/사태/사물[소통걸이]에 관해 어떤 정보[소통거리]를 주고받는 것을 뜻한다.

넓은 의미의 소통은 힘과 정보의 교류, 보존, 축적, 확산이다. 소통의 양식에 따라 소통의 주체는 분자(원자), 세포, 몸, 마음, 정신, 영혼이 될 수가 있다. 정보는 다양한 차원에서 전개되는데 그 교류 방식과 상대에 따라 물리 정보, 유전 정보, 감각 정보, 언어 정보, 직관 정보로 분류될 수 있다. 소통을 넓은 의미에서 본다면, 자연적인 지향까지도 포함해서 힘과 정보의 교류 전체를 소통이라고 할 수 있다.

좁은 의미의 소통은 물리 정보와 유전 정보를 바탕으로 해서 기호와 상징에 의해 이루어진다. 인간의 소통은 크게 언어적 소통과 비언어적 소통으로 구분될 수 있다. 언어적 소통은 상호작용으로서 대화와 담론으로 분류될 수 있다. 플루서에 따르면, 대화는 다양하게 존재하는 정보를 새로운 정보로 합성하는 방법이다. 담론은 자연의 엔트로피적 작용으로부터 정보를 보존하기 위해 사용 가능한 정보를 분배하는 방법이다. 제러미 리프킨이 쓴 엔트로피 개념을 열역학적인 개념에서 학자들이 많이 활용하고 있다. 플루서도 엔트로피 차원에서는 정보가 보존이 안 된다고 말한다. 정보를 보존하고 유통하고 확산하는 것은 반엔트로피다. 자연의 엔트로피를 거스르는 것으로 본 것이다. 담론은 바로 반엔트로피의 차원에서 이루어진다고 플루서는 말한다.

4. 문화의 차원과 그 지향점

1) 문화의 지향성

필자는 앞에서 넓은 의미의 소통이 우주와 자연 속에서 매순간 일어나고 있는 자연적 현상이라고 설명하면서, 인간의 소통도 이 바탕 위에서 고찰해야 한다고 설명했다. 인간의 물리학적, 생물학적 바탕 위에서 인간의 소통이 펼쳐지는 것으로 봐야 한다. 이러한 자연적 소통을 인간의 문화적 소통으로 변화시키는 것이 바로 인간의 문화적 지향성이다.

지향성이라는 말은 원래 철학에서 태동했다. 지향성은 라틴어 'intentio', 독일어로는 'Intentionalität', 영어로는 'intentionality'로 번역된다. 중세 때부터 지향성(志向性)이라는 개념이 사용되었는데, 이것이 철학 용어로 등장한 것은 현상학자인 에드문트 후설이 이 말을 쓰기 시작하면서부터다. 지향성은 현상학에서 가장 중요한 개념이다. 그가 말한 지향성이란, 한마디로 '어떤 것에 대한 의식'이다. 여기서 염두에 두어야 할 것은, '어떤 것'과 그것에 대한 '의식'이다.

'어떤 것'이 바깥에 있는 사물이라고 한다면, 그 사물에 대해 인간이 가지고 있는 '의식'이 있다는 것이다. 따라서 우리가 만나는 사물은 있는 그대로의 대상이 아니라, 지향성을 통해 만나게 되는 것으로서의 현상이다. 후설은 사물에 대해 인간이 갖고 있는 의식을 '현상'이라고 했다. 현상은 관념, 기호, 상징, 의미, 구조 등 아주 다양하다. 현상학에서는 칸트의 물자체와 같이 인간의 손길이 닿지 않는 자연 사물(사물 자체)이란 없고, 모든 것은 인간에 의해서 어떤 형태로든 의미가 부여되어 있는 현상으로서 인간에게 주어진다고 본다.

지향성에는 자연적인 지향성과 문화적인 지향성이 있다. 자연적인 지향성은 사물이 가지고 있는 그 자체의 자연적인 흐름이다. 예를 들어, 닭이 알을 품고 그 알에서 병아리가 태어나고 병아리가 다시 자라 닭이 되고 알을 품게 되는 것과 같은 것이다. 인간이 개입하기 전까지 모든 생명은 자연적으로 흘러가고 있었다. 인간의 등장으로 자연적인 지향성은 달라지는데, 그것이 바로 문화적인 지향성이다.

2) 문화의 바탕과 문화적 지향점

문화적인 지향성은 인간이 자연에 대해 어떤 생각을 가지고, 어떻게 변형시키느냐 하는 것에 관련된 모든 것이다. 인간이 의식을 하든 안 하든, 인간의 욕망 구조와 집단적 무의식 속에는 무언가 지향하는 바가 있다. 이것이 지향점이다. 자연을 자신의 욕구와 욕망, 요구와 필요, 의미와 목적에 따라 개조하는 것이 인간의 문화 행위다. 이것이 바로 "문화는 소통이다"가 함축하는 의미다. 소통으로서의 문화와 그 지향점은 아래와 같이 네 가지 차원으로 구분될 수 있다.

문화의 생물학적 바탕

에드워드 홀은 문화인류학에 관한 네 권의 책을 출간했는데, 연구의 기본 전제가 인간의 생물학적 바탕이다. 인간이 가지고 있는 생물학적인 바탕을 감안하지 않는 문화 연구는 설득력이 없다고 본 것이다. 제러미 리프킨 역시 『공감의 시대』에서 같은 이야기를 하고 있다.[7] 인간은 포유동물로서 사회적인 동물이라는 차원에서, 인간이 가지고 있는 생물학적 바탕을 감안해서 고찰을 해야 한다는 관점이다. 과학기술의 시대를 대표하는 학자 중 한 사람인 에드워드 윌슨도 같은 맥락에서 이야기를 한다. 그는 진화 생물학적인 입장에서 문화 자체를 생물학적 차원으로 설명한다. 그러나 문화를 뇌 과학과 생물학적 차원으로 모두 설명하기에는 무리가 있다. 문화에는 다양한 차원이 있고, 그 중에서도 정신적인 차원을 무시할 수는 없기 때문이다. 물론 정신적 차원 역시 생물학적인 뇌가 없이는 이루어지지 않는다. 그렇다고 해서 정신적인 차원을 뇌로써 다 설명할 수 있다고 하는 것은 환원론적인 오류다.

반 퍼슨은 방아쇠 메커니즘을 통해 사람과 동물의 문화적 차이를 설명한다. 원숭이가 총을 가지고 놀다가 실수로 방아쇠를 당겨서 쏘는 것과 인간이 방아쇠의 기능을 정확히 알고 쏘는 것에는 차이가 있다는 논조다. 만약 생물학적 차원에서 문화를 설명한다면 그것은 원숭이가 총을 가지고 노는 차원에서 문화를 설명하는 것과 같다는 것이다. 어쨌거나 문화의 생물학적인 바탕을 밑바탕에 깔고 문화를 설명해야 한다.

---

7) 제러미 리프킨, 『공감의 시대』, 이경남 옮김, 민음사, 2010.

인간은 육체를 가진 생물학적인 존재다. 따라서 죽음을 향한 존재다. 인간은 죽음 속에 던져져 있고 자기의 죽음을 알고 있다. 그런데 인간은 그것을 가능한 한 의식하지 않으려고 한다. 그래서 마치 죽지 않을 것처럼 살아간다. 현재 우리의 문화권에서는 일상생활에서 '죽음'이 떨어져 나간 상태다. 불과 30-40년 전만 해도 동네에서 가장 큰 행사가 결혼식과 장례식이었다. 장례식에는 모든 사람들이 곡을 해야 하고, 찾아가서 함께 상여를 꾸리고 운반하면서 슬픔을 나누었다. 그런데 언제부터인지 이 모든 것이 없어졌다. 죽은 사람은 조용히 사라져야 한다는 암묵적 동의가 팽배하다. 죽은 사람을 자꾸 부각시키면 '나도 곧 저렇게 죽을 텐데'라는 두려움이 싹틀 수 있기 때문이다. 현대인들은 자신의 삶의 장에서 죽음이라는 것을 몰아내기 위해 바둥거린다. 부의금을 온라인으로 송금하고 나면 면죄부를 받은 안도감으로 참석하지 못한 미안함과 부담감에서 해방된다. 적당히 물질적인 것으로 위로하고, 계속해서 죽지 않을 듯이 살아간다.

하이데거는 개인적 차원뿐만 아니라 인간의 역사 전체가 죽음을 회피한 역사라고 주장했다. 인간을 이성적인 동물이라고 규정하는 것 자체가 인간이 죽음을 회피하는 방식의 하나다. 내세를 위해서 하늘나라에 갈 때까지 나는 나그네로서 육체를 잠시 빌려 입는 것이고, 나의 참모습은 육체가 없는 영혼, 저 하늘나라에서 살아가게 될 정신적 존재다. 그리스도의 교리를 보면 육체에 대한 무시, 인간의 감각에 대한 무시로 점철되어 있다. 따라서 욕망을 억누르고, 육체 없이 살아갈 그 날을 기다리라는 것 자체가 인간이 죽을 수밖에 없는 존재이기 때문이고, 그것에 대한 도피, 일종의 이론으로서 기제를 만든 것이다. 역사를 돌이켜 보면, 소크라테스가 살던 시대에는 철학을 '죽음의 예비학'이라고 했다. 그러나 플라톤 때부터 육체를 괄호 안에 넣기 시작했다. 인간의 이성화, 정신화, 영혼화 과정이 진행된 것이다. 이러한 관점은 매우 오랫동안 유지된다.

인간의 죽음이 다시 부각된 것은 키르케고르에 이르러서다. 그에 따르면, 육체를 가지고 있는 것은 인간의 본질적 모습이다. 필자가 인간을 사이-존재로 규정할 때, 그 토대를 제공한 것도 키르케고르다. 키르케고르는 인간을 'inter-esse'라고 규정했다. 여기서 'esse'는 존재이고, 'inter'는 사이다. 키르케고르는 'inter'의 의미를 필자의 '사이'가 아닌 '중간'으로 설명한다. 중간 존재로서의 인간을 'inter-esse'라고 표현한 것이다. 그가 말하는 중간 존재로서의 인간이란, 육체와 영혼, 영원과 시간, 보편과 개별 등과 같이 다양한 차원의 중간에 있으면서 이 둘을 종합해야 하는 존재라는 뜻이다. 키르케고르는 육체, 죽음, 시간 등을 인간의 본질적 차원으로 보고, 인간은 육체를 가진 유한한 존재임을 강조하는데 이때가 19세기 말이다. 여기에 영향을 받은 하이데거도 "인간은 죽음을 향한 존재"라고 했다. 이것이 인간의 생물학적 바탕이다.

인간은 육체를 가진 생물학적 존재로서 살기 위해 먹어야 하고 종족을 퍼뜨리기 위해 짝짓기를 해야 한다. 그것을 위한 생물학적 욕구인 식욕과 성욕이 있다. 추위를 피하기 위해 옷이 있어야 하고, 가족들과 함께 지내기 위한 집이 있어야 한다. 인간의 이러한 생물학적 욕구와 필요가 문화적 지향을 만나게 되면 인간은 독특한 문화를 형성하는데, 그것이 주거 문화, 음식 문화, 복식 문화, 성 문화 등등이다. 인간이 만들어 낸 온갖 것들이 다 거기에 속한다. 인간의 문화는 생물학적 토대 위에서 그것을 바탕으로 문화적인 지향에 따라 자기의 영역을 계속 확대해 나간다.

문화의 사회학적 기제

인간은 사회적인 동물이다. 독일의 철학자 하버마스는 인간의 인간됨에는 사회, 언어, 노동이 필수적이라고 주장한다. 언어와 노동은 모두 사회적인 차원에서 이루어진다. 사회적 동물인 인간은 집단을 이루어 생활에 필요한 기본적인 것들을 함께 풀어 나간다. 독일의 철학자 막스 뮐러는 "인간은 혼자서는 인간이 아니다(Ein Mensch ist kein Mensch)"라는 표현을 쓴다.

인간에 의해 펼쳐지는 사회적 실천은 풍습과 관습, 법규와 도덕을 낳는다. 인간은 일정한 사회적 규약[코드]이 통하는 사회에서 태어나 그 삶의 문법을 배우며 그 사회의 일원으로 성장한다. 개인으로서의 나[자아]는 그러한 사회화 속에서 다른 사람들과 소통하면서 형성된다. 내가 구현하여 획득하는 정체성은 내가 속한 집단의 문화적 입김이 짙게 배어 있는 문화 정체성이다. 인간은 생물학적 바탕 위에서 사회학적 기제를 통해서 남과 더불어서 자연을 자기 것으로 만들면서 더 나은 삶을 살기 위해 노력한다. 따라서 모든 제도, 조직 등이 만들어진다.

필자가 주장하는 사이-존재로서의 인간 역시 소통을 강조한다. 인간은 혼자 사는 것이 아니기 때문에 끊임없이 사이하며 남과 접촉을 하면서 발전해 나간다. 집단 이성도 그 안에서 형성된다. 많은 사람들이 모여 살면 그곳에서 에너지가 분출되고, 새로운 아이디어가 생기고, 조직이 생기고 그래서 인간은 진화적으로 발전하게 된다.

문화의 인간학적 훈육

인간이 모여 사는 사회에는 나름대로의 독특한 전통이 있다. 소위 말해서 인간은 어떠해야 하는가에 관한 당위성의 차원이 생겨난다. 이러한 당위의 차원을 자라나는 세대에게 가르쳐서 바람직한 인간됨의 모습을 추구하도록 하는 것이 문화의 인간학적 훈육이다. 여기서는 학습적인 존재가 강조된다. 한 사회의 삶의 전통을 배워서 익히는 것이다. 사회는 구성원들에게 인간이 무엇이며 어떻게 살아야 하며 무엇을 추구해야 할지를 가르친다. 인간다운 삶을 살기 위해 배워야 할 것이 무엇인지, 개인이 나라와 민족을 위해 무엇을 해야 하는지, 인간들 사이의 갈등을 풀고 평화롭게 살기 위해서는 어떻게 처신해야 하는지 등을 전통에 의거해서 교육시킨다. 생활과 교육 속에 한 사회의 문화적 가치들이 습득되고 전수된다.

이러한 문화적 가치들은 시대와 환경이 바뀌면서 변한다. 특히 다른 문화권의 가치들과 충돌이 일어날 때 위기를 겪으면서 새롭게 변신한다. 그래서 다른 문화권, 타자와의 만남이 중요하다. 위기이자 기회가 된다. 다른 문화권과의 만남, 문화와 문화 사이, 그 '사이'가 어떤 식으로 발전적으로 펼쳐지느냐에 따라서 문화가 더 나은 길로 이어져 나간다.

문화의 이상론적 비상

개인이 성장하고 사회가 발전하듯이 문화도 끊임없는 변신의 과정 중에 있다. 인간은 주어진 상황에 만족하지 않는다. '지금, 여기'를 넘어서 더 나은 사회, 더 밝은 미래를 꿈꾼다. 그래서 인간은 가능 존재다. 인간에게는 기술의 발달과 매체의 혁신을 통해 끊임없이 새로운 소통의 체계를 시도하여 현 상태를 탈출하려는 이상론적 욕망이 있다.

여기에서 오늘날의 소통은 사물과 사물 사이, 인간과 사물 사이, 인간과 기계 사이, 사물과 기계 사이, 민족과 민족 사이, 나라와 나라 사이, 문화와 문화 사이 등에서 '사이'에 주목한다. 너와 나 사이, 우리 사이에서 너도 나도 아니고 우리도 아닌 바로 그 '사이'에 주목할 때, 인간은 소통 자체에 관심을 두게 된다. 그럴 경우 만남, 소통, 관용, 상호작용, 상호 인정, 공존, 공생, 공감, 상생, 교류, 교제, 교감, 유대, 연대, 연합, 통섭, 융합, 통합, 조화, 화합, 어울림을 위한 새로운 세상을 꿈꾸며 그것을 기획하고 전략을 짜게 될 것이다. 필자가 주장하는 사이-존재에서 '사이'는 바로 탈근대가 강조하는 덕목이다. '사이'가 강조되면 경쟁, 투쟁, 갈등이 아닌 공존, 공생, 상생의 차원이 부각되면서 중요한 화두가 된다.

3) 문화의 차원과 '사이'의 중요성

문화가 가지고 있는 네 가지 바탕과 문화적인 지향성을 염두에 두고, 이제 문화의 차원에 대해 알아보자. 필자는 소통으로서 문화 지향점의 차원을 다섯 가지로 구분한다. 기술적인 차원, 미학[감성]적인 차원, 실천적인 차원, 이론적인 차원, 초월적인 차원이 그것이다. 다섯 가지 구분의 근거는 필자가 주장한 사이-존재에서 길어 왔다.

사이-존재의 차원으로 보면, 인간은 다음의 네 가지 차원 안에 속한다. (1) 빔-사이 : 몸. 공간. 감성의 차원, (2) 사람-사이 : 마음. 인간. 지성의 차원, (3) 때-사이 : 뜻. 시간. 이성의 차원, (4) 하늘땅-사이 : 얼. 천지간. 영성의 차원이다. 문화적 차원에서 살펴보면, 빔-사이의 차원은 두 가지로 구분된다. 하나는 기술적 차원이고, 하나는 미학[감성]적인 차원이다. 그래서 필자는 다섯 가지 차원으로 문화의 지향점을 설명하도록 하겠다.

문화의 기술적 차원: 편리함

기술적 차원에서는 문화의 시작을 도구의 발견으로 본다. 인간이 자연을 필요와 욕구에 따라 변화시키기 위해 도구를 만들어 사용하기 시작했을 때, 인간은 더 이상 생물학적 존재가 아니라 문화적 존재다. 도구는 인간 몸의 확장으로서 인간이 다른 모든 것들과 소통하기 위해 사용하는 미디어[매개체, 매체]다. 인간은 살아가기 위한 기본적인 의식주 문제를 해결하기 위해 생필품에 해당하는 도구를 만들어 사용하였다. 도구가 최적의 상태로 제대로 기능할 경우 우리는 도구의 존재를 의식하지 못한다. 안경이 내 눈에 잘 맞을 때 나는 안경을 의식하지 않고 보려고 하는 볼거리에 주목한다. 그 경우 나는 편함을 느낀다. 도구적 차원의 문화적 지향점은 내 몸의 일부처럼 느끼는 쾌적함이다. 이 쾌적함을 목표로 삼고 기능과 효율을 따지고 실용성과 향상성을 헤아린다. 문화의 기술적 차원은 인간의 편리함을 추구하는 지향점이 있다.

문화의 감성[미학]적 차원: 멋스러움

우리말의 맛과 멋의 차이를 생각해 보자. 맛이 길이 들고, 길들여진 맛을 더 나은 형태로 추구하게 되면 멋이 된다. 우리말에

'아'는 바깥으로 나가고 '어'는 안으로 들어가는 것을 뜻한다. '알'과 '얼'이 대표적이다. 알은 바깥으로 나가기 위해 뭉쳐 있는 것이다. 반면 얼은 안으로 들어가 알을 알이게끔 하는 어떤 것이다. 아이는 밖으로 나온 얼이고, 그 아이의 근원은 어버이다.

문화의 감성[미학]적 차원도 이와 같은 맥락에서 설명될 수 있다. 인간은 단순히 기술적 필요에 의해 도구를 만들어 사용하는 제작인(homo faber)의 차원에만 머물지 않는다. 이 제작인은 자기가 만드는 도구에 나름대로의 자부심을 갖게 되면 온 정성을 다 들여 자신이 가진 기술을 거기에 다 쏟아 넣는다. 다시 말해 도구의 기능성을 넘어서는 의미를 부여한다. 이것을 우리는 문화의 멋이라고 부른다. 도구가 미디어이고 모든 미디어가 인간[몸]의 확장이라면, 도구는 인간의 오감과 밀접하게 연관되어 있다. 미학적 차원은 곧 감성적 차원이다. 따라서 현재 미학(美學)이라고 번역되는 에스테틱과 미학은 아무 상관이 없다.

최근 들어 미학을 새롭게 정의하는 추세가 강하다. 미학은 독일어 'Ästhetik'을 번역한 말이다. 에스테틱은 그리스어 'aistesis'에서 유래됐다. 그런데 우리말 번역 과정에서 'Ästhetik'의 해석이 올바르지 않았다. 아이스테시스는 인간의 오감이다. 따라서 미학은 인간의 감성적인 측면을 강조하는 것이다. 칸트는 에스테틱을 감성학이라고 했다. 미학적인 것은 곧 감성적인 차원이다. 여기에서는 오감의 기능을 향상시키는 것에 만족하지 않고 그것을 즐기려 든다. 눈에 보기에 좋고, 귀에 듣기에 즐겁고, 코로 냄새 맡기에 향기롭고, 입에 맛보기에 황홀하고, 몸으로 느끼기에 감미로운 것을 찾는다. 감성이 이끄는 데에 맞추어 도구[미디어]에 새로운 의미를 부여한다. 오감의 맛을 문화의 멋으로 바꾸는 것이다.

최봉영은 '아름다움이란 무엇인가'를 주제로 쓴 글에서, 현재 우리가 사용하는 미(美)의 해석은 우리 문화에서 길어 온 것이 아니라고 밝힌다. 언어에는 언어의 역사가 있듯이, 미(美) 역시 한자 문화권 안에서 형성된 의미가 있다. 상형문자인 미(美) 자에서 강조된 아름다움은 글자의 윗부분인 양(羊)이 큰 것(大)을 의미한다. 옛날 중국에서는 양이 주식이었기 때문에 큰 양을 만나면 그것이 아름답다고 생각했던 것이다. 이처럼 우리가 사용하는 미(美)라는 글자에는 한자 문화권에서 길어 올려진 4천여 년 전의 문화적 배경이 깔려 있다. 우리는 이와 다르다. 우리말의 아름다움은 양과는 아무 상관이 없다.

우리말의 '아름답다'는 '아름'과 관련이 있다. 아름은 '아름아름'이나 '한 아름' 등과 같이 각각의 개인을 말하는 것이다. 따라서 한자어로는 사(私)에 가깝다. 예전에는 사(私) 자를 '아름 사'라고 읽었다. 따라서 우리말의 아름다움은 '각자가 나름대로의 독특함을 유지하는 것'이다. 즉 존재하는 것들이 스스로 자기다움을 유지하는 것이 아름다움이다.

필자는 앞에서 사이-존재의 네 가지 차원을 감성, 지성, 이성, 영성으로 나누었는데, 이 중에서 감성에 해당되는 차원은 몸에 해당되는 빔-사이다. 즉, 인간이 몸을 가지고 경험하는 모든 것이 감성이고, 그것이야말로 에스테틱이 본래 추구하는 의미에 더 가깝다.

매체 미학도 모호하다. 매체의 감성학이 맞다. 매체를 통해서 인간이 느끼고 있는 오감을 새로운 차원으로 확장시키고, 소통하는 것이 매체 예술이기 때문이다. 여기에 미디어가 가진 독특한 차원이 있는 것이다. 영화 『아바타』나 『트랜스포머』 시리즈도 스토리텔링보다는 감성의 차원에서 이미지의 스펙터클에 더 중점을 둔다. 이것이 매체 예술의 특징이다. 문화의 미학적 차원은 감성적 차원의 소통과 공감이고, 그것을 가능케 하는 것은 개개인의 멋스러움이라고 할 수 있다.

문화의 실천적 차원: 어울림

문화는 사회적 존재로서의 인간이 다른 사람들과 함께 집단을 이루어 더욱 살기 좋은 사회를 만들어 나가기 위해 벌이는 모든 행위와 그 산물이다. 여기서 소통은 집단의 구성원들 사이에서 그들의 세계에서 만나는 모든 존재자들에 대한 다양한 관계 맺음의 방식으로 펼쳐진다. 사회적 소통을 위해서는 무엇보다도 그림[도상], 기호, 상징, 언어가 필요하다. 그리고 이 모든 것은 그 사회의 문화적 전통에 의해 정해진 부호화(encoding)와 부호 해독(decoding)의 규약에 따라 진행된다.

구성원들 사이의 소통에서는 무엇보다도 이 '사이'가 중요하다. 이 사이의 관계성이 통치와 지배, 주인과 노예 등과 같은 위계질서나 신분질서로 짜이면 소통은 갈등과 투쟁으로 번질 수밖에 없다. 나의 나다움과 너의 너다움을 인정하는 가운데 우리의 공존과 상생을 꾀하는 지혜가 필요하다. 개인주의도 아니고 전체주의도 아닌 너와 나 '사이' 그리고 우리 '사이'가 소통의 주목적이 되는 그런 사회는 떨림과 울림의 공감이 널리 퍼지는 어울림의 세계가 될 것이다. 사회적인 실천이 각자의 아름다움을 보전하면서 그 아름다움이 전체의 차원에서 같이 어울리는 것이다. 그래서 우리는 항상 사람들과 잘 어울리라고 이야기한다. 어울림, 거기에는 우리의 삶 속에서 길어 올려진 곰삭은 울림과 떨림, 공감이 있다.

문화의 이론적 차원: 의미[뜻] 있음

문화의 이론적 차원은 문화의 전체를 보는 눈이다. 인간은 문화의 창조자이자 피조자다. 문화를 창조하는 것도 인간이고, 그 문화에 의해 길들여지는 것도 인간이다. 인간은 이미 만들어진 세계에 태어나서 그 세계의 규약을 배우며 거기에 맞추어 살아나간다. 개인으로서의 인간은 그가 만나 관계 맺는 모든 것에 나름대로 의미를 부여하고 목적을 설정하며 자신의 세계를 형성한다. 나의 세계가 갖는 의미와 너의 세계가 갖는 의미에 대해서도 우리는 소통할 수 있다. 더 나아가 우리가 사는 세계의 의미에 대해서도 우리는 물음을 던지며 그 의미 부여의 타당성을 재고할 수 있다. 그뿐 아니라 우리는 다른 문화권의 세계와도 소통하며 그 세계의 의미에 대해서도 논의할 수 있다. 소통의 의미, 미디어의 의미, 기술의 의미, 과학의 의미, 삶의 의미 등등 모든 것의 의미에 대해 대화할 수 있다. 소통으로서의 문화를 강조하면 내가, 우리가 믿고 따르는 의미를 유일한 진리인 양 다른 사람에게 강요하고 계몽하려 들지 않는다. 여기서도 '사이'가 중요하다.

주장하는 주체의 입장에서 문제를 풀려고 하지 말고 '사이'의 관점에서 상황을 보면 문제가 해결되지는 않더라도 갈등과 투쟁으로 전개되지는 않을 것이다. 관용, 공존, 공생, 상생의 길이 제시될 것이다. 이것을 요즘 철학자들이나 학자들이 '성찰의 성찰'이라고 부르든 '계몽의 계몽'이라 부르든, 이름은 중요하지 않다. 문화의 이론적 차원은 서로 다른 세계 간의 소통 문법을 만들고 교류함으로써 문화를 통한 통합, 문화를 통한 소통을 가능케 하는 토대다.

문화의 초월적 차원: 성스러움

인간의 소통은 보이는 것에 국한되지 않는다. '지금 여기'의 것에 제한되지 않는다. 인간은 가능 존재로서 언제나 '지금 여기'의 현실을 넘어서 저 너머 그제, 올제[내일]에 가 있다. 인간은 사이-존재로서 사물의 사이, 사건의 사이, 때-사이, 빔-사이에 현실적이 아닌 잠재적으로 숨어 있는 새상[사이-상, 가상, virtuality]과도 관계 맺으며 소통한다. 이렇게 초월하는 존재로서 인간은 단적으로 초월적 존재인 신적인 것과도 소통한다. 꿈을 꾸는 존재인 인간은 현실을 벗어나 이상의 나라로 상상의 나래를 펼치며 날아오른다. 그 이상적인 것, 완전한 것, 온전한 것이 이 갈등의 현실 세계에 대한 치유와 구원이 될 수 있다고 생각한다. 문화의 이 초월적 차원이 문화가 명사가 되고 과거형이 되는 것을 막는다.

문화적 존재인 인간은 끊임없이 꿈틀거리며 미래를 디자인하면서 오늘을 산다. 초월적인 것과의 만남, 소통, 관계 맺음이 엄청난 에너지가 되어 지금 여기서 닥치는 갈등과 문제들을 풀어 나가게끔 한다.

5. 문화적 존재로서 공감인의 공감적 소통

1) 공감의 시대 통합적 인간 '공감인'

인간을 문화적 존재로서 공감인으로 규정하고, 공감을 감성, 지성[이성], 영성의 통합적 능력으로 풀이한 사람이 있으니 바로 제러미 리프킨이다. 그는 최근의 저서 『공감의 시대』에서 인류의 문명을 커뮤니케이션과 엔트로피의 변증법적인 상호 역학 관계 속에서 펼쳐지는 생존과 공존, 그리고 발전의 사건으로 본다. 이러한 문명의 밑바탕에는 도구의 발견, 기술의 발달, 생산의 효율화, 커뮤니케이션의 확장, 조직과 제도의 합리화, 학문[과학]의 발전, 의식의 심화 등이 보이지 않는 상호작용 속에 더 나은 미래를 향한 여정을 마련하고 있다. 리프킨은 이런 문명의 발전을 이루어 내는 인간의 능력을 이성에 한정해서 보려는 것은 매우 근시안적이라고 지적한다. 인류의 문명을 제대로 설명하기 위해서는 인간의 이성적 능력 외에도 감성적 능력과 영성적 능력을 고려해야 하며, 이 능력들을 병렬적으로 나열해서는 안 되고 그 세 능력을 아우르는 통합적 능력을 핵심 축으로 산정해야 한다. 그것을 리프킨은 '공감'이라고 한다. 그래서 인류의 문명은 '공감적 문명'이라는 이름을 얻게 되고 인간도 '공감인(homo empathicus)'이라는 명칭을 받게 된다.

리프킨은 정보 통신의 발달로 커뮤니케이션이 전 지구를 신경망처럼 휘감아 지구 위의 모든 사람이 정보의 그물망 속에 서로 이웃하여 사는 코스모폴리탄 시대인 현금은 또한 극도의 엔트로피 증가로 지구 전체가 파멸의 위기에 놓이게 되는 시점이라고 지적한다. 이 문제를 해결할 수 있는 길은 인간의 공감력을 극대화하여 생물권 의식 속에서 지구 위의 모든 자연 사물, 생명체, 인간들이 함께 평화로이 공존할 수 있는 연대감과 유대감을 공고히 하는 것뿐이다. 리프킨은 인류의 문명은 공감의 문명으로서 인간의 공감력이 씨앗의 상태에서 싹이 터 잎을 맺고 줄기를 형성하고 가지를 치며 꽃을 피워 내는 공감력 증대의 역사로 본다. 그래서 지금 우리가 사는 현대는 우리가 가진 공감력으로 승부를 걸어야 하는 '공감의 시대'다.

리프킨은 이 책에서 공감이 진화해 온 과정과 특성을 분석하여, 엔트로피의 증가가 불러온 인류의 위기를 극복할 수 있는 방법을 모색한다. 그는 생물학과 인식 과학 분야의 지식을 이용하여 인간 본성에 대한 물음을 다시 던지고 있으며, 인간을 이기적이고 공격적이며 물질적이라고 주장해 온 오래된 견해에 의문을 제기한다. 그에게 인간의 기본적인 본질은 '공감'이다. 그런데 이러한 공감은 엔트로피와 역설적인 관계에 있다. 새로운 에너지 기술과 제도가 만들어 낸 커뮤니케이션의 확장은 지구적인 소통을 가능하게 했지만 이는 더 많은 에너지 소비와 그로 인한 환경의 지속성 약화를 초래하고 있다. 즉 공감 의식이 확대되는 과정에서 지구의 건강은 악화되고 있는 것이다. 지금도 진행되고 있는 급속한 기후 변화로 인한 생태 파괴는 인간에게 지구의 모든 생명체와 더불어 생존하고자 하는 의지가 있는지를 확인하는 물음을 던지고 있다.

2) 공감이란?

리프킨은 인간의 본질적인 감정을 '공감'이라고 말한다. 그리고 이러한 공감 능력은 모든 인간에게서 볼 수 있는 보편적 조건으로 인간의 친척인 영장류와 포유류의 조상에까지 연결된다고 말한다. 그는 '공감'을 인간에게만 한정지어 특수화시키지 않고 다른 생명 종으로까지 관련성을 확대하면서 공감의 보편성을 확보하고자 한다. 리프킨은 공감 능력이 모든 인간에게서 볼 수 있는 보편적 조건임을 강조한다. 예를 들어 공감적 고통(empathic distress: 남의 고통을 자신의 고통처럼 느끼는 상태를 일컫는 심리학 용어)은 인간의 친척인 영장류, 그리고 포유류의 조상에까지 연결된다. 그런데 생물학자나 인식 과학자들이 새끼에게 젖을 물리는 포유류에서 원시적 형태의 공감을 발견하게 된 것은 극히 최근의 일이다. 그들은 영장류나 인간이 공감할 수 있는 것은 뇌의 신피질이 발달했기 때문이라고 분석한다.

리프킨은 공감보다 앞서 나온 단어는 '동정(sympathy)'이었다고 지적한다. 여기에서 동정은 다른 사람의 곤경을 보고 측은함을 느끼는 감정을 의미한다. 공감은 동정과 정서적으로는 공통점을 갖지만 실제 둘은 전혀 다른 내용을 가지고 있다. 리프킨은 '공감'이라는 용어가 1872년 로베르트 피셔의 미학에서 사용된 독일어 'Einfühlung(감정이입)'에서 유래되었다고 설명한다. 감정이입은 관찰자가 흠모하거나 관조하는 물체에 자신의 감성을 투사하는 방법을 설명하는 용어로, 실제로는 예술작품을 감상하고 즐기는 원리를 밝히기 위해 만들어진 것이었다.

독일의 철학자이자 역사가인 빌헬름 딜타이는 이 미학 용어를 빌려 와 정신 과정을 설명하는 데 사용했다. 그에게 감정이입은 다른 사람의 입장이 되어 그들이 어떻게 느끼고 생각하는지 이해하는 것을 의미했다. 1909년 미국의 E. B. 티치너는 'Einfühlung'을 '공감(empathy)'으로 번역했다.[8] 티치너의 일차적 관심사는

8) 공감은 그리스어 'empatheia'에서 왔다. 'empatheia'의 'em'은 'in', 'into', 'within'의 뜻을 가지고 있으며, 라틴어의 'pathos'는 '고통', '열정'을 뜻한다. 'empathy'는 다른 사람의 고통이나 열정을 내 안에서 느

내성(內省, introspection)의 핵심 개념이 무엇이냐 하는 문제였다. 내성은 자신의 내적 느낌, 감정, 생각을 탐구하여 자신의 정체성과 자아를 형성하는 것에 대한 개인적 이해를 얻어 내는 방법이다. 그는 "공감의 '감(感, pathy)'은 다른 사람이 겪는 고통의 정서적 상태로 들어가 그들의 고통을 자신의 고통인 것처럼 느끼는 것을 뜻한다"고 말한다. 여기에서 알 수 있는 것은 수동적인 입장을 의미하는 동정과 달리 공감은 적극적인 참여를 의미하여 관찰자가 기꺼이 다른 사람의 경험의 일부가 되어 그들의 경험에 대한 느낌을 공유한다는 의미를 갖게 되었다는 것이다.

공감은 상대방과 일정한 거리를 유지한 채 객관적으로 상대를 관찰하는 행동이 아니라 상대방의 마음을 나의 마음과 같이 깊이 헤아리는 것이다. 이것은 상대방의 감정을 마치 나의 마음과 같이 체험하고자 하는 시도라고 할 수 있다. 그렇다고 자신의 느낌과 생각을 모두 버리고 상대방을 받아들이는 것으로 본다면 문제가 될 수 있다. 공감은 자신의 입장으로 상대방의 존재가 거부감 없이 밀려 들어와 나의 내부에서 '어울림'의 공명이 형성되는 것이다. 따라서 공감은 한 사람의 개인적인 이해의 차원을 넘어 서로 다른 집단과 문화를 이해하고 받아들이는 기능을 수행할 가능성도 내포한다고 할 수 있다.

3) 공감적 소통

공감은 다른 사람의 입장과 처지를 이해하고자 노력하는 것으

끼는 것으로서 동아시아적 의미로는 '이심전심(以心傳心)', '직지인심(直指人心)'이 'empathy'에 해당한다.

로부터 출발한다. 이해하기 위해서는 자신을 상대방의 입장에 놓고 상대방의 정서적 상태로 들어가야 한다. 비록 일대일의 완벽한 일치가 불가능하다고 하더라도 상대방의 감정, 느낌, 생각 등을 적극적으로 탐구해야 한다. 탐구하는 과정에서 상대방에 대한 관계의 강도는 더 강해진다. 그렇다고 자신을 버리고 전적으로 상대에 몰입하는 것은 아니다. 오히려 자신의 정체성과 개인에 대한 이해를 얻어 낼 수 있는 방법이라고 봐야 한다.

리프킨은 공감에서는 감정적 반응과 실천적 반응이 뒤따른다고 말한다. 호모 엠파티쿠스는 다른 사람들의 고통을 덜어 주어야 할 필요를 인식하며, 또 마땅히 도움이 될 만한 행동을 한다. 인식적인 차원에만 머무르는 것이 아니라 어떤 결과를 만들어 내려는 의지적 행동적 요소로 이행되어 나갈 수 있다고 본다.

그렇다면 오늘날 왜 인식적인 차원과 실천적인 차원을 함께 갖는 '공감'에 주목해야 하는가? 리프킨은 사용 가능한 에너지와 기술, 그리고 이러한 기술에 의한 새로운 커뮤니케이션의 혁명이 만들어 내는 문명화 과정 속에서 성숙한 공감 본능을 확대하여 공감-엔트로피의 딜레마를 벗어나야 한다고 말한다. 그래야만 지속 가능한 삶과 생물권의 균형을 찾을 수 있다는 것이다.

우리 인간에겐 고립감을 극복하기 위해 끊임없이 다른 사람과의 유대감을 추구해 가며 더욱 복잡한 사회적 구조를 만들어 내려는 경향이 있다. 우리의 여정은 이러한 인간의 경향과 우주를 지배하는 에너지 법칙이 만나는 교차로에서 시작한다. 인류사의 근간을 이루는 변증법은 공감을 확장하고 엔트로피를 증가시키는 것 사이에 놓인 끊임없는 피드백[되먹임]의 고리다.

리프킨은 인류의 문명은 공감의 능력이 바탕이 되어 전개되는 커뮤니케이션과 에너지 사용의 상호 역학적 작용 속에서 역사적 흐름과 더불어 각기 다른 커뮤니케이션 수단과 에너지 기술을 발전시켰고, 또 그것은 그 시대의 독특한 문화 의식과 기술 문명을 배태시켰음에 주목한다. 그리고 이러한 문명의 발달과 더불어 인간의 공감 능력도 확장되고 심화되어 오면서 공감이 지구촌의 운명을 가늠할 현재에 이르게 되었음을 강조한다. 리프킨은 에너지와 커뮤니케이션의 혁명이 현실 세계를 바꿀 뿐 아니라 인간의 의식까지도 변화시킨다고 말하면서 공감의 문명에서 펼쳐지는 이 흔적들을 좇아가며 기술한다. 수렵 채취가 주축을 이루던 문명의 단계인 그림 구술 문화 시대에는 신화적 의식이 팽배했다. 농경이 핵심 생산 기술이던 단계에는 문자 문화가 꽃을 피웠고 유일신을 숭배하는 신학적 의식이 자리 잡았다. 인쇄술과 각종 기계 기술이 발달하며 상업이 성하던 인쇄 문화의 시대에는 계몽적 의식이 널리 퍼졌다. 석탄과 증기기관이 발명되고 전신, 전화가 등장한 제1차 산업혁명 시기는 전자 문화 시대로서 심리적 의식이 퍼져 나가는 시기였다. 컴퓨터, 인터넷, 스마트폰, 디지털 기술이 등장한 제2차 산업혁명의 시기인 지금은 그물망[네트워크] 시대로서 연극적 의식이 자리 잡기 시작하는 시기다.

이렇게 리프킨은 에너지 기술의 제도적 관리가 어떤 커뮤니케이션의 변화를 이끌었고, 그리고 이것이 또한 어떻게 사회적 현실과 개인의 역할에 변화를 주었는지를 살펴본다. 그리고 또 이것이 인간의 의식을 어떻게 바꾸어 놓았는지를 고찰한다. 이 모든 것의 밑바탕에는 공감이 작용하고 있다. 리프킨이 서술하는 공감의 문명은 공감인[호모 엠파티쿠스]이 자신의 공감의 능력을 확장 심화시켜 온 공감 능력 발달의 문명이다. 그것은 또한 인간의 의식과 커뮤니케이션 방식, 그리고 에너지 제도[열역학 법칙]가 어우러져서 만들어 내는 공감적 소통 성과의 문명이다.

6. 소통의 조건, 구조 그리고 방식

1) 소통의 주체로서의 대중과 대중문화

20세기 문화적 혁명의 핵심은 대중문화의 탄생이다. 그것은 대중이 문화의 주체로서 전면에 나서기 시작하는 문화의 변신이다. 그때까지 대중은 문화 세계에서 소외되어 왕족들, 귀족들, 성직자들, 부자들이 하는 문화 잔치에 초대받지 못한 주변인으로 살아왔다. 그들은 자신들이 정하는 문화의 잣대에 맞추어 문화인과 비문화인을 구별하는 차별화 전략으로 자신들의 위상을 높였다. 자신들의 학식과 신분, 재산에 걸맞은 문화적 멋과 취향을 문화의 기준으로 내세워 그렇지 못한 사람을 배우지 못한 사람, 교양 없는 사람, 천박한 사람이라 무시하고 멸시했다. 문화 향유의 주체는 극히 소수에 제한될 수밖에 없었다.

20세기에 들어와 사진, 영화, 복제 기술의 등장으로 문화의 판도는 확연히 달라졌다. 중요한 예술작품들이 사진으로, 동영상으로, 모사품으로 다양하게 복제되어 많은 사람들에게 접근 가능한 문화 상품이 되기 시작했다. 문화가 문화재가 되고 문화 자본이 되고, 급기야는 문화 산업이 되어 오늘날은 최고의 돈벌이 수단이 되었다. 이제 문화도 더 이상 희귀성, 원본성, 일회성, 독창성을 앞세운 '아우라'의 척도에 따라 정의될 수 없게 되었다. 일종의 제의적 성격의 종교적 숭배 가치를 가진 것으로 간주되던 예술작품은 이제 많은 사람이 보고 즐길 수 있는 전시 가치의 성격을 띠게 된다. 예술작품의 전시는 예술작품을 향유 또는 즐김의 대상으로 전환시켰다. 또한 그 수용 방식에 있어서도 이전의 예술작품이 개인적인 방식으로 집중적이고 예술작품에 침잠(沈潛)해 들어가는 지각 방식을 요구한 데 반해, 새로운 예술작품은 대중적 혹은 집단적인 방식으로 정신 오락적인 분산적이고 촉각적인 지각 방식을 요구한다. 새로운 전자 기술과 미디어의 등장으로 문화의 주체, 대상, 양태, 향유 방식 등이 전체적으로 다 바뀌는 상황에 이르게 된다. 20세기 후반에 들어서 이제는 더 이상 문화의 주체를 왕족이나 귀족, 지성인과 부자로 잡을 수 없게 된다. 모든 사람이 다, 대중이 모두 예술작품의 관람객이고 향유자로서 문화의 주체로 떠오르게 된다. 고급문화와 대중문화의 구별이 철폐되며 문화가 곧 대중문화인 문화의 시대가 열린 것이다.

이로써 무엇보다 대중의 위상이 달라지게 되었다. 이제 예술가들은 대중을 의식하지 않을 수 없게 되었다. 대중의 공감을 얻지 못한다면 예술가로서 성공했다고 자신할 수 없기 때문이다. 작품이 가지는 예술성이라는 것이 있긴 하겠지만 대중과 소통하지 못하는 예술이 진정한 예술이라 할 수 있는가라는 문제들이 제기된다. 백남준은 "예술을 위한 예술은 사기다"라고까지 말한다. 이제 예술의 잣대는 '대중과의 소통'이 되었다. 문화의 세기는 대중이 주인이고 주체가 되는 시대다. 우리는 모든 면에서 대중을 의식하고 대중의 공감을 얻으려고 노력해야 한다. 대중의 상황으로 내려와 대중의 눈높이에 맞추어 대중의 관심에 귀를 기울이고 대중의 입장에서 대중을 이해하려 힘써야 한다. 그것이 소통으로서의 문화가 지향하는 바다.

2) 소통의 구조와 계기

소통의 일차적 기능은 공감의 확장을 통해 신뢰감, 친밀한 관계, 사회적 결합을 이루는 것이다(리프킨). 공감을 얻기 위해 상대방과 공유하는 것이 있어야 한다. 상대방과 무엇을 공유하기 위해서는 내가 가진 것으로 상대방을 유혹해야 한다. 상대방이 내가 가진 것에 관심을 갖도록 유도해야 한다. 그리고 상대방을 설득해서 나의 생각과 행동을 믿을 수 있도록 신뢰감을 주어야 한다. 그러면 상대방과 친밀한 관계를 형성할 수 있을 것이다.

사람 사이에서 소통이 이뤄지고 있는 가장 흔한 방식은 대화다. 대화에서 중요한 것은 그것이 쌍방향이라는 것이다. 다시 말해 한쪽이 일방적으로 말하미나 들으미의 역할을 고정적으로 하는 것이 아니라 서로서로 동시에 두 역할을 다 한다는 말이다. 말하면서 듣고 들으면서 말하는 방식으로 말이다. 이 말은 또한 대화에 참여한 모두가 대화의 주체로서 다 평등하다는 뜻이기도 하다.

하버마스는 상호 주관적인 차원이 강조되고 있는 대화의 이상적 상황을 설정하면서 거기에서는 네 가지의 타당성에 대한 요구 주장이 채워져야 한다고 주장한다. 첫째, 발언의 이해 가능성에 대한 요구 주장을 들 수 있다. 즉 우리가 언어로 표현하는 것은 모두 우리에게 이해될 수 있는 말 또는 단어로써 들어와야 한다는 것이다. 언어가 그 형태상의 차원, 기호론적인 차원, 문법상의 차원에서 언어로서 이해될 수 있는 것이어야 한다는 말이다.

두 번째는 명제의 진리성에 대한 요구 주장이라 할 수 있다. 이것은 언어가 말하는 것, 예를 들어 "백조는 희다"라고 말했을 때,

그 말의 내용이 그것에 대해 이야기하고 있는 사태와 일치해야 한다는 말이다. "백조는 희다"라고 말할 때 백조가 실제로 희어야만 한다. 그래야만 그 말이 참이라고 할 수 있다.

세 번째는 말하는 사람의 진실성이 전제되어야 한다. 진리성과 진실성은 구별되어야 하는데, 이를테면 남을 속이기 위해서 전체의 맥락을 숨긴 채 부분적 진리만을 이야기할 수도 있는데, 이 경우 올바른 의사소통이라고 할 수 없다. 하버마스는 말하는 사람의 진실성을 중시한다. 왜냐하면 사태에 관한 진리라는 것은, "백조는 희다"라고 했을 때, 거기에서 오직 백조의 흼만이 이야기될 뿐 그 외 나머지 사실에 대해서는 전혀 이야기되고 있지 않다. 즉 거기에서는 하나의 사태에 대해 아주 일부분만이 이야기되고 있을 뿐이다. 따라서 그렇게 일부분에 대해서 말하면서 전체에 대해서 말하는 것처럼 말하미가 사태를 왜곡시킬 수 있는 가능성이 있다. 그래서 말하미의 진실성이 중요한 관건이 된다. 말하미의 진실성은 진리성과 뗄 수 없는 관계에 놓여 있다.

네 번째로 하버마스는 명제의 정당성(올바름)에 대한 요구 주장을 든다. 이것은 사회성과 관련이 있다. 하나의 명제, 즉 "백조는 희다"라는 명제는 문맥(Context)에 맞아야 하고 이 문맥은 전체 텍스트에 맞아야 하며, 전체 텍스트는 그것이 지시하고 있는 실제 상황인 삶의 맥락에 맞아야 한다. 정당성에서는 현재의 사회만이 문제되는 것이 아니라 사회의 정체성, 즉 역사도 문제가 된다. 다시 말해 거기에는 역사와 문화가 그 밑바탕에 깔려 있게 된다. 이렇게 대화에는 여러 다양한 관계들이 서로서로 복잡하게 얽혀 있다.

공감을 강조하는 소통에서는 대화의 상대방에 대한 열린 마음이 중요하다. 아무런 선입견 없이 상대방을 동등한 대화의 상대로서, 인격체로서 대하는 자세가 중요하다. 상대방의 눈높이에 맞추어 상대방의 관심과 이해(利害)를 헤아리고 상대방의 입장에서 대화의 내용을 알아들으려는 노력이 필요하다. 서로 생각과 신념이 다르고 사태에 대한 시각이 다르다 해도 상대방의 다름을 인정하고 수용하려는 열린 자세가 필요하다. 대화를 통해 합의와 일치에 이르게 되면 서로 사이에 신뢰감을 얻게 되어 친해지게 되고 사회적 결속감이 한결 더 강해질 것이다.

3) 소통의 상황: 비소통과 협상

그러나 이상적인 대화 상황이 이뤄지는 것은 매우 어렵다. 그런 경우를 위한 것이 또한 대화며 소통이다. 대화에서는 상대방을 동등한 대화의 상대자로서 인정해야 한다. 이 말은 내가 나와는 다른 또 다른 나를 대화의 상대로서 대하고 있음을 인정해야 한다는 말이다. 대화의 또 다른 주체로서 상대방은 자기의 관점에서 자신의 생각대로 사태를 이야기하고 판단하고 수용할 권리를 갖고 있다. 내가 마음대로 할 수 없는, 나와 똑같은 위치에 선 타자가 있다는 상황이 소통을 어렵게 만드는 결정적 요인이다. 그래서 소통에서 가장 중요한 문제는 역설적이게도 '비소통'이다. 소통에서는 상대방에게 정보나 메시지를 그의 생각대로 해석할 권리를 준다. 소통이 강조되는 문화적 자세에서는 수용자에게 해석의 일차적 권리가 보장되어야 한다. 그것이 대중문화에서 문화의 수용자로서 대중의 수용과 공감에 큰 관심을 두고 있는 이유다.

소위 발신자를 떠난 정보나 메시지는 전적으로 수신자의 처분에 맡겨진다. 소통의 상대방은 자신에게 주어지거나 전달되는 정보나 메시지를 선택해서 수용할 권리부터 그것을 자신의 관심과 취향에 따라 해석하고 변형할 권리도 갖는다. 그렇게 해서 발신자를 떠나 떠도는 정보나 메시지는 발신자의 의도와 상관없이 이해되고 오해되고, 곡해되고 왜곡될 처지에 놓이게 된다. 그래서 커뮤니케이션[소통]이란 "진심[사실]을 말하지 않는 정보 제공자와 메시지를 자기 취향에 맞춰 해석하려는 수신자 사이의 항구적인 협상 과정"이다.[9] 이러한 소통 과정의 복잡함을 제대로 알지 못하고 진행되는 소통은 서로를 이해하지 못하는 '비소통'이며, 이것은 필연적으로 몰이해와 갈등, 증오와 투쟁을 낳는다.

소통에서는 서로 다른 자유와 평등성을 가진 상대방을 인정해야 한다. 이 상대방이 나와 같은 선상에 있으며 나의 생각에 동의하지 않는다는 점을 언제나 고려해야 한다. 소통에는 언제나 비소통이 해결되어야 할 핵심 과제로 주어져 있는 셈이다. 이 점을 인정하고 나면 생각을 달리하는 타자와의 공존이 소통에서 받아들여져야 할 전제조건이 된다. 소통하기 위해서 우선은 타자의 존재를 인정하고 서로의 차이와 다름을 받아들이면서 계속 대화하고 협상하면서 공생하고 상생할 길을 모색해야 한다.

이런 식으로 공생하고 상생하기 위한 소통에서 가장 중요한 요소는 진정성이다. 위에서 거론된 이해 가능성, 진리성, 정당성, 진실성에 앞서 소통하려는 열린 마음과 그를 위한 진정성이 우선적으로 요구된다. 그럴 때 서로의 차이와 다름을 참고 인내하며 합

9) 도미니크 볼통, 『불통의 시대 소통을 읽다』, p.5.

의점을 찾기 위해 계속 협상해 나갈 수 있을 것이다.

소통하기 위해서는 정보를 알려 주는 것만으론 충분하지 않다. 오늘날은 오히려 정보의 차고 넘침과 기술적 매체의 항존이 소통을 더욱 어렵게 만든다. 정보혁명은 소통의 불확실성을 가중시키며 예측할 수 없는 결과에 이르게 한다. 이것은 정보 자체의 문제만이 아니다. 지금은 모두가 모든 것을 보고 모든 것을 알게 되는 세상이다. 언어, 철학, 정치, 문화, 종교적인 차이들이 소통과 관용을 더욱 어렵게 만든다. 정보는 메시지일 뿐이지만, 소통은 그보다 훨씬 복잡한 '관계'다.

"21세기 혁명적 사건은 정보의 혁명이 아니라 소통의 혁명이다. 즉 메시지의 문제가 아니라 관계의 문제다. 복잡한 기술 발전을 통한 정보의 생성과 분배가 아니라, 정보 발신자와 같은 위치에 있지 않은 수백만의 다양한 수신자에 의한 정보의 수용과 거부의 문제다. 정보의 최종 목적지인 수신자들은 소통을 복잡하게 만든다. 정보는 타자의 얼굴에 몰아친다. 우리는 지구촌을 꿈꿨지만 혼돈스러운 바벨탑을 발견한다."(도미니크 볼통)

매체 시대를 사는 우리는 정보가 사물, 사실, 사건, 사태에 대한 있는 그대로의 기술이 아니라 발신자의 관심과 이해(利害)에 따라 수집되고 선별되어 재구성된 묘사라는 것을 잘 안다. 똑같은 사건에 대해 '가'라는 언론 매체가 '나'라는 언론 매체와는 판이한 보도를 하고 있는 것을 매일같이 확인하며 산다. 전문성이 걸린 사안에서도 전문가들의 전문적인 지식이라는 것이 얼마나 극과 극으로 대립되는지를 수시로 경험하고 있다. 종교적인 진리를 주장하는 데서는 그 주장의 옳고 그름을 가늠할 잣대가 있을 수가 없다. 그것은 다 결국 신앙의 문제이며 무엇을 믿든지 간에 그것은 개인적 자유의 사항이다.

다양성과 다원성의 문제가 이제는 종교적 차원에서만의 문제가 아니다. 이제는 언어, 문화, 세계관과 가치관, 정치에서의 차이를 인정하고 서로 공존할 수 있는 길을 모색해야 한다. 문화의 시대에 다양성은 흠이 아니라 장점이다. 문화의 시대 가장 경계해야 할 적은 오히려 획일성이다. 누가 "나는 진리를 보았고 깨달았으니 나를 따르면 행복과 안정이 주어질 것이다"라고 외친다면 미친 사람 취급을 받을 것이다. 이제 진리의 포고와 선교는 종교적인 차원에 국한된 일이고 그것은 극히 사적인 믿음의 영역이다. 공적인 차원에서 자기만이 진실을 보았고 자기만이 올바른 길을 알고 있다고 주장한다면 의심의 눈총에 시달릴 것이다. 정보와 지식이 넘치는 오늘날 남을 가르치려 드는 계몽의 자세는 시대착오적이라는 비판을 면치 못한다.

다원주의 사회에서 비소통을 해결하기 위한 소통의 방식 중 중요한 것은 생각과 주장을 달리하는 사람들 모두가 다 참여할 수 있는 기회와 방법이 많이 마련되는 것이다. 정보의 흐름과 메시지의 전달이 일방적이어서는 안 된다. 어떤 형태로든지 수신자 또는 수용자들의 참여가 보장되어야 하고, 메시지의 공유와 메시지에 대한 거부 또는 의견 표명도 보장되어야 한다. 그리고 의견을 달리하는 사람들 사이의 대화와 협상이 전개되어야 한다. 의견 조정이 이루어지는 동안에도 협동과 협업은 계속되어야 할 것이다. 이렇듯 소통에는 참여, 협상, 협동, 협업이 중요한 소통의 행위로 부각된다.

아무도 사실 자체를 있는 그대로 알지 못하고 그것이 생활세계에서 통용되는 코드(언어, 상징, 기호)에 의해 우리에게 주어지는 대로 인식할 뿐이다. 그리고 이 코드는 역사의 흐름에 따라 기술의 발전과 커뮤니케이션의 변화 속에서 계속 변해 오고 있다. 절대적, 보편적으로 통용되는 코드는 없다. 문화권과 생활세계에 따라 통용되는 코드와 그 규약은 다르다. 우리는 다른 문화권의 문화적 코드를 우리의 잣대로 평가하고 판단해서는 안 된다. 우리와는 다른 문화적 코드를 그들의 역사적, 문화적 관점에서 이해하려고 애쓰며 그 코드가 그들에게 어떤 의미를 지니고 있는지 알려고 노력해야 한다.

7. 문화 다양성 시대의 통합과 통섭

끝으로 문화의 시대 소통과 공감을 통한 '통합'의 노력이 어떻게 전개되고 있으며 전망과 문제점이 무엇인지를 간략하게 짚어보자. 다양한 문명과 문화의 사람들[죽을 자들]이 함께 더불어 거주하는 지구촌 시대의 최대 화두는 '통합'과 '통섭'이다.

21세기를 살아가는 지혜로서 이어령은 '디지로그(디지털 기반과 아날로그 정서가 융합되는 첨단 기술)'의 통합적 사상을 강조한다. "20세기가 전문가의 시대였다면 21세기는 통합의 시대다. 이제 어느 것 하나만 잘하는 것으로는 살아남기 어렵다. 앞으로 지식사회를 선도해 갈 인재들은 전문가들이 간과한 지식 대통합을 통해 분야를 넘나드는 창조적 사고를 해야 한다."[10] 이어령은 현대에 들어 전문화 추세가 가속화되면서 지식이 파편화되고 있음을 지적한다. 전문적 지식의 양은 늘어나는 데 비해 학문 간의

---

10) 로버트 루트번스타인 · 미셸 루트번스타인, 「세상을 바꾼 천재들의 창조적 섬광」, 『생각의 탄생』, 박종성 옮김, 에코의 서재, 2009, p.9.

교류는 오히려 줄어들고 있어 종합적 이해력은 퇴보의 길을 걷고 있다는 것이다. 여기저기서 통합이 거론되고 있다 보니 '통합 학문'이 오늘날의 '제일철학'이라는 말도 나올 지경이다.

이러한 시대적인 분위기 속에서 지식의 대통합을 선언하며 『통섭』이라는 책을 펴낸 학자가 있으니 사회생물학자인 에드워드 윌슨이다.[11] 윌슨이 기획하는 통섭(統攝)에 의한 통합은 사물에 널리 통하는 인과율이라는 원리로 학문의 큰 줄기를 잡아 자연과학[특히 생물학]과 사회과학, 그리고 인문학을 한데 묶는 것이다. 물리적 세계에서 통하는 원리를 갖고 유기적 생명체의 세계, 인간의 인식과 의식의 정신세계, 그리고 초자연적인 영적 세계까지도 설명해 보자는 이야기다.

이와는 전혀 다른 통합 시도의 예를 우리는 켄 윌버의 『통합 비전』과 『통합 심리학』에서 발견할 수 있다. 켄 윌버는 윌슨과는 정반대의 길을 간다. 윌슨이 인간의 심리도 생물학과 뇌과학을 갖고 설명하려 시도했다면, 윌버는 영(Spirit)을 바탕으로 삼아 출발한다. 그는 현대 심리학의 뿌리는 영적 전통에 있음을 강조한다. 그 이유는 정신 자체가 영적 원천에 접속되어 있기 때문이다. 정신의 가장 깊은 심연에서 우리는 본능이 아닌 영(Spirit)을 발견할 수 있다. 그러므로 윌버는 이상적인 심리학 연구는 신체에서 마음, 혼에 이르는, 잠재의식에서 자의식, 초의식에 이르는, 그리고 수면에서 반각성, 완전한 각성에 이르는 모든 것에 대한 연구가 되어야 한다고 주장한다.

통합을 이야기하는 대표적인 두 사람의 상반되는 견해를 소개

---

11) 에드워드 윌슨, 『통섭. 지식의 대통합』, 최재천 · 장대익 옮김, 사이언스북스, 2006.

하였다. 그런데 통합은 학문, 즉 이론적인 차원에서의 문제만이 아니다. 지금 지구촌에서 가장 큰 사회문제로 부각되고 있는 현안이 바로 다양한 민족, 이념, 계층, 세대, 문화 간의 '통합'이기 때문이다. 우리는 여기서의 통합 논의를 간과해서는 안 된다. 오히려 여기서의 문제의식이 학문적 논의에 방향을 제시할 수도 있다.

여기에서는 전근대적 정치적 통합은 'integration'이라 표현하고, 계층 갈등을 해결하기 위해 경제적인 관점에서 약자를 고려한 경제적 통합은 'inclusion'이라 표현한다. 그리고 현대와 같이 다양한 문화권의 공존에서 생기는 갈등을 풀기 위한 문화적 통합으로는 'cohesion'이라는 단어를 사용한다. 'social integration'의 의미의 사회통합은 "사회를 구성하는 다양한 집단들이 각각의 다양성을 유지하면서 조화롭게 살도록 하는 것. 개인의 사회규범 수용이라는 획일성을 강조하는 부정적 의미로 인식될 수도 있음"이라고 설명되고 있다. 그리고 'social inclusion'이라는 의미의 사회통합은 "개인이나 집단이 자신의 삶의 수준 증진 기회를 막는 제도적 제약들을 제거한 것. 사회적 배제(social exclusion)의 대립 개념으로, 모든 국민에 대한 빈곤과 실업을 포함한 사회적 위험으로부터의 보호를 의미"라고 풀이되고 있다. 그리고 다양성의 공존을 지향하는 'social cohesion'의 의미의 사회통합은 "다양한 특성을 가진 구성원들이 공동체에 대한 소속감을 갖고 공동의 비전을 공유하며 긍정적인 관계를 유지하는 국민적 결집력을 지칭"한다고 해설한다.12)

통합에 대한 논의를 정리하며 필자는 학문적 개념 정의가 좀

12) 사회통합위원회 홈페이지 www.harmonykorea.go.kr.

더 세분화되어야 한다고 본다. 그래서 아래와 같은 개념 정리를 제안한다. 먼저 'consilience'에 대한 번역어로서 통섭(統攝)은 잘 맞지 않는다고 생각한다. 번역자의 채택 이유와 설명이 있긴 하지만 통섭은 강제적 통합의 의미가 크다. 여기서의 '섭(攝)'은 정복자의 뜻에 따라 통합되기를 거부하는 자들의 귀를 잘라 손에 들고 있는 형상을 하고 있는 모습의 상형문자다. 우리가 즐겨 쓰는 의미의 '통섭(通涉)'은 "사물에 널리 통함. 서로 내왕함"의 의미를 지니고 있다. 그것이 오히려 'consilience'의 본래의 의미인 'jumping together'에도 더 잘 맞는다.

통합의 의미도 몇 가지로 세분화하여 정리하는 것이 앞으로의 생산적인 논의에 도움이 될 것이라고 생각한다. 이 경우 정치적 통합의 의미를 강하게 갖고 있는 'integration'은 예전처럼 '통합(統合)'으로 쓴다. 그리고 경제적 통합이라는 의미로 썼던 'social inclusion'은 '사회적 포용(包容)' 또는 '경제적 포용'이라고 쓰는 것이 좋을 것이다. 공산주의 체제가 아닌 자유민주주의 체제를 주창하는 한 경제적 통합은 불가능하고 이념적으로도 맞지 않으니 말이다. 그리고 마지막으로 'social cohesion'의 의미의 사회통합도 다름과 차이를 인정하는 공존과 공생을 전제하는 이념이라면 큰 줄기 아래 모두를 한데로 모은다는 의미의 '통합(統合)'은 맞지 않는다. 그래서 이 경우 '서로서로 소통하여 상대방의 의사를 존중하는 가운데의 조화로운 합치'를 뜻하는 '통합(通合)'이라는 개념을 쓸 것을 제안한다. 이 경우 이 통합이 바로 문화적 통합(通合)으로서 개개인의 독특함을 인정하며 촉진하면서 개개인 모두를 아우르고 얼러 개개인의 울림이 전체 속에 조화를 이루는 어울림이 되도록 노력하는 정책을 뜻한다.

참고문헌

심혜련, 「매체에 대한 미학적 접근」, 『매체철학의 이해』, 인간사랑, 2005.

이기상, 『지구촌 시대와 문화 콘텐츠』, 한국외국어대출판부, 2009.

_____, 『콘텐츠와 문화철학. 문화의 발전단계와 콘텐츠』, 북코리아, 2009.

제러미 리프킨, 『공감의 시대』, 이경남 옮김, 민음사, 2010.

마셜 맥루한, 『미디어의 이해』, 김성기 · 이한우 옮김, 민음사, 2002.

도미니크 볼통, 『불통의 시대 소통을 읽다』. 채종대 · 김주노 · 원용옥 옮김, 살림, 2011.

켄 윌버, 『통합 비전』, 정창영 옮김, 물병자리, 2008.

_____, 『통합심리학』, 조옥경 옮김, 학지사, 2008.

에드워드 윌슨, 『통섭. 지식의 대통합』, 최재천 · 장대익 옮김, 사이언스북스, 2006.

빌렘 플루서, 『코무니콜로기. 코드를 통해 본 커뮤니케이션의 역사와 이론 및 철학』, 김성재 옮김, 커뮤니케이션북스, 2006.

에드워드 홀, 『침묵의 언어』, 최효선 옮김, 한길사, 2000.

■ 이기상 ■

가톨릭대학교 신학부를 졸업하고 독일 뮌헨 예수회 철학대학에서 철학 석사 학위와 박사 학위를 취득하였다. 1984년부터 한국외국어대학교 철학과 교수로 재직 중이다. 1992년 열암학술상을 수상하였으며 1994년 한국출판문화상 번역상을 수상하였다. 주요 저서로 『하이데거의 존재와 현상』, 『철학노트』, 『지구촌 시대와 문화 콘텐츠』, 『글로벌 생명학』 등이 있다.

홈페이지는 www.saemom.com, 전자우편 주소는 saemom@chol.com 이다.

디지털미디어 시대의 갈등 해소와 상처 치유

김 성 곤

1. 들어가는 글

언제부터인가 우리는 놀라움 반 두려움 반으로, 급속도로 변해가는 우리 사회를 바라보고 있다. 그 중에서도 우리의 안방과 직장과 학교에 파고든 컴퓨터와 인터넷은 불과 20여 년 만에 우리의 생활방식과 사고양식을 송두리째 뒤바꾸어 놓았으며, 그 어느 때보다도 더 심각한 세대 간의 단절을 불러왔다. 어른들은 컴퓨터의 놀라운 속도와 용량과 기억에 경탄하면서도 그것을 제어하고 조종할 능력의 부재로 인해 좌절감과 거부감 속에 빠져들었고, 컴퓨터가 삶의 일부가 된 아이들은 컴퓨터를 모르는 어른들로부터 점점 더 멀어져 갔다.

물론 싸늘한 플라스틱이 우리 사회에 등장해 인간 사이의 단절을 초래한 것은 이번이 처음은 아니었다. 텔레비전과 DVD는 이미 오래전에 안방에 등장해 가족들의 대화를 끊어 놓았다. 그러나 컴퓨터의 등장은 세대 간의 유대마저도 단절시킴으로써 텔레비전의 못다 이룬 사명을 완수했다. 더구나 정보와 오락의 일방적인 전달 매체인 텔레비전과는 달리, 컴퓨터는 사용자끼리의 상호 교류도 가능하게 해주었고, 월드 와이드 웹(WWW)과 인터넷을 통해 세계를 하나로 연결해 주었으며, 급기야는 TV 수신 카드를 장착해 텔레비전의 기능마저도 빼앗아 가버렸다.

젊은이들은 이제 컴퓨터를 통해 텔레비전과 영화를 보며, 페이스북(Facebook)과 트위터(Twitter) 같은 소셜 네트워크 서비스(SNS)를 통해 자기들끼리 교류하고, 어른들은 알 수 없는 자기들만의 메시지를 주고받는다. 그리고 종이책을 찾아 도서관에 가는 대신, 구글(Google)과 위키피디아(Wikipedia)를 통해 정보와 지식을 검색한다. 이제는 심지어 휴대폰에도 각종 정보와 전자사전이 들어 있어서, 언제라도 신속한 검색이 가능하다. 그들이 '사이버스페이스'라고 부르는 그 공간에, 단 하나의 정보를 위해 도서관까지 걸어가야만 하는 기성세대가 들어갈 틈은 존재하지 않는다. 그 사이버 공간에서 젊은이들은 자신들만의 무한한 상상의 날개를 펼친다. 그러나 어른들은 오늘도 그 '사이버' 공간이 자칫 현실과 괴리된 '사이비' 공간이 되지나 않을까 우려하면서, 젊은이들이 오직 컴퓨터 스크린의 윈도(창문)만을 통해 현실과 조우하고 있는 것을 걱정스럽게 바라보고 있다.

과연 요즘 젊은 세대는 인터넷 공간에서 서로 교류하며 자기들끼리만 메시지를 교환한다. 그래서 정치가들은 그걸 이용해 악성루머를 퍼뜨리거나, 데모 군중을 모집하거나, 선거 득표에 이용하기도 한다. 그리고 그러한 정치적 음모를 모르는 순진한 젊은이들은 인터넷에 유포되는 근거 없는 소문을 믿거나, 시위 현장에 동원되거나, 특정 후보에게 표를 몰아주기도 한다. 인터넷을 통해 교류하는 '그들만의 연대'가 형성되어 있는 셈이다. 그리고 그러한 현상은 모두가 갖고 있는 휴대폰을 통해서도 이루어지고 있다. 그러한 현상은 분명 우리가 경계해야만 하는 인터넷 시대의 부정적 측면일 것이다.

그럼에도 불구하고, 우리는 지금 낡은 패러다임이 사라지고 새로운 패러다임이 시작되는 문화적 전환기에 살고 있다. '뉴미디어 시대', '멀티미디어 시대', '다매체 시대', '전자매체 시대', '영상매체 시대' 등 여러 가지 이름으로 불리고 있는 이 시대의 한 가지 특징은 우리가 수많은 첨단 미디어의 홍수 속에서 살고 있다는 것이다. 예컨대 영화, 비디오, 광고, 패션, 팝송, 랩, 신문, 잡지 등은 날마다 우리의 삶을 지배하고 조종하는 강력한 미디어로 부상하고 있다. 그러한 미디어들은 자칫 상업주의와 결탁해 경박한 표피 문화와 천박한 가치관, 그리고 찰나적인 유행을 산출해, 진지한 사고와 심오한 사색을 불필요하고 불가능하게 만들 수도 있다. 과연 젊은이들은 이야기와 이미지를 산출해 내고, 또 때로는 리얼리티까지도 만들어 내는 현란한 시각적 미디어에 매료되어 점점 더 책을 읽지 않게 되고 문학에도 무관심해지고 있다. 그리고 그 결과는 결국 사색의 부재와 인성의 미숙, 찰나주의, 이기주의, 고립주의, 그리고 물질주의적 가치관의 팽배로 나타나고 있다.

그래서 세대 간의 단절은 필연적이다. 그러므로 전자매체나 영상매체에 익숙해 있는 학생들에게 무조건 문자로 된 책을 읽으라고 강요하는 것은 별 효과가 없다. 그러기 전에 우선 영상매체나 전자매체를 여흥이나 오락 정도로만 생각해 온 기성세대의 과감한 사고의 전환이 필요하다. 이제 사운드도 7.1 채널이 보편화되고 영화도 3D가 대세인 이 시대에 일차원적 사고를 가진 기성세대는 점점 더 입지를 잃어 가고 있기 때문이다. 또한 수백 권의 책이 들어가 있는 아이패드(iPad)로 사운드가 있고 편집과 경로 변경이 가능한 전자책을 읽고 있는 아이들에게 종이책만 읽어야 한다고 주장하는 것 또한 별 설득력이 없기 때문이다.

예전에 기성세대가 종이책으로 현실을 배웠듯이, 스크린을 통해서 모든 것을 배우는 요즘 젊은 세대에게 전자매체나 영상매체는 곧 삶과 경험의 텍스트가 된다. 그렇다면 그들에게 컴퓨터를 그만하라고 강요하거나 인터넷의 몰입을 개탄만 하는 것보다는, 차라리 그들에게 영상매체를 제대로 읽는 법 — 예컨대 영화가 어떻게 당대의 사회상과 문화를 반영하고 있고, 어떻게 당대의 지배 이념을 드러내고 있으며, 또 어떻게 당대의 관습에 저항하고 있는지 등 — 을 문학작품과 연관해서 가르쳐 주는 것도 좋은 문화 교육이 될 수 있을 것이다. 그리고 그것과 연관되는 책들을 읽도록 권장하면 좋을 것이다. 물론 좋은 영화 식별하는 법, 그리고 영화의 상업주의적 속성과 이데올로기적 측면도 가르쳐야만 할 것이다. 또한 사이버 공간에만 몰입해 현실 세계의 폐인이 되지 않도록, 그 두 세계 사이의 조화를 추구하는 것도 가르쳐야만 할 것이다.

그것은 곧 문학 교육의 범위를 넓혀 문화 교육으로 확대시키는 것을 의미한다. 그렇게 할 때 비로소 컴퓨터 세대와 활자 세대, 그리고 플라스틱 세대와 종이 세대는 공동의 관심사를 통해 서로 만나게 될 것이다. 전통과 혁신은 충돌이 아닌 절충을 통해 늘 공존해 왔기 때문이다. 지금 영국과 미국과 일본을 비롯한 세계 각국에서는 '문화 연구' 및 '미디어 문화 연구'라는 이름 아래, 바로 그와 같은 연구가 활발하게 진행되고 있다. 즉 오늘날과 같은 미디어 문화 시대에는 문학 연구를 좀 더 광범위한 '문화 연구'로 확대시켜서, 문학작품과 더불어 각종 미디어와 전자매체와 영상매체도 같이 연구해야만 한다는 것이다. 그와 같은 '문화 연구'적 태도는 우리의 시각과 인식의 지평을 훨씬 더 넓혀 준다는 점에서 주목을 끈다.

전통적인 문학자들이나 인문학자들에게는 물론 그러한 변화가 충격적일 것이다. 그럼에도 불구하고, 변화는 필연적이다. 이제는 시대가 달라졌고 문화의 패러다임도 바뀌었기 때문이다. "이럴 때일수록 우리는 변하지 말고 관습과 전통을 지켜야 한다"는 수구적 태도는 문학이나 인문학의 미래를 위해 별 도움이 되지 않는다. 무엇보다도 문학을 수용하는 젊은 세대의 현실관과 세계관, 그리고 사물 인지 수단과 커뮤니케이션 방법이 달라졌기 때문이다. 사실 인지과학적 측면에서 볼 때에도, 컴퓨터 세대인 학생들과 구텐베르크 세대인 교사들의 현실 인식과 교류 수단 사이에는 이미 메울 수 없는 틈이 존재하고 있다. 어려서부터 영상매체를 통해 현실을 배우고 세상과 접촉해 온 젊은 세대들의 사물 인지 방법과, 활자매체를 통해 상상력을 키워 왔던 기성세대의 사물 인지 방법은 서로 다를 수밖에 없기 때문이다.

그래서 우리 모두에게 '새로운 문화 읽기'는 절실하고도 중요한 문제로 부각된다. 패러다임의 변화에 따라 생겨난 새로운 문화 현상을 빨리 그리고 정확하게 읽어 내어 시대의 변화를 파악하고 그것에 대처하는 것이 지금 그 무엇보다도 더 필요하기 때문이다. 그렇지 못하면 우리는 결국 시대의 흐름을 따라잡지 못해 다른 나라에 뒤처지고 홀로 고립되는 상황에 처하게 될 것이다. 그렇다면 이 격변의 시기에 '새로운 문화 읽기'는 지식인의 책무이자 학자들의 의무이며, 교사와 학생들이 필히 천착해야 할 시대적 과제라고 할 수 있을 것이다.

물론 그러한 작업에는 어려움과 오해가 따른다. '어려움'은 우리 사회의 패거리 문화와 타자에 대한 적개심 극복이 결코 만만치 않은 데서 오고, '오해'는 새로운 문화 읽기를 단순한 '지적 유행 따라잡기' 정도로 생각하고 경시하는 우리 사회의 보수주의적 시각에서 기인한다. 그러나 지금 세계적으로 일어나고 있는 문화적 변화와 학문적 변화를 감지해 적절히 대처하지 못하면, 우리는 다시 한 번 문화적/학문적 후진국으로 전락하게 될지도 모른다. 새로운 변화는 물론 불안과 갈등을 수반한다. 그러나 그 변화의 본질을 정확히 파악하고 적극적으로 대처하는 순간, 불안과 갈등은 사라질 것이다. 세대 간의 단절, 이념 간의 단절, 그리고 계층 간의 단절이 그 어느 나라보다도 더 첨예한 우리 사회의 갈등 해소와 상처 치유를 위해 타자에 대한 이해와 포용력, 그리고 '새로운 문화 읽기'가 중요한 이유도 바로 거기에 있다.

1960년대 진보와 보수로 분열되었던 미국 사회를 신랄하게 비판했던 미국의 비평가 레슬리 피들러는 세대, 계층, 그리고 이념의 대립을 해소하는 방안으로 「경계를 넘고 간극을 좁히며(Cross the Border, Close the Gap)」와 「양극을 피하는 중간(The Middle Against Both Ends)」이라는 두 편의 유명한 글을 발표했다. 특히 그는 고급문화와 대중문화 사이의 화해를 주창했던 「경계를 넘고 간극을 좁히며」를 『플레이보이(*Playboy*)』에 발표함으로써, 자신의 신념을 직접 실천해 보여주기도 했다.

2. 디지털 테크놀로지 시대의 사회통합

20세기라는 단 하나의 세기가 인류 역사를 모두 합해 놓은 것보다 더 많은 문명의 발전을 성취했다는 사실은 우리를 놀라게 한다. 그렇다면 과연 무엇이 20세기 문명의 눈부신 도약을 가능하게 해주었을까? 답은 물론 디지털 테크놀로지다. 20세기 중반부터 보급되기 시작한 텔레비전과 자동 전화, 세계와 우주를 하나로 연결한 제트 비행기와 스페이스 셔틀, 그리고 비디오와 디지털 카메라와 캠코더 같은 전자 제품들, 직장과 가정까지 파고든 컴퓨터와 인터넷, 전자책인 킨들(Kindle)과 전자책에 아이패드 기능을 더한 킨들 파이어, 화상 전화가 가능한 휴대전화와 내비게이터, 그리고 컴퓨터와 인터넷을 합해 놓은 아이폰, 거기에 미니 도서관 가능을 더한 아이패드는 인류의 인식과 삶의 패턴을, 그리고 이 시대의 패러다임을 코페르니쿠스적으로 바꾸어 놓았다. 예컨대 지금은 아이폰의 앱으로 들어가면, 하와이에 놀러가서도 뉴욕에 있는 자기 집의 ADT 자동 경보 기능을 켜고 끌 수 있는 시대가 되었다.

디지털 혁명이 20세기 말에 초래한 그러한 변화는 21세기 들어 더욱 가속화될 것이며, 인류의 생활 양태를 본질적으로 바꾸어 놓게 될 것이다. 디지털 테크놀로지가 인간의 삶에 혁명적인 변화를 가져다주기 때문이다. 첫째는 정보의 확산과 공유다. 예컨대 텔레비전은 전 세계에 동시다발적으로 정보를 제공하고 있으며, 인터넷은 무제한의 정보를 초고속으로 제공함으로써, 특권층의 정보 독점을 불가능하게 만들었다. 정보는 곧 지식을 의미하고 지식은 곧 권력을 의미한다고 할 때, 정보의 공유는 곧 권력의 공유를, 그리고 궁극적으로는 민주주의의 확산을 의미하게 되었다.

디지털 테크놀로지가 초래한 두 번째 변화는 세계의 지구촌화와 주변부 문화에 대한 새로운 조명이다. 인터넷이 그 가장 좋은 예로서, 정보의 순간적인 확산과 공유는 세계를 마치 하나의 마을처럼 연결시켰다. 그 결과, 국가의 개념이 희미해졌고, 나라와 나라 사이의 국경, 문화와 문화 사이의 경계가 해체되기 시작했다. 순수 문화나 단일민족이 더 이상 그 가치를 인정받지 못하게 되고, 다문화주의가 각광받게 된 것도 바로 그런 맥락에서였다. 다문화주의가 확산됨에 따라, 그동안 문화의 중심에 자리 잡고 지배 이데올로기로서 군림해 오던 백인 문화나 제국주의의 합법성과 유효성이 도전을 받게 되고, 그 대신 하위문화, 소수 인종, 소수민족, 여성, 또는 식민지 문화가 탈식민주의적 시각으로 재조명되기 시작했다.

디지털 테크놀로지가 가져다준 세 번째 변화는 모든 경계선과 장르의 해체와 초월이다. 순수예술과 대중예술의 차별화가 그 한 예로서, 모더니즘 시대에 서구의 형이상학은 사물을 대립 항으로 파악하고 그 둘 사이에 분명한 경계를 그어 놓은 다음, 첫 번째 것에만 특권을 주었다. 그러나 디지털 시대에 그와 같은 차별주의나 분리주의는 더 이상 용납되지 않는다. 모든 장르의 경계는 소멸되고 통합되며 재구성된다. 예컨대 문학 내부에서도 소설과 비평과 시와 희곡 사이의 구분이 사라지고 있으며, 문학 외부에서도 문학과 타 예술 장르 및 타 학문 사이의 경계가 점점 더 모호해지고 있다. 그리고 그 결과, 문학과 영상이나 문학과 미술뿐만 아니라, 문학과 과학이나 문학과 테크놀로지 사이에서도 활발한 대화가 일어나고 있다.

예컨대 최근 창립된 '문학과 영상학회', '영상 문화학회', '영상 영어교육학회' 같은 전국 규모의 학회들이나, 대학원에 설치된 과학사/과학철학과 인문학 사이의 협동 과정, 또는 융합과학기술대학원 같은 것들도 바로 그러한 탈장르적 맥락에서 생겨난 것들이다. 그 중 '문학과 영상학회'는 영상매체에 익숙한 학생들에게 어떻게 하면 문자매체인 문학 텍스트를 효과적으로 가르칠 것이며, 또 어떤 방식으로 영상매체를 이용할 수 있을 것인가 하는 문제를 논의하고 연구하기 위해 1999년 초에 창립되었다. 그리고 1998년 가을 학기에 서울대학교에 개설된 교양과목인 '법과 문학과 영화'는 법과 문학과 영화 사이의 장르와 경계를 넘어서, 일견 서로 다른 것 같은 그 세 분야가 사실은 얼마나 긴밀하게 연관되고 있는지를 토론하고 연구했는데, 이 강의에는 『법과 문학 사이』의 저자인 법대 교수와 『문학과 영화』의 저자인 인문대 교수가 공동강의(team teaching)를 맡았다. 현재 전 세계 대학에서는 학문 사이의 경계를 허무는 다학제간 연구(interdisciplinary studies)가 활성화되고 있다. 또 음악계에서 일어나고 있는 시각 예술과 청각 예술을 혼합한 뮤직 비디오나 인터랙티브(interactive) 음악, 또는 문단에서 시도하고 있는 문자매체와 영상매체를 혼합한 하이퍼 픽션이나 테크노 픽션 같은 것들도 모두 장르 해체 운동의 일환이라고 할 수 있다.

그와 같은 변화는 필연적으로 뉴미디어 문화, 인터랙티브 예술, 또는 복합 예술의 성격을 띤 멀티미디어 문화를 등장시켰다. 그래서 이제는 그 어느 장르도 주위와 담을 쌓은 채 홀로 존재할 수는 없게 되었다. 장르와 경계가 해체되고 재구성되면서, 모든 것이 서로 혼합되거나 인터랙티브가 되었기 때문이다. 예컨대 하이퍼 픽션은 저자가 컴퓨터 화면에 소설을 띄우면, 독자들이 원하는 아이콘을 클릭해 스스로 자기가 원하는 구성이나 결말을 선택할 수 있도록 되어 있으며, 삽화나 사진, 또는 배경 음악이나 사운드도 곁들일 수 있는 대표적인 인터랙티브 멀티미디어 소설이다. 앞으로 영상매체에 익숙한 젊은 독자들을 확보하려면 소설은 필연적으로 이렇게 인터랙티브 멀티미디어 양식을 차용한 하이퍼 픽션의 형태로 변화해야만 할는지도 모른다.

그래서 21세기에는 문자매체와 영상매체, 고급문화와 대중문화, 순수와 응용, 문학과 삶, 예술과 일상, 주류문화와 하류문화, 그리고 현실과 허구 등 모든 분야에서 이분법적인 경계 해체가 일어나게 될 것이다. 디지털 문화 시대에는 또 전문가와 아마추어의 구별도 사라지게 될 것이다. 예컨대 디지털 카메라는 암실을 사라지게 했고, 누구나 컴퓨터를 통해 사진을 편집, 합성, 현상, 프린트 아웃 할 수 있도록 해주었으며, 디지털 캠코더는 아무나 영화를 찍을 수 있도록 만들어 주었다. 또 PC 통신은 추천이나 현상 모집 당선에 의한 전통적인 문단 데뷔 방식을 무시하고, 누구라도 자신의 글을 띄워 반응이 좋으면 작가가 될 수 있는 길을 열어 놓았다. 컴퓨터는 또한 판타지 소설(fantasy fiction)을 발흥시켜 대단한 인기를 구가하고 있는데, 2000년대에는 이와 같은 판타지 문학이나 SF나 추리소설 같은 소위 장르 소설들과 본격문학 장르와의 경계가 더욱 모호해질 것이다.

21세기에는 그동안 자주 논의되어 왔던 현실과 허구, 또는 리얼리티와 판타지 사이의 경계 해체 역시 더욱 심화될 것이다. 특히 컴퓨터가 만들어 내는 가상공간과 가상현실은 현실과 허구 사이의 구별을 점점 더 모호하게 만들고 있다. 21세기에 중요한 역할을 담당할 소위 사이버스페이스는 비록 리얼 스페이스와 리얼 타임의 반대 개념이기는 하지만, 새로운 커뮤니케이션의 수단으로서, 결국 스스로의 리얼리티를 만들어 내는 강력한 존재가 될 것이다. 그렇게 되면, 사이버스페이스는 인간들의 새로운 생활환경으로 부상하게 될 것이고, 새로운 공동체인 사이버 커뮤니티를 형성하게 될 것이다. 그리고 그러한 사이버스페이스와 사이버 커뮤니티는 리얼 스페이스나 리얼 커뮤니티와 상반되는 개념이라기보다는, 상호 보충적인 개념으로 존재하게 될 것이다.

컴퓨터와 인터넷이 텔레비전보다 더 강력한 이유는 그것이 일방적인 정보 전달에 그치는 텔레비전과는 달리, 쌍방 교류적이고, 사람들이 만나는 공간을 제공해 주며, 또 의사소통이 가능하기 때문이다. 컴퓨터는 인간과 기계의 조화를 가능하게 해주었고, 예술 창작과 문화 상품 생산 사이의 구분을 없앴으며, 저자와 독자 사이의 경계를 허무는 데 공헌했다. 마샬 맥루언은 "미디어는 몸의 연장(extension)이다"라고 말했다. 그런데 컴퓨터나 인터넷은 이미 새로운 전자 세대들의 신체의 일부로 기능하고 있으며, 이미 미디어의 기능을 넘어서서 새로운 삶의 공간이자 생활환경으로 자리 잡고 있다. 컴퓨터가 주도하는 디지털 아트 시대인 21세기에는 모든 장르와 경계가 해체되고, 그 결과로 문화의 탈중심화와 민주화와 다양성을 성취하게 될 것이다. 그것이 바로 디지털 아트 시대의 장르 해체와 경계 초월의 긍정적 측면이다.

3. 전자/영상 시대의 인문학의 변화

1849년 미국 캘리포니아에서 금광이 발견되자, 미국인들은 일확천금의 꿈을 안고 서부로 달려갔다. 그러나 당시의 '골드러시'는 진정한 의미의 '아메리칸 드림'은 아니었다. 다행히 금을 찾은 사람들은 하루아침에 벼락부자가 되었지만, 그렇지 못한 사람들은 잦아든 거품처럼 허망하게 사라져 갔다. 최근의 벤처기업 열풍 역시 제2의 '골드러시'처럼 보인다. 소문만 듣고 너도나도 실리콘 밸리로, 테헤란로로 떠나는 것도 그렇고, 행운과 아이디어와 사이버 공간의 숫자만으로 하루아침에 신흥 재벌이 되거나 몰락하는 것도 그렇다.

벤처기업은 디지털 시대의 산물이다. 디지털 시대의 특징은 구심점이나 구체적인 실체가 없고, 모든 것이 수평적인 사이버 공간에서 전자 부호로 이루어진다는 데 있다. 사실, 디지털 시대가 아니고서야, 어찌 자본가와 노동자의 개념이 와해된 벤처기업이 생겨나 감히 막강한 기존 재벌들을 위협할 수가 있겠는가? 디지털은 이렇게 자유와 평등을 가능하게도 해주지만, 동시에 거품과 단절, 그리고 허구성과 찰나성의 위험도 내포하고 있다. 그래서 디지털에 대해 문학은 일단 유보적 태도를 갖는다.

아이러니하게도 문학이나 인문학은 가장 진보적이면서도 가장 보수적이다. 그래서 문학자들이나 작가들은 한편으로는 디지털 시대의 새로운 패러다임을 환영하면서도, 다른 한편으로는 그것의 독주와 과속에 부단히 제동을 건다. 첨단 테크놀로지의 무한한 가능성을 추구하는 과학과는 달리, 문학이 추구하는 것은 궁극적으로 디지털과 아날로그, 그리고 사이버 공간과 현실 세계의 조화와 공존이기 때문이다.

문학자들이나 작가들은 전자매체인 디지털이 문자매체인 문학의 존립을 위협한다고 생각한다. 그럼에도 불구하고, 디지털 시대의 변화는 문학에서도 이미 광범위하게 나타나고 있다. 그 중 하나는, 기존 문단의 등단 절차를 무시한 채 컴퓨터 통신을 통해 등단하는 신세대 작가들의 출현이다. 기존의 등단 절차가 작가나 비평가 같은 소수 전문가들의 임의적 선정이나 추천에 의존한다면, 컴퓨터를 통한 등단은 아마추어인 다수 독자들의 보편적 지지에 의존한다. 비평가들은 물론 독자들의 판단력과 수준을 의심할 것이다. 그러나 그러한 태도는 예술가들에게 우월성과 특권을 부여했던 모더니즘 시대의 산물일 뿐, 저자와 독자가 동등해진 이 시대에는 별 설득력이 없다. 독자들로부터 외면 받는, 그래서 작가들끼리만 돌려 읽는 문학은 이제 더 이상 살아남을 수 없기 때문이다.

그래서 디지털 시대에는 전문가와 아마추어 사이의 경계가 와해된다. 문학에서는 그것이 인터넷에서 이루어지는 아마추어 작가들의 연작소설, 또는 작가와 독자의 공동 창작의 형태로 나타나고 있다. 특히 '하이퍼 픽션(hyper-fiction)'의 경우에는, 독자가 작가의 창작 과정에 적극 참여함으로써 문학 생산자와 소비자의 구분을 해체하고 있다. 또 최근에는 문학 연구나 문학 교육 현장에서도 문학과 타 매체와의 접목이 활발하게 이루어지고 있다.

그러한 것들을 가능하게 해주는 것은 물론 디지털의 멀티미디어적/인터랙티브적 속성이다. 디지털의 그러한 특성은 그동안 대립해 오던 모든 것들의 경계를 해체하고 뒤섞고 재구성하며, 문학과 영화처럼 같은 예술 장르끼리의 혼합뿐 아니라, 문학과 과학, 또는 예술과 산업 사이의 대화까지도 가능하게 해준다는 점에서 바람직하다.

그러한 변화는 순수를 주장하며 기존 문단의 중심에 안주해 기득권을 향유해 온 제도권 문학자들이나 작가들을 불안하게 한다. 그럼에도 불구하고 문학의 세속화와 변화는 필연적이다. 종이책과 전자책, 그리고 문자매체와 전자매체의 공존은 이제 엄연한 현실이 되었으며, 그러한 현상이 초래한 인식의 변화 또한 부인할 수 없는 사실이 되었기 때문이다.

문학자들이나 작가들은 원래 디지털 시대에 아날로그를, 그리고 비순수의 시대에 순수를 꿈꾸는 사람들이다. 그럼에도 불구하고, 지금은 그 누구도 디지털 시대를 벗어나 살 수는 없다. 사실은 문학도 디지털처럼 실체가 없고 허구적이며, 창의력과 상상력에 의존하고 가상현실에서 작용한다. 또 문(예술)과 학(학문), 그리고 저자와 독자를 통합하고 연결한다는 점에서 문학 역시 디지털처럼 복합적이고 쌍방향적인 매체라고 할 수 있다. 그렇다면 문학과 디지털은 상극이 아니라 상호 보완적인지도 모른다. 문학은 이제 스스로를 열어 놓아야만 한다. 그러면서도 문학자들과 작가들은 디지털 시대의 문제점들 — 예컨대 문화 제국주의, 유전공학의 오용, 첨단 테크놀로지에 대한 과신, 경제/경영 지상주의, 정보의 독점과 통신의 감시, 예술의 비인간화 등 — 에 대한 경계와 경고를 게을리 해서는 안 될 것이다.

최근 '갑자기' 영화에 대한 관심이 높아진 이면에는 물론 활자와 종이보다는 음향과 이미지에 더 익숙한 텔레비전/컴퓨터 세대의 20-30대 진입이라는 시대적 특징이 자리 잡고 있다. 비디오와 DVD와 DVR의 보급 또한 영화의 확산에 지대한 공헌을 했음은 물론이다. 영화는 물론 예전부터 있어 왔다. 그러나 예전의 기성 세대에게 영화는 기껏해야 일주일이나 한 달에 한 번 정도 극장에 가서 보는 엔터테인먼트에 불과했다. 영화를 보기 위해 그들은 대형 스크린과 영사기가 설치된 특정 장소에 가야만 했고, 따라서 그들에게 영화 보기는 모처럼 큰마음 먹고 시도하는 하나의 이벤트가 되었다. 하지만 요즘 젊은 세대에게 영화는 비디오와 모니터만 있으면 언제 어디서든지 볼 수 있는 일상이 되었다. DVD는 대여점에서 한꺼번에 여러 개를 빌릴 수도 있고, 그것들을 자신의 방에서 연달아서 관람할 수도 있게 되었다. 더구나 한국에서 쿡 TV라고 불리는 DVR을 통해 시청자들은 텔레비전 모니터에 녹화되어 있는 영화나 드라마를 언제라도 끄집어내어 볼 수 있게 되었다. 말하자면 신세대에게 영화 보기는 구세대의 책 읽기를 대체하게 된 것이다.

문제는 영상매체의 특징인 음향과 이미지의 속성이 순간적이고 찰나적이어서, 활자매체의 특징인 상상력과 사고력의 퇴화를 가져올 수도 있다는 데에 있다. 사실 음향과 이미지에만 익숙한 사람들은 치열한 고뇌나 심오한 사색보다는 자칫 표피적이고 충동적인 해결책을 추구하기 쉽다. 그래서 영상세대의 상상력과 사고력 부족은 늘 경계해야만 하는 문제점으로 남는다. 그것은 곧 프랑크푸르트학파의 우려이기도 했다. 그러나 시대는 변했고, 이제는 더 이상 영화에 대해 프랑크푸르트학파 식의 매도를 가할 수는 없게 되었다. 대중문화에 대한 프랑크푸르트학파 식의 멸시가 더 이상 통하지 않는 시대가 되었기 때문이다. 더글러스 켈너는 다음과 같이 말한다.

> 고급문화와 하급문화에 대한 프랑크푸르트학파의 이분법적 구분에는 문제가 많다. … 특히 획일적인 대중문화와 '진정한 예술'의 이상을 서로 대립되는 것으로 파악하는 프랑크푸르트학파의 모델은 심각한 문제를 내포하고 있다. 왜냐하면 그것은 비판적이고 체제 전복적이며 해방적인 계기들을 단지 고급문화의 특권적인 산물들에만 제한적으로 적용시키고 있기 때문이다. 모든 대중문화를 다 이데올로기적이고 저급한 것으로만 보는 프랑크푸르트학파의 입장 역시 대중 소비자들을 수동적인 존재로 평가절하 하는 결과를 초래하기 때문에 거부되어야만 한다. … 또 우리는 체제 전복적인 계기들이 본격 모더니즘 문화의 고전들 — 프랑크푸르트학파가 예술적인 저항과 해방의 거점으로 특권화하고 있는 것처럼 보이는 모더니즘의 고전들 — 에서뿐만 아니라, 문화 산업의 산물들에서도 발견될 수 있다는 가능성을 인정해야만 한다.[1)]

켈너가 문화 산업의 산물이라고 부른 영화는 이제 결코 간단히 하급문화로 분류해 무시할 수 없는 대중문화의 강력한 첨병이 되었다. 그뿐만 아니라, 영화도 얼마든지 체제 전복적인 역할을 할 수 있다는 것이 많은 비평가들에 의해 사실로 드러났다. 또 영화를 보고 시적 감흥이나 영감을 얻는 시인들도 있고 작품의 소재를 얻는 소설가들도 있어서, 영화는 문학적 상상력에 긍정적인 역할을 하기도 한다. 미국 작가 로버트 쿠버의 장편 『영화 보는 밤(*Night at the Movies*)』이나, 우리나라 작가 김경욱의 작품집 『바그다드 카페에는 커피가 없다』는 영화로부터 작품의 아이디어를 얻은 대표적인 경우가 될 것이다. 또 소설가 박석규는 영화 『아름다운 청년 전태일』을 보고 소설을 썼으며, 김영현은 어릴

1) Douglas Kellner, *Media Cultures*, London: Routledge, 1995, p.61.

적 보았던 서부영화의 기억을 바탕으로 소설을 썼다.

그래서 '영화와 문학'의 관계는 신구 세대가 힘을 합해 앞으로 계속해서 논의하고 연구해야만 하는 중요한 과제로 등장하게 된다. 영화는 경우에 따라서 문학적 상상력을 퇴보시킬 수도, 또 증진시킬 수도 있기 때문이다. 그와 같은 것은 요즘 강의실에서도 일어나고 있어서, 영상매체에 과도하게 의존하는 경우에는 학생들의 사고력과 상상력 증진에 도움이 못 되지만, 그것을 효과적으로 사용할 경우에는 학습 효과가 배가되기도 한다. 그런 의미에서 '영화와 문학'에 대한 논의는 앞으로도 계속해서 활발하게 이루어져야만 할 것이다.

1930년대 경제공황기의 미국 작가들은 암울한 현실을 떠나 화려한 꿈의 세계인 할리우드로 갔다. 예컨대 F. 스캇 피츠제럴드와 윌리엄 포크너는 수시로 할리우드를 오가며 영화 대본을 썼고, 너새니얼 웨스트와 대니얼 푹스는 아예 죽을 때까지 할리우드에서 살았다. 그러나 그들의 여행은 단지 레슬리 피들러의 지적처럼, '진짜 지옥(현실)'에서 '가짜 낙원(환상)'으로의 이동이었을 뿐, 결코 본질적인 변화나 복락원의 도래를 의미하는 것은 아니었다. 사실 피츠제럴드는 두려움과 패배감 속에서 알코올 중독으로 죽어 갔으며, 포크너의 영화는 하나도 성공한 것이 없었다. 그리고 웨스트와 푹스는 소설가로도 시나리오 작가로도 잘 알려지지 못한 채 망각 속으로 사라져 갔다.

1960년대 텔레비전 시대의 작가들은 구텐베르크 식의 활자 문화를 무력화시키는 영상매체의 막강한 위력 앞에서 소설의 위기와 죽음을 선언할 수밖에 없었다. 당시 사람들은 책장을 넘기는 대신 텔레비전의 스위치를 켰고 허구를 읽는 대신 사실을 보는 편을 택했다. 일관성과 연속성, 그리고 인과성과 단성성에 의존해 오던 활자 문화는 이제 복합성과 불연속성, 그리고 찰나성과 다성성(多聲性)을 특징으로 하는 영상매체와 경쟁해야만 했고, 그 결과는 전자의 참담한 패배였다. 작가들은 문학의 고갈 의식과 미로 의식 속에서 방황했으며, 영상매체에 대항하는 새로운 형태의 문학 양식을 창출해 내기 위해 부단한 실험을 시도했다. 마샬 맥루언의 말처럼, 문어적인 활자 문화는 이제 구어적이고 시각적이며 청각적인 영상 문화에 자리를 내주고 역사 속으로 사라져 가는 것처럼 보였다.

그러나 하이테크 영상매체 시대의 작가들은 환상 속의 도피도, 미로 속의 방황도 아닌 제3의 방법인 영상/전자매체의 수용을 택한 것처럼 보인다. 그것은 어쩌면 뉴미디어 시대에 글을 써야만 하는 작가들의 필연적인 선택인지도 모른다. 과연 오늘날 DVD 대여 업소는 책방보다도 더 많이 깔려 있어서, DVD는 책보다도 더 밀접하게 우리의 일상 속에 스며 들어와 있는 것처럼 보인다. 사람들은 이제 책을 꺼내 펼치는 대신, 마치 책처럼 꽂혀 있는 DVD를 꺼내 DVD 플레이어에 넣고 리모콘을 누른다. 그러면 화면에는 끝없는 환상의 세계가 펼쳐진다.

맥루언이 '쿨 미디어'라고 불렀던 하이테크 전자매체를 통한 이와 같은 변화는 이제 독자들의 책 읽기뿐만 아니라, 작가들의 글쓰기에 대한 개념마저도 코페르니쿠스적 변화를 가져다주고 있다. 그리고 그와 같은 변화는 앞으로 더욱 심화될 것처럼 보인다. 영상 문화는 이제 더 이상 무시할 수 없는 거대한 힘으로 우리의 의식 세계를 지배하고 있다.

그렇다면 우리가 해야 할 가장 시급한 일은 젊은이들에게 좋은 영화를 골라 주고 제대로 된 영화 읽는 법을 가르쳐 주는 것이 될 것이다. 영화의 분석을 통해 인생을 성찰하고, 그 나라의 문화와 사회를 배우며, 그 민족의 심리와 신화를 파악하는 것은 분명 가치 있는 일일 것이다. 그렇다면, 영상매체의 대두를 문학의 위기로 볼 것이 아니라, 오히려 창작과 문학 연구의 범위를 확장시키는 긍정적 계기로 볼 필요가 있을 것이다. 책은 물론 읽어야만 하고, 활자 문학은 분명 소중히 보존해야만 한다. 다만 영상매체의 확산을 더 이상 무시할 수만은 없다는 것이 바로 우리가 당면한 문제가 된다. '문화 담론으로서의 영화'가 갖는 가능성을 긍정적으로 검토해야만 하는 이유도 바로 거기에 있다. 그러나 구체적으로 '무엇을 어떻게 가르칠 것인가'에 대해서는 앞으로 부단한 문제 제기와 연구가 필요할 것이고, 그것은 모든 인문학자들이 고민해야 할 진지한 과제가 될 것이다.

4. 인문학과 타자의 포용

현대어문학회(MLA) 회장을 역임했으며 시카고 대학교의 원로 석좌교수로 있는 샌더 길만의 최근 저서 『인문학의 성쇠: 2000년 이후에 대한 성찰』[2]은 그런 의미에서 문학과 인문학의 미래에 대해 걱정하는 사람들에게 꼭 필요한 성찰을 제공해 주고 있는 중요한 책이다. 길만 교수는 자신을 서양문학 교수이자, 의과대학의 인문학 담당 석좌교수(미국 대학의 이와 같은 포용력은 우리를 부럽게 한다), 비교문학 교수, 심리학 교수, 유대학 협동과정

2) Sander Gilman, *The Fortunes of the Humanities: Thoughts for After the Year 2000*, Palo Alto: Stanford University Press, 2000.

교수, 문화사 교수, 그리고 과학사연구소 연구원이라고 소개하며, 문학자의 그와 같은 복합 정체성(multiple identities)과 통학제간(trans-disciplinary studies) 연구가 문학과 인문학의 위기를 극복할 수 있는 하나의 좋은 방법이 된다고 주장한다.

포스트모던 시대의 특성인 이와 같은 복합 정체성과 경계 해체는 물론 자신의 가능성과 발전을 위해, 또 학제간 연구의 발전을 위해, 그리고 문학과 인문학의 효용을 극대화한다는 점에서 대단히 바람직한 현상이다. 그러나 '단일성'과 '정통성'을 중요시하는 한국 사회에서는 그것이 단지 정체성과 소속이 확실치 않은 '잡다한' 나열로 받아들여진다는 점에서 문제가 발생한다. 오늘날 한국의 서양문학 학과들에서는 아직도 신임 교수를 뽑을 때, 그의 박사 학위 논문이 과연 정통 백인 작가를 다루고 있는가를 중요한 평가 기준으로 보는 경우가 많으며, 학생들 역시 거기에 대비해 소위 정전에 속하는 간판급 백인 작가들에 대해서만 학위 논문을 쓰고 싶어 한다. 아무리 소수 인종 작가들이 중요하고 소수 인종 문학이 부상한다고 해도 말이다. 또 일부 학과의 경우에는 학부 전공이 다르면 아무리 대학원 성적이 우수해도 아예 교수가 되기를 포기해야 하는 경우도 있다. 또 학제간 연구나 협동과정 출신들도 확실한 학과 소속이 없다는 이유로 각종 임용에 불이익을 당하는 경우가 많다. 오늘날 문학과 인문학의 위기와 고립과 고사(枯死)를 초래하는 중요한 이유 중 하나는 의심할 바 없이 바로 이러한 폐쇄적 경계선들과 칸막이들이다.

물론 경계를 허물고 문을 열어 놓을 경우, 순수 혈통의 상실과 혼혈 문제가 대두된다. 마치 컴퓨터 바이러스가 이메일과 디스켓의 교류를 통해 침투해 들어오듯이 말이다. 그러나 유전공학과 생물학이 잘 보여주고 있듯이, 생명체의 건강한 종족 번식을 위해서는 근친교배가 아닌 혼혈교배가 필수적이다. 엔트로피 이론에 의하면, 모든 닫힌 체계는 결국 동질성이 극에 달해 파멸하고 만다. 그것은 곧 살기 위해서는 문을 열고 타자와 교류해야만 한다는 것을 의미한다. 영국의 부커상 수상작가 바이어트(A. S. Byatt)의 소설 『천사와 벌레(*Angels and Insects*)』는 바로 그와 같은 문제를 다룬 소설이다. 이 소설은 귀족 가문의 혈통을 보존하기 위해 근친상간을 벌이는 사람들의 부패와 파멸을 보여줌으로써, 다양성과 열림의 중요성을 설파하고 있다.

문학과 인문학이 가르치고 전달하는 메시지도 사실은 바로 그와 같은 것들일 것이다. 그럼에도 정작 문학과 인문학이 앞장서서 경계선과 칸막이를 고집하고 순수 혈통을 주장하며 배타적이라면, 문학과 인문학은 점점 더 설득력을 잃고 말 것이다. 우리는 흔히 문학과 인문학이 교양인과 홍익인간, 그리고 올바른 인간이 되는 법을 가르친다고, 그래서 타 학문을 전공하는 학생들도 문학과 인문학을 배워야만 한다고 말한다. 옳은 말이다. 그러나 과연 우리의 작가들과 예술가들, 또는 문학자들과 인문학자들이 모두 다 훌륭한 심성과 완벽한 윤리 의식을 갖고 있으며, 가장 모범적인 인간성을 보여주고 있는지에 대해서는 자신이 없다.

그럼에도 불구하고, 문학과 인문학 그 자체의 가치를 폄하할 수는 없다. 길만은 자신을 포함해 제2차 세계대전에 참전했던 미국의 젊은이들은 제대 군인에게 주는 특전에 의해 대학에 간 후, 대학의 문학 교육과 인문 교육을 통해, 왜 전쟁이 발생했으며 어떻게 해야 전쟁 없는 사회와 더 나은 인간이 될 수 있는가를 배웠다고 말한다. 문학과 인문학을 통해 자신들은 인간의 삶과 인류 역사에 대한 비판적 사고력과 분석 능력을 배웠으며, 과거로부터의 교훈을 통해 현재를 바라보고 더 나은 미래를 설계하는 법도 배웠다는 것이다. 오늘날 문학과 인문학은 바로 그러한 기능을 회복해야만 한다. 그리고 정치가들과 행정가들은 문학과 인문학의 그러한 역할과 중요성을 인정해야만 한다.

점증하는 위기의식 속에서 우리는 흔히 문학과 인문학을 없애기 위한 무슨 거대한 음모가 진행되고 있다고 생각한다. 그러나 그것은 문학과 인문학을 과대평가한 것이라고 길만은 일축한다. 정치가들이나 행정가들의 눈에 문학이나 인문학은 그렇게 할 만큼 중요한 존재가 아니라는 것이다. 다만 문학이나 인문학이 점점 더 '쓸모없는 것' 취급을 받고 있는 것만은 부인할 수 없는 사실이다. 물론 직접적인 이유는 가시적인 이윤 창출을 중요시하는 시장경제 논리를 학문에도 적용해 효용 가치를 판단하는 행정가들 때문일 것이다. 그러나 문학과 인문학이 다른 분야의 사람들에게도 꼭 필요하다는 사실을 확신시키지 못한 작가, 문학자, 인문학자들의 책임도 결코 무시할 수는 없다.

길만 교수는 문학자들과 인문학자들은 전공 학생들뿐만 아니라 모든 대학생들과 온 세상까지도 다 가르쳐야만 하는데, 그러기 위해서는 새로운 형태의 지식 전수 방법이 필요하다고 말한다. 즉 일반인이 읽지 않는 학문적 서적만을 강요하거나 고집해서는 안 되며, 다른 분야의 독자들과 청중들을 위한 새로운 미디어를 개발해야만 한다는 것이다. 전자매체나 영상매체가 그 중 하나임은 새삼 말할 필요도 없다. 그는 또 문학자나 인문학자들이라 할지라도 지나간 예전 지식만 전수해서는 안 된다고 말한다.

새로운 지식의 창출은 다른 모든 분야와 마찬가지로 인문학자들에게도 중요하다. 예컨대 오늘날 과학자들이 1960년대의 화학이나 생물을 가르칠 수 있겠는가? 그런데도 웬일인지 인문학자들의 경우에는 대학원에서 이미 평생 가르칠 지식을 다 비축했다고 생각한다. 하지만 새로운 지식과 방법의 습득은 당연히 우리가 해야 할 일이고 또 존중되어야만 한다.

길만은 1940년대 교양 물리학 시간에 뉴턴의 만유인력 법칙을 읽는 학생들에게 엔리코 페르미 교수가 "그건 이미 물리학이 아냐!"라고 말했던 경우를 예로 들면서, 문학과 인문학 역시 새로운 지식을 연구하고 가르쳐야 한다고 주장한다. 혹자는 과학자들이 오늘날 뉴턴의 만유인력의 법칙을 가르치는 것과 인문학자들이 고전을 가르치는 것은 엄연히 다르다고, 바로 거기에 인문학의 특징이 있다고 항의할는지도 모른다. 물론 틀린 이야기는 아니다. 그러나 과거의 유산에만 매달려 새로운 지식 창출을 게을리 했던 바로 그와 같은 안일한 태도가 오늘날 문학과 인문학의 위기를 자초했다는 것은 부인할 수 없는 사실이다. 솔직히 말해, 새로운 지식 창출은 접어 두고라도, 우선 문학/인문학 분야에 지난 수십 년 동안 어떤 변화가 일어나고 있는지 전혀 모르고 있거나 무관심한 인문학자들이 없다고 과연 그 누가 단언할 수 있을 것인가? 또 최신 이론이나 학문 동향을 경박한 유행으로 치부하고, 비정통/비정전 작가 연구라는 이유로 새로운 분야의 연구 논문들을 각종 심사에서 탈락시키는 일이 없다고 그 누가 확언할 수 있을 것인가?

길만은 학생들도 그 책임을 면할 수는 없다고 지적한다. 오늘날 대학생들은 대학에서 충분한 교양 교육과 인문 교육을 받지 않은 채, 다만 경제적 보상과 신분 상승을 제공하는 과목만을 공부하려 하기 때문이다. 학생들과 사회의 가치관은 과연 놀랄 만큼 철저한 상업주의와 시장경제 논리에 젖어 있다. 그래서 길만은 학생들이 "이걸 공부해서 무슨 소용이 있나?"라고 묻지 말고 "이것을 내가 어떻게 이용할 수 있을까?"라고 물어야 한다고 말한다. 한국의 경우, 학생들의 궁극적인 목적은 의대와 법대와 경영대 진입이며, 수많은 비법대 학생들 또한 고시 공부에만 전념하고 있다. 학생들의 이러한 태도 역시 문학과 인문학의 황폐화에 결정적인 영향력을 행사하고 있다. 최근 국내 기초 학문 대학 교수들이 의대와 법대와 경영대의 학부를 없애고 전문대학원으로 만들어 달라고 성명서를 낸 절박한 이유도 바로 거기에 있다. 특히 법대와 사법 시험 제도를 개혁하지 못하는 이상, 대학 개혁은 애초부터 실패를 향해 정해진 길을 걸어갈 수밖에 없다.

길만은 문학자들과 인문학자들의 태도가 그동안 "내가 하는 대로 좀 내버려 둬라. 하늘이 무너져도 나는 내가 해온 일만 하겠다"였다고 말한다. 사실 "지금까지도 잘해 왔는데, 도대체 뭘 어떻게 하라는 거냐?"라고 묻는 사람들도 많이 있다. 또 인문학자들끼리 진보와 보수로 나뉘어 서로 의심하고 다투는 경우도 많이 있어 왔다. 그러나 길만은 이제 문학자들과 인문학자들 역시 변화해야만 한다고 말한다.

> 지금 하늘이 무너지고 있는데도, 어떻게 하면 인문학을 활성화시킬 수 있을 것인지, 또는 어떻게 하면 21세기에 인문학을 확장시킬 수 있을 것인지 묻는 대신, 인문학자들은 서로를 공격하고 비난하

며 징징 울기만 하고 있다. … 그들은 서로를 과장해 도매금으로 비난함으로써 결국은 대학 교육이 줄 수 있는 최상의 교육을 변경하려는—아니면 없애려 하는—사람들을 도와주고 있다. … 붕괴는 또 다른 혁신일 수도 있다. 하지만 우리는 그런 준비가 되어 있는가? 아니면 이렇게 말하며 징징 울 것인가?—"예전이 좋았지. 그땐 모든 것이 다 좋았어. 세상은 조화로웠고, 우리의 젊음도 좋았지." 물론 아니다! 우리는 미래를 바라보고 변화에 대비해야만 한다.

길만은 "지금 도서관이 불타고 있는데, 인문학자들은 책 표지의 색깔에 대해 논쟁을 벌이고 있는 것과도 같다"라고 말하며, 인문학자들의 각성을 촉구한다.

길만은 문학자들과 인문학자들의 변화를 '통학제간 연구'에서 찾는다. 예컨대 의과 대학에서 문학과 인문학을 가르침으로써 의대생들에게 인간성과 윤리 의식을 심어 줄 수 있다는 것이다. 그러나 그는 비인문대생들에게는 별도의 특별한 수업 운영 방식이 필요하다고 말한다. 즉 인문학자들은 새로운 청중을 위한 새로운 미디어와 강의 방법을 부단히 개발해야만 한다는 것이다.

장르와 학문 간의 경계가 급속도로 해체되고 있는 오늘날에는 사실 어떻게 가르칠 것인가와 더불어 무엇을 가르칠 것인가도 문제가 된다. 지금은 문학자가 역사나 철학, 사회학이나 심리학, 또는 영화나 문화까지도 가르쳐야만 하기 때문이다. 그래서 '통학제간 연구'는 문학과 인문학을 활성화시켜 줄 수 있는 새로운 학문 접근 방법이 된다.

과거에 지식은 상아탑이나 고전 속에 들어 있고 문학자나 인문학자는 다만 그것을 캐내기만 하면 되는 것으로 생각되었다. 그러나 오늘날 지식은 고정된 것이 아니라, 부단한 심문과 탐색을 통해 새롭게 생성해 낼 수 있는 것이 되었다. 만일 문학자나 인문학자가 고전 속의 지식만을 절대적인 것으로 신봉하고, 또 거기에서 그친다면, 문학과 인문학은 필연적인 위기를 맞게 될 것이다. 그러나 부단히 새로운 지식을 생성해 내고 새로운 연구와 새로운 지식 전수 방법을 창출해 낸다면, 문학과 인문학의 미래는 결코 어둡지 않을 것이다. 다른 학문에 대해 피해 의식을 느끼거나 적대적일 필요가 없고, 적극적으로 자신의 미래를 창출해 나갈 수 있기 때문이다.

5. 판타지 문학을 통한 상호 이해

이 시대에 판타지 문학을 어떻게 볼 것인가? 우선 장르로서의 판타지 문학은 결코 폄하해서는 안 된다는 것이 요즘의 정설이다. 문학이란 본질적으로 현실과 환상 두 세계를 다 다루는 것이며, 환상과 현실 또한 본질적으로 상극이 아니라 상호 보충적인 관계를 맺고 있기 때문이다. 또한 모더니즘 시대에 주변부의 하부 장르로 취급받던 판타지 문학이 포스트모던 시대에 와서는 추리 문학이나 SF와 더불어 새로운 조명을 받으며 문학의 중심부로 부상했기 때문이다. 그러므로 모든 것의 경계가 해체되어 가는 이 포스트모던 시대에 — 비록 새로운 시대를 맞았지만, 급변하는 패러다임 속에서 우리는 아직 포스트모던 이후의 사조를 발견하지 못하고 있다 — 순수문학과 판타지 문학을 이분법적으로 나누어 우열로 구분하는 것은 시대착오적인 일이 될 것이다.

사실 평론가 레슬리 피들러의 말대로 지금 우리는 환상이 우리를 지배하고 있는 '환상의 시대'에 살고 있는지도 모른다. 마치 판타지 문학이 "1950년대의 억압적 분위기 속에서 우울한 리얼리티만 보고 살아온 부모들에게 빼앗긴 환상을 추구하던" 1960년대 미국의 젊은이들에게 열렬한 환영을 받았듯이, 1980년대의 억압적 분위기와 우울한 리얼리티 속에서 살아온 선배들에게 빼앗긴 환상을 추구하던 1990년대 한국의 젊은이들도 판타지 문학의 출현을 열렬히 환영했다. 판타지 문학을 베스트셀러로 만든 이 젊은 세대는 디지털 전자매체와 영상매체 속에서 살며, 자신들의 부모나 교사 세대와는 전혀 다른 인생관과 가치관을 가진 새로운 변종 세대였다.

피들러는 이렇게 말한다.

> 지금 우리들 모두는 (극장의 어둠 속 스크린 앞에서 예배드리듯, 또는 어두운 수천 개의 거실에서 깜박거리는 텔레비전 앞에서 조용히 화면을 바라보고 있는 우리 모두는) 자신의 가장 깊은 열망과 공포가 프랑켄슈타인의 괴물, 드라큘라, 하이드, 오즈의 동화 나라 주민들, 또는 『바람과 함께 사라지다』의 스칼렛 오하라나 레트 버틀러 같은 인물로 나타나고 있는 시대에 살고 있다. … 순수문학은 1960년대 이후, 모험을 추구하느라 순수문학의 정신을 떠나 톨킨의 『반지 전쟁』부터 리처드 바크의 『갈매기의 꿈』 같은 대중소설로 시선을 돌렸던 젊은 독자들에 의해 거부되었다. 그러한 인기 컬트소설들에 대해 전통적인 비평가가 할 수 있는 말이란 별로 없는 것처럼 보인다. 내가 『갈매기의 꿈』을 숭배하는 한 학생에게 그 책에는 과장된 진부함이 있다고 하자, 그는 당장 이렇게 항의하는 것이었다. "그래도 그 책은 제 인생을 변화시켰습니다." … 그러나 나는 1970년대 말이나 1980년대 초에 순수문학인 헨리 제임스의 『대

사들』이나 밀턴의 『실낙원』이나 존 바스의 『미로에서 길을 잃고』에 대해 그런 말을 하는 사람은 한 사람도 만나 보지 못했다.[3]

피들러가 변화를 목격한 것은 사실 기껏 텔레비전과 장거리 자동 전화기의 시대를 맞은 젊은 아날로그 세대였다. 그러나 오늘날 우리가 목격하고 있는 것은 컴퓨터 게임과 인터넷과 아이폰과 더불어 매 순간을 살고 있는 최첨단 디지털 세대다. 그 디지털 세대에 대한 순수문학의 영향력과 호소력은 지금 급속도로 줄어들고 있다. 전통적인 문학은 우선 문자매체와 활자매체로 이루어져 있는데, 그들의 인지와 수용은 주로 전자매체와 영상매체를 통해 이루어지고 있기 때문이다. 문학작품은 이제 새로운 세대로부터 외면당하거나, 원작보다는 영화나 만화, 또는 텔레비전 드라마나 뮤지컬로 각색되어 읽히게 되었다. 매체의 다변화 시대를 맞아 이제는 하나의 매체만을 고집하기가 어렵게 되었고, 독자들의 관심 또한 하나의 매체에만 집중되지는 않기 때문이다. 그래서 심지어는 전자매체의 인터랙티브한 특성과 멀티미디어적 기능을 이용해 컴퓨터에 쓰는 소설인 하이퍼 픽션(hyper-fiction)과, 거기에 음향까지 가미한 테크노 픽션(techno-fiction)도 등장하게 되었다. 판타지 문학 역시 활자매체가 아닌 PC 통신을 통해 발표되고 읽히고 있으며, 또 활성화되고 있다.

1960년대에 인문대학을 다녔던 세대는 한국 문학 전집과 세계문학 전집을 쌓아 놓고 읽었으며, 도서관에 가서 종이 카드를 뒤져 부지런히 자료 검색을 했고, 거기 소장되어 있는 문학작품들을 다 읽으리라는 투지에 불탔었다. 그러나 지금 대학생들은 웬

3) 레슬리 피들러, 「소설의 죽음과 소생」, 1981.

일인지 세계 명작을 읽지 않는다. 문학을 통해 삶에 대한 성찰과 존재에 대한 고뇌, 그리고 인간관계와 외국 문화를 배울 수 있다고 말하면, 그들은 꼭 문학이 아니어도 다른 매체를 통해 얼마든지 그런 것들을 배울 수 있다고 말한다. 또 문학작품을 읽으면 재미와 감동을 얻을 수 있다고 말하면, 그들은 영화나 만화나 게임을 통해서도 얼마든지 그러한 재미와 감동을 얻을 수 있노라고 말한다.

그들은 또한 도서관에 가지 않고서도 인터넷을 통해 정보를 검색하고 다운로드받으며, 책을 읽는 것보다는 새로운 게임을 실행하는 것을 더 좋아한다. 예전에 우리 세대가 다음 달 잡지나 신간 서적을 기다리듯이, 오늘날의 젊은 세대는 새로 출시되는 컴퓨터 게임을 기다리며 PC 게임 잡지를 구독하고 있다. 그러한 상황에서 문학지의 정기 구독이나 서점 판매가 격감하는 것은 필연적인 현상이다. 언론 매체에 따르면, 우리나라의 인터넷 인구는 월별 사용 시간 16시간 17분 16초로 미국(10시간)과 일본(8시간)을 제치고 단연 세계 최고다. 그러나 우리의 그 많은 인터넷 인구가 과연 세계인들과의 교류를 위해 인터넷을 사용하고 있는지, 아니면 단순히 인터넷 게임을 즐기고 있는 것인지는 한번쯤 돌이켜 보아야만 할 것이다.

6. 영화를 통한 상호 이해

우리는 지금 문학과 예술과 미술이 비즈니스가 되고, 영화와 연극과 음악이 엔터테인먼트가 되는 시대에 살고 있다. 혹은 반대로 문학과 예술이 엔터테인먼트가 되고, 영화와 음악이 비즈니스가 되는 시대에 살고 있는지도 모른다. 과연 지금 이 세상 모든 것은 그 본래의 의미를 잃고 다만 '비즈니스'와 '엔터테인먼트'로 축소(혹은 확대)되고 있는 것처럼 보인다. 사실 오늘날 그 두 단어만큼 우리가 살고 있는 시대의 특징을 잘 집약해 주고 있는 용어는 없다. 엔터테인먼트의 실패는 곧 비즈니스의 실패를 의미한다. 심지어는 학문조차도 이제는 학생들을 '엔터테인'해야만 하고, 교수 또한 비즈니스맨처럼 점수화된 연구 실적을 쌓고 능력별 연봉제 계약을 해야만 한다. 학생들을 불러 모으지 못하는 교수, 그리고 학생들이 외면하는 과목은 이제 더 이상 살아남지 못하게 되었다. 문학과 작가 역시 결코 비즈니스로부터 자유롭지 못할 뿐 아니라, 만일 독자들을 즐겁게 하지 못하면 시장 경쟁에서 도태되어 사라져 갈 운명에 처해 있다.

현대의 그러한 상황은 다시 한 번 모든 작가들의 원조인 세헤라자드와 그녀의 원초적 딜레마를 연상시켜 준다. 세헤라자드는 모든 여성을 증오하는 독자(왕)를 즐겁게 해주지 못하면 즉시 죽임을 당한다. 그녀는 매일 밤, 자신의 육체와 정신을 모두 동원해 왕을 즐겁게 해준다. 문제는 육체적 쾌락을 맛본 왕이 가장 권태롭고 졸리는 순간, 그녀는 이야기를 시작해 밤새 그를 깨어 있게 하고 정신적으로 즐겁게 해주어야만 한다는 사실이다. 오늘날의 작가들 역시 세속적 엔터테인먼트의 향락에 젖어 나른하고 권태로운 독자들을 깨어 있게 하고 즐겁게 해주어야만 한다는 점에서 세헤라자드와 비슷한 운명에 처해 있다. 세헤라자드는 날마다 임박한 죽음과 게임을 벌여야만 하며, 그 죽음을 지연시키기 위해 필사적인 노력을 한다. 자신의 이야기가 왕의 흥미를 끌지 못하는 순간, 그녀는 죽임을 당하고, 그녀의 이야기(문학)는 중단될 것이기 때문이다.

세헤라자드는 폭군에 의해 망해 가는 나라를 구하기 위해 왕과 거래(비즈니스)를 한다. 즉 자신의 이야기가 재미있으면, 죽음을 지연시켜 달라는 것이다. 작가와 독자 사이의 그러한 거래는 『아라비안나이트』의 수많은 이야기들 속에서 부단히 반복되고 있으며, 세헤라자드의 주인공들은 대부분 재미있는 이야기를 통해 잃을 뻔한 목숨을 건진다. 즉 타자를 즐겁게 해주는 이야기는 죽음을 패배시키고 삶을 가져다준다는 것이다. 세헤라자드의 이야기 역시 결국 죽음의 영원한 폐지와, 왕의 이성 회복, 그리고 나라의 구원으로 이어진다. 천 하루 동안 세헤라자드의 이야기를 들은 왕은 드디어 이성을 되찾고 쾌락과 폭력에서 벗어나 정상으로 되돌아온다.

세헤라자드의 경우는, 현대의 작가들 역시 다른 매체가 제공하는 쾌락과 향락에 빠져 있는 독자들, 또는 권태와 나태에 빠져 있는 독자들을 재미있고 유익한 이야기(문학)로 깨어 있게 해주어야만 한다는 사실을 예시해 주고 있다. 그렇게 되면 언젠가 문학은 독자들의 이성을 회복시켜 주고 빗나간 사회를 정상으로 되돌려 놓을 수 있을 것이다. 그러기 위해 문학은 엔터테인먼트와 비즈니스를 무조건 부정하거나 슬퍼만 할 것이 아니라, 문학 특유의 수준 높은 재미와 게임과 거래를 개발해야만 할 것이다. 그런 의미에서, 작가의 원조인 세헤라자드가 왕(독자)을 즐겁게 해주기 위해 매일 밤 세속적인 방법(섹스)과 정신적인 방법(이야기) 두 가지를 모두 사용했다는 점은 대단히 시사적이다.

문학과 예술의 타락을 원하는 사람은 아무도 없다. 이 상업주의 시대에 인간성의 최후의 보루로서 고급문학과 순수예술을 수

호해야 한다는 것에 반대하는 사람 역시 찾아보기 어려울 것이다. 그러나 문제는, 이제 '고급'과 '순수'의 수호만으로는 더 이상 쾌락과 권태에 빠진 독자들을 깨울 수 없다는 데 있다. 그렇기 때문에, 문학은 타 장르/타 매체와 화해/제휴하고 스스로의 영역을 확대해 나가야만 한다. 문화 연구가 순수문학을 연구하거나 가르치면서 대중문학도 포용하고, 문학과 영상매체 사이의 교류나 제휴를 탐색해 보는 이유도 바로 거기에 있다. 예전에는 문학 속에 문화가 내재해 있다고 믿었으나, 지금은 문화 속에 문학이 들어 있다고 생각하는 시대가 되었기 때문이다. 그리고 문화 속에는 문학 외에도 영화 같은 다른 문화 텍스트들이 공존하고 있으며, 그것들이 때로는 문학과 비슷한 방법으로, 또 때로는 각기 다른 방법으로, 당대의 사회상과 문화를 잘 드러내 주고 있기 때문이다. 즉, 각 문화 매체는 서로를 존중해 주고 가치를 인정해 주면서 평화롭게 공존해야만 한다는 것이다.

영화는 당대의 사회상과 문화, 그리고 그 나라 국민의 꿈과 희망과 두려움을 반영하는 거울이라고 한다. 그런 의미에서 보면, 영화는 비록 엔터테인먼트이기는 하지만, 동시에 하나의 훌륭한 사회 문서이자 문화 텍스트라고도 말할 수 있다. 간혹 문학의 우월성을 주장하는 사람들이 "영화가 무슨 근거로 사회 문서이고 문화 텍스트냐"고 반문하기도 하지만, 사실 그것에 관한 논의는 이미 오래전에 끝났으며, 이제 그것에 대한 시비는 시대착오적인 것이 되어 버렸다. 오늘날 문화 연구자들은 영화 속에 숨어 있는 사회문화적 메시지를 읽어 내어 그 영화가 산출된 시대상을 파악하는 데 주력하고 있으며, 그 과정에서 당대의 문학작품과의 비교도 시도한다. 문학은 주력 업체에서 이제 여러 협력 업체 중 하나로 격하되었다고 볼 수도 있겠지만, 동시에 특권적이고 배타적인 태도에서 벗어나 타 매체와 공존하는 법을 배우게 되었다고도 볼 수 있다.

그러한 현상을 반길 문학자는 없을 것이다. 이 세상에 기득권을 포기하려는 사람은 없기 때문이다. 그러나 시대의 변화와 패러다임의 변화를 막을 수는 없다. 유감스럽게도 '순수의 시대'는 사라지고 있다. 그렇다면 중요한 것은 변화를 슬퍼하거나 개탄하는 것보다는, 또 과거의 영광에 대한 향수에 젖어 있기보다는, 새로운 상황에서 문학의 활로를 찾는 일일 것이다. 문학은 이제 더 이상 시대상을 반영하는 유일한 매체로서도, 또는 인간성을 고양시켜 주는 유일한 매체로서도 그 특권을 인정받지 못하고 있기 때문이다. 그러한 과정에서 등장한 문화 연구는 얼핏 문학에 대한 위협처럼 보이기 쉽다. 그러나 문화 연구가 문학의 지평을 넓혀 주는 데 지대한 공헌을 하고 있다는 사실을 부인할 수는 없을 것이다. 비록 보수 진영으로부터 문학을 정치화시키고 있다는 비판을 받고는 있지만, 문화 연구가 문학과 여러 문화 매체들 사이의 협력과 제휴를 주창함으로써 벽에 부딪힌 문학에 새로운 출구를 마련해 주었다는 점은 부인할 수 없는 사실이다.

문화 연구의 특징 중 하나는 문학작품이나 영화 텍스트를 통해 당대의 지배 이데올로기와 저항 이데올로기, 그 시대의 사회상과 문화, 그리고 동시대인들의 삶과 꿈을 고찰하는 것이다. 예컨대 1950년대를 연구할 때 문화 연구자들은 당시 미국 사회를 휩쓸었던 우파 보수주의와 반공 이데올로기와 매카시즘이 미국인들의 삶에 끼친 영향을 다룬 문학작품들과 영화들을 연구 대상으로 삼는다. 1950년대 우파 보수주의에 대한 비판과 저항은 당시 잭 케

로액과 앨런 긴스버그가 주도했던 비트 문학이나 노먼 메일러와 J. D. 샐린저의 소설에서 나타나기 시작해 1960년대 진보주의 문학 운동으로 이어졌으며, 매카시즘이 남긴 미국의 상처인 로젠버그 사건이나 히스/체임버스 사건에 대한 문학적 형상화나 영상화로 구현되었다.

서부영화 『하이 눈(High Noon)』(1952) 역시 당대 미국 사회와 문화, 그리고 미국인들의 삶을 비판적으로 묘사한 중요한 문화 텍스트이자 사회 문서로 알려져 있다. 게리 쿠퍼가 악당들과 맞서 결투를 벌이는 용감한 보안관 윌 케인으로, 그리고 그레이스 켈리가 케인의 약혼녀 에이미로 나오는 이 영화는 오늘날 서부영화의 고전으로 높이 평가받고 있지만, 사실은 당시 미국 사회를 휩쓸고 있었던 매카시즘에 대한 비판으로 읽는 것이 더 정확한 영화 읽기가 될 것이다.

매카시즘은 위스콘신 주 출신 조셉 매카시 상원의원이 주도했던 좌파 사냥으로 당시 미국 전역을 휩쓸었던 광기의 이데올로기였으며, 그 와중에서 수많은 지식인들과 할리우드 영화인들이 국회 청문회에 소환되어 심문을 받았다. 사람들은 자신이 좌파가 아님을 서약해야만 했으며, 그러기 위해서는 좌파 동료들을 밀고해야만 하는 경우도 있었다. 엘리아 카잔 감독이 그 대표적인 경우였지만, 당시 좌파 동료들의 이름을 보고하고 풀려난 영화인들도 상당수 있었다. 『하이 눈』의 프레드 진네만 감독은 매카시즘의 그러한 횡포를 비판적으로 본 사람이었다.

『하이 눈』은 바로 당대 정치 상황에 대한 신랄한 비판이자, 양심의 위기가 닥쳤을 때 미국인들이 어떻게 행동해야 하는지를 잘 보여준다는 점에서 특이한 서부영화다. 예전에 자신이 감옥에 보낸 악당 프랭크 밀러가 복수하기 위해 마을로 돌아오고 있다는 소식을 들은 보안관 윌 케인은 결혼하기 위해 은퇴하고 마을을 떠나려던 계획을 바꿔 마을에 남아 악당과 맞서기로 결심한다. 그가 떠나지 않고 남아 목숨을 건 결투를 벌이는 이유는 두 가지다. 첫째는 자신의 안전을 위해 비겁하게 마을을 버리고 도망칠 수 없다는 것과, 둘째는 악당과 맞서 싸우지 않고 도망친다고 해도 악당이 추적해 와 결국 그의 가정을 파괴하리라는 인식 때문이다. 모두가 두려워하고 침묵했던 '순응의 시대'였던 매카시즘 시대에 프레드 진네만 감독은『하이 눈』을 통해 인간은 양심의 목소리에 귀 기울여야 하며, 잘못된 이데올로기에 맞서 분연히 싸워야 한다고 말한다.

문화 연구에서 영화는 이와 같이 당대의 사회상을 알 수 있는 중요한 문화 텍스트이자 사회 문서가 된다. 동시에 문화 연구는 영화도 문학처럼 인간관계에 대한 성찰, 인간성의 고양, 인간 해방, 그리고 삶의 대한 성찰을 제공한다고 말한다. 얼마 전까지만 해도 영상 텍스트가 활자 텍스트와 나란히 공존하고 같은 위치를 점하는 것은 상상하기 어려웠다. 그러나 시대는 변했고, 지금 우리는 영상 텍스트가 활자 텍스트보다 오히려 더 막강한 영향력을 갖는 시대에 살고 있다. 그러한 상황에서 문학은 과연 어떻게 대처해야 하는가? 우리가 문학 외에도 다른 매체들 역시 문학적 기능을 할 수 있고, 모든 매체가 동등하게 공존한다는 사실을 인정하기만 한다면, 그리고 문학도 변해야 한다는 사실을 인정하기만 한다면, 문학은 지금 위기의식을 느낄 필요가 전혀 없는지도 모른다. 타 매체와의 제휴와 협력을 통해 문학의 영역과 영향력을 크게 늘릴 수도 있을 것이기 때문이다.

7. '문화 연구'를 통한 사회통합

영국 버밍엄 대학의 '현대문화연구소'를 중심으로 시작된 문화 연구(cultural studies)는 오늘날 세계 문단과 학계의 가장 중요한 관심사 중 하나가 되었다. 문화 연구는 레이먼드 윌리엄스의 대중문화 옹호론과 롤랑 바르트의 기호학 이론을 차용해, 대중문화 속에 내재해 있는 기호를 찾아내 해독하고 그를 통해 당대의 문화를 읽어 내려는 시도로 시작되었다. 문화 연구가 연구 대상으로 삼는 것은 비단 문학뿐 아니라, 영화, 비디오, 만화, 애니메이션, M-TV, 광고, 팝 뮤직 등을 포함한 모든 문화 텍스트들이다. 또 문학의 경우에도 순수문학뿐만 아니라 대중문학 텍스트들도 분석의 대상으로 삼는다.

문화 연구의 이와 같은 태도는 시기적으로 보아, 멀티미디어 또는 다매체 시대의 시작과 긴밀히 맞물리고 있다. 문학만이 유일한 매체였던 시대가 지나고 다양한 매체들이 등장해 독자들을 빼앗아가고 있는 상황에서, 문화 연구는 문학의 특권을 부인하고 모든 문화 매체들의 동등한 공존을 인정했던 것이다. 문화 연구의 그러한 특성은 곧 그것이 문학의 타락화를 촉진한다는 우려와. 반대로 그것이 문학의 영역을 확장한다는 격려를 불러왔다. 즉 문화 연구에 대해 순수문학을 옹호하는 모더니즘 계열의 사람들은 우려를, 대중문학을 옹호하는 포스트모더니즘 계열의 사람들은 격려를 표명했던 것이다.

문화 연구는 또한 원래 영국의 진보적 좌파 지식인들에 의해 주도되었기 때문에, 좌파들 역시 문화 연구를 지지하고 격려했다. 과연 '문화 연구'의 배경에는 신좌파주의, 그람시의 헤게모니 이론과 알튀세의 이데올로기 이론 같은 좌파 이론들이 자리 잡고 있다. 그러나 문화 연구는 거기에 바르트의 기호학과 데리다의 해체론도 차용하고 있다. 그 결과, 마르크시즘이 모든 것을 역사화하고 실천적이며 형식주의를 비판하는 데 반해, '문화 연구'는 비역사적인 것이나 이론이나 형식도 중요시한다. 더 나아가, 문화 연구는 안토니 이스트호프가 『문학 연구에서 문화 연구로』에서 말하고 있듯이, "국가적인 시각이 아니라 국제적인 시각으로 문화 분석에 임하고, 고급문화 텍스트들과 대중문화 텍스트들을 똑같이 공정하게 대하며 그 차이를 해체한다."

그렇다면 문화 연구는 데리다의 해체론적 시각이나 바르트의 기호학적 해석을 통해 문화 텍스트 속에 숨어 있는 헤게모니나 이데올로기를 밝혀내는 작업을 수행함으로써, 유물론과 형이상학의 종합을, 그리고 고급문화와 대중문화의 화합을 추구하고 있다고 말할 수 있다. 문화 연구가 현재 강력한 호소력을 갖고 전 세계로 확산되고 있는 이유도 바로 거기에 있다고 할 수 있을 것이다.

문화 연구를 논할 때에는 우선 고급문화와 대중문화의 화해와 융합의 가능성이 대두된다. 예컨대 리비스는 "어느 시대에나 예술과 문학에 대한 분별 있는 감식안은 아주 극소수만이 갖고 있다"라고 말한다. 리비스는 분명 문화 귀족주의 시대였던 모더니즘에 속했던 사람이었다. 그러기에 리비스가 보기에 그러한 분별력과 판단력을 가진 사람들은 극소수의 엘리트 집단뿐이었다. 그러나 과연 그러한가? 그리고 그러한 사고방식이 정보 독점이 불가능해지고 교육의 기회가 평등해진 이 멀티미디어 시대에 과연 타당한 것인가? 문화 연구는 바로 리비스 식의 그러한 사고방식에 의문을 던지며 시작되었다.

리비스를 비롯한 문화 귀족주의자들은 정전을 만들었고(리비스의 책 『위대한 전통』은 바로 정전 만들기의 일환이었다), 비정전을 모든 논의에서 제외시켰다. 그들은 정전 속에는 진지한 주제와 심오한 상징들, 그리고 상상력과 통일성이 들어 있다고 보았다. 그러나 문화 연구자들은 비정전 텍스트들 속에도 나름대로의 주제와 상징, 그리고 상상력과 통일성이 들어 있다고 보았다. 그 한 예로, 안토니 이스트호프는 『문학 연구에서 문화 연구로』에서 조셉 콘래드의 『암흑의 핵심』과 에드가 라이스 버러스의 『유인원 타잔』을 비교하면서, 소위 리비스 식의 모더니즘적 책 읽기를 해체하고 있다. 두 작품은 똑같이 서구 제국주의에 대한 비판 소설이면서도, 전자와 후자는 각각 순수문학과 대중문학으로 분류되기 때문이다.

문화 연구는 이렇게 대중문학을 순수문학과 비슷한 반열에 올려놓음으로써, 많은 예술지상주의 작가들과 학자들의 우려와 비난의 대상이 되었다. 일견 문화 연구의 연구 대상에는 모든 대중문화 텍스트들이 다 포함되는 것처럼 보인다. 그러나 사실 문화 연구가 관심을 갖는 것은 각 시대의 대표성을 갖는 수준에 오른 문화 텍스트들이지, 저속한 통속문화 텍스트들은 아니다. 그럼에도 문화 연구의 본질적인 개방성은 고급문화 수호자들을 불안하게 만들었다.

하지만 본질적으로 순수문학과 대중문학의 경계선상에 위치하는 작품들도 있다. 예컨대 로버트 루이스 스티븐슨의 『지킬 박사와 하이드 씨』나 『보물섬』이 그렇고, H. G. 웰스의 『타임머신』이나 『투명인간』이 그러하며, 에드거 앨런 포의 추리소설들이 그러하다. 또 성인 소설과 아동 소설의 경계선에 위치해 있는 작품들도 있다. 예컨대 너새니얼 호손의 『주홍글자』, 허먼 멜빌의 『모비 딕』, 마크 트웨인의 『톰 소여의 모험』이나 『허클베리 핀의 모험』 같은 19세기 미국 소설들은 대부분 아동 소설로 분류되어 아이들의 서가에 꽂혀 있다. 이러한 현상은 순수문학과 대중문학, 또는 성인 문학과 아동 문학의 구분이 자칫 임의적일 수도 있음을 암시해 준다.

문화 연구의 대두와 더불어 '문화'는 오늘날 모든 것에 우선하는 위치를 점유하게 되었다. 심지어는 언어와 문학도 문화 속에 들어 있는 하위 텍스트로 축소되었으며, 문화는 이제 현대 제국주의의 한 양태(문화 제국주의)로, 또 갈등(문화 전쟁)으로, 상품(문화 산업)으로, 그리고 지배 이데올로기의 조종 수단(문화 권력)으로 파악되어 연구의 대상이 되었다. 다른 한편으로 문화는 또 서로 뒤섞이고 겹치는 것으로,[4] 그리고 상호 교류하고 공존하는 것으로 파악되기도 했다.

이와 같은 상황에서 문화 연구는 최근 문학의 흐름과 연구에 새롭고도 지대한 영향을 끼치고 있다. 그 중 하나는 문학과 다른 매체와의 공존 가능성 추구이며, 또 다른 하나는 문학의 우선적인 목적을 인간성 탐구나 정신적 고양이 아닌, 당대의 문화 연구에 둔다는 점이다. 문화 연구의 그와 같은 태도는 분명 문학의 세속적 오염을 초래하기도 했지만, 동시에 문학의 지평을 현저히 넓히는 긍정적인 역할도 했다고 평가된다.

문화 연구가 초래한 긍정적 요소 중 하나는 분명 문학의 대중

---

4) 에드워드 사이드의 『문화와 제국주의』 참조.

화였다. 문화 연구는 대중문학의 가치를 인정했고, 비정전 문학작품들을 정전과 나란히 위치시켰기 때문이다. 정전을 열어 놓고 비정전을 받아들이는 것이나, 문화 귀족주의를 지양하고 문학의 대중화를 시도하는 것은 이 다문화주의 시대에 분명 바람직한 일이라고 할 수 있다. 왜냐하면, 문화 연구는 다문화주의와 더불어 주변부 문학과 문화를 발굴하고 조명하는 과정에서, 소수 인종과 소수 문화의 중요성을 크게 부각시켰기 때문이다.

문화 연구의 긍정적 효과 중 또 하나 중요한 것은, 다매체 시대에 여러 매체로 관심이 분산되는 사람들을 다시 한 번 문학으로 불러올 전략을 갖고 있다는 점이다. 예컨대 문화 연구는 다양한 문화 텍스트들을 동원하고 이용해, 궁극적으로는 독자들의 관심을 다시 한 번 문학으로 되돌릴 수도 있다는 것이다. 예컨대 영화 텍스트를 이용한 문학 연구나 강의도 그 한 예에 속한다. 최근 국내에서 확산되고 있는 '문학과 영상' 분야의 연구는 바로 그와 같은 현상이라고 볼 수 있다.

문화 연구는 또 문화 속에 스며들어 있는 지배 문화의 이데올로기와 헤게모니를 드러내 보여줌으로써, 문화와 권력 사이의 상관관계를 성찰하고 문화 제국주의와 문화 산업주의의 본질을 통찰하는 역할을 수행하고 있다고 볼 수 있다. 문화가 이데올로기 사이의 갈등과 충돌로 파악되는 것도 바로 그러한 맥락에서다.

문화 연구는 또 문학과 영상매체와의 상호 교류 가능성도 열어 놓았으며, 읽는 텍스트와 보는 텍스트의 공존과 혼합을 시도했다. 더 나아가, 트랜스미디어 문화 연구는 문학과 전자매체 사이의 문제점도 천착하고 있다. 문학은 활자매체나 문자매체를 근본으로 하고 있지만, 동시에 전자매체나 영상매체를 통한 영역 확장이나 변신도 생각해 볼 수 있기 때문이다. 만일 구텐베르크 시대가 점차 사라지고 있다면, 거기에 따른 인식의 변화 또한 무시할 수 없을 것이어서, 문학의 양식과 형태에도 변화가 필연적일 수도 있다는 사실을 인정해야만 할 것이다. 최근 한국문연에서 발간하는 『현대시』를 통해 나오고 있는 영상 시 CD-ROM은 바로 그와 같은 인식의 변화를 담고 있는 한 좋은 예가 된다.

그러나 문화 연구에 문제점이 없는 것은 아니다. 우선 통속적인 문화 텍스트들을 어떻게 가려낼 것인가 하는 문제가 대두된다. 세상에는 대중문학의 탈을 쓴 통속문학이나 대중문화의 가면을 쓴 저급문화가 얼마든지 있기 때문이다. 문화 연구가 통속문학이나 저급문화를 인정하자는 것은 아니기 때문에, 문화 연구자들은 늘 경계심을 늦추지 말아야만 한다. 또 문화가 꼭 전쟁이고 상품이며 권력인 것만은 아닌데, 매사에 문화를 그런 맥락에서만 바라보는 것은 바람직하지 않을 수도 있다. 다음으로는, 문학의 필연적인 세속화와 수준 저하의 문제가 있다. 문학의 세속화는 바람직할 수도 있지만, 문학의 질적 저하는 결코 바람직하지 않기 때문이다.

또 문학의 궁극적 목적이 꼭 문화에 대한 성찰이어야만 하는지에 대해서도 이견이 있을 수 있다. 문학에는 문화와 더불어 인간의 삶과 존재 방식과 사유에 대한 성찰이라는 똑같이 중요한 기능이 있기 때문이다. 즉 문학이나 문화를 너무 정치적으로 파악하는 것은 문제가 될 수도 있다는 것이다. 그뿐만 아니라, 문화 연구가 다른 문화 텍스트들에 비해 문학작품을 상대적으로 덜 자주 다루는 것도 문제가 된다. 또한 문화 연구는 문학이나 문학 연구가 과연 무엇인가에 대한 논의도 별로 하고 있지 않는다는 문제를 갖고 있다. 사실 영국의 '문화 연구'나 미국의 '미디어 문화 연구'에서는 문학의 본질에 대한 진지한 탐색은 찾아보기 어렵다. 그것은 아마도 대중소설과 대중문화, 또는 다른 미디어 텍스트들에 대한 새로운 관심 때문에, 막상 문학 그 자체에 대한 성찰이나 문학 텍스트에 대한 분석은 상대적으로 소홀해지고 있기 때문일 것이다. 종래의 문학 연구를 문화 연구로 확장하자는 문화 연구자들의 주장은 분명 설득력이 있다. 그럼에도 불구하고, 우선 문화 연구를 논하기 전에, 문학과 문학 연구에 대한 성찰과 논의가 선행되어야만 한다는 것이다. 문학은 다른 문화 텍스트들과는 다른 고유한 특성을 갖고 있기 때문이다.

위와 같은 문제점들에도 불구하고, 문화 연구는 다른 많은 새로운 가능성들을 갖고 있어서 주목할 만한 가치가 있는 문예사조로 다가온다. 특히 문학의 위기가 논의되고 있는 이 시대에 문화 연구는 문학의 영역을 현저하게 확장해 줄 수 있는 것처럼 보인다. 또 문화 연구는 문학에 관심이 없는 사람들까지도 문학으로 불러오게 할 수도 있다. 예컨대 문화 연구를 위해 비문학도들에게도 자연스럽게 문학작품을 읽힐 수도 있을 것이고, 또 『암흑의 핵심』은 어려워 읽지 않는 사람에게 『타잔』이라도 읽혀 제국주의 문제를 논의해 볼 수도 있을 것이다. 더 나아가, 『타잔』을 읽힌 다음, 자연스럽게 『암흑의 핵심』을 읽도록 유도할 수도 있을 것이다. 그래서 문화 연구는 문학 연구의 확장이 된다고 말할 수 있다.

8. '자기중심 의식(ego-consciousness)'에서 '생태 의식(eco-consciousness)'으로

전통적인 서구 형이상학에서 자연(nature)과 문화(culture)는 언제나 대립 구도로 존재해 왔다. 즉 산업 자본주의와 테크놀로지에 기반을 둔 서구 사회에서 문화는 필연적으로 자연의 정복과 순치를 수반했던 것이다. 특히 대자연의 개척을 통해 나라를 세운 북아메리카 대륙의 경우, 문명과 문화는 곧 자연과의 사투 끝에 얻어지는 보상이었다. 이렇게 자연을 복종시키고 지배하면서 문화를 만들어 온 서구인들의 태도는 그들의 그림에도 잘 나타나 있다. 서양화가들의 그림에는 대체로 인간이 중심이고 자연은 배경으로만 존재한다. 예컨대 르누아르의 한 그림은 자연을 화폭에 담고 있는 화가를 보여주고 있으며, 밀레의 「만종」도 포커스는 추수기의 들판이 아니라 기도하는 부부에게 주어져 있다. 반면, 동양화를 보면 인간은 다만 자연의 일부일 뿐, 자연을 정복하려는 시도는 찾아보기 어렵다. 서구 문명과 서구 문화에서 자연은 늘 극복의 대상이었으며 끝없는 착취의 대상이었다. 그런 의미에서 문화와 교양의 산물인 예술작품 역시 자연의 반대편에 서 있는 존재로 파악되었다.

서구인들의 이러한 자연관과 테크놀로지의 오용과 남용은 결국 심각한 자연의 훼손과 환경 파괴를 초래했다. 그래서 19세기 중반에 미국의 사상가 에머슨은 동양사상의 영향을 받아 자연과의 친화를 주장한 『자연론』을 썼고, 그의 문하생이었던 소로는 문명을 떠나 2년여 동안 자연과 더불어 살았던 자신의 경험을 기록한 『월든 숲 속의 생활』을 발표했다. 에머슨과 소로에게 있어서 인간과 문명은 자연의 오묘함을 이해하지 못하는 자연 파괴의 장본인이었고, 당시 등장한 기관차와 증기선은 자연의 정적과 순수성을 훼손하는 기계문명의 상징이었다. 이들이 시작한 자연 친화 운동은 후에 환경 운동의 한 중요한 기반을 마련해 주었지만, 이들의 활동은 소위 '자연에 대한 글쓰기(nature-writing)'에 그쳤을 뿐, 좀 더 복합적인 환경 생태 운동으로까지 나아가지는 못했다.

작가들이 문명 비판과 더불어 환경문제에 대해 깊은 관심을 갖기 시작한 것은 서구 문명에 대한 반성이 시작되던 1950년대 중반부터였다. 예컨대 미국 시인 앨런 긴스버그가 1956년에 발표한 장시 「울부짖음(Howl)」이나 「아메리카(America)」, 또는 그 후에 발표한 「가든 스테이트」나 「전사」나 「지옥의 노래」 등은 서구 문명과 미국 문화의 병폐, 그리고 그것이 초래한 환경 파괴와 생태계 훼손에 대한 시인의 강력한 고발장이었다. 긴스버그는 다음과 같이 노래하고 있다.

> 미국이여, 우리는 언제나 전쟁을 끝내려는가. (「아메리카」)

> 가든 스테이트, 예전엔 농장이 있었고 돌집과 푸른 잔디, 그리고 녹색의 구름이 있었지 / 또한 목련이 만발했었고, 온갖 꽃들이 마을을 뒤덮었었지 / 그러자 마피아가 왔다 / 이윽고 술이, 하이웨이가, 쓰레기가, 그리고 드디어는 이차대전이 오고 / 프린스턴에서는 아인슈타인이 원자탄 제조실험을 하고 있었다. (「가든 스테이트」)

> 전사는 전장에 나가지 않는다. / 다만 강제로 징집된 젊은이들만 / 그곳에서 죽어갈 뿐. (「전사」)

위의 시에서 보면, 긴스버그는 1950년대에 벌써 단순한 환경주의를 초월해 복합적인 생태주의로까지 관심의 영역을 확장했던 것처럼 보인다. 전쟁과 원자탄, 그리고 마피아와 술과 쓰레기는 환경뿐 아니라 인간 생태계까지도 파괴하기 때문이다. 즉, 외형적 파괴를 초래하는 것은 물론 인간 정신 생태계의 파괴를 가져온다. 긴스버그는 잘못된 정치 이데올로기와 인간의 편견을 인간 정신 생태계 파괴의 주범으로 보고, 훼손된 정신 생태계의 회복을 주창했던 20세기의 대 선각자였다. 그런 의미에서 긴스버그는 환경친화적인 시인이었고, 환경을 넘어서는 예술가였다. 왜냐하면 그의 예술은 자연과 대립되지 않고 오히려 자연을 파괴하는 병든 인류 문명을 비판하고 있기 때문이다.

긴스버그의 이러한 예언자적인 비전은 1960년대에 오면 진보주의자들의 반전/반핵/여성해방 운동으로 이어진다. 예나 지금이나 전쟁은 환경 파괴뿐만 아니라 인간 생태계 파괴까지도 수반하는 가장 심각한 범죄 행위이며, 핵무기 역시 대자연을 삽시간에 초토화시킬 수 있는 치명적인 파괴력을 갖고 있기 때문이다. 여성해방 운동 또한, 여성에 대한 착취와 지배가 곧 자연에 대한 착취와 지배와 연관된다는 점에서 환경친화 운동과 생태계 보호 운동으로 확대된다. 그런 면에서 동양사상은 서구인들에게 하나의 신선한 해결책으로 다가왔다. 1950년대와 1960년대 서구 작가들이 선불교 사상과 노장사상 등 동양철학과 종교에서, 그리고 심지어는 모택동 사상 같은 정치 문화 이데올로기에서 병든 서구 문명의 치유책을 찾았던 것도 바로 그런 맥락에서였다.

1950년대 후반 이후, 이렇듯 환경에 대한 관심이 고조된 배경에는 서구 문명에 대한 거대한 반성을 불러온 포스트모더니즘이라는 사조가 자리 잡고 있었다고 보아 크게 틀리지 않는다. 물론 20세기 초를 풍미했던 모더니즘 예술이 모두 반자연적이었다고 단언하기는 어려울 것이다. 그러나 도시와 근대화에 근거해 생성된 모더니즘과 모더니티의 강령에 자연보호나 환경보호가 들어갈 자리는 많지 않았던 것처럼 보인다. 반면, 탈현대, 탈도시, 탈제국주의, 그리고 탈중심을 주창하며 시작된 포스트모던 인식은 자연스럽게 환경문제와 생태계 문제에 대한 관심을 유발시켰다.

그렇다면 환경주의와 생태주의의 차이점은 과연 무엇인가? 환경은 우리를 둘러싸고 있는 주위 상황으로서, 인간의 행동에 따라 나빠질 수도 있고 노력에 의해 개선될 수도 있다. 그래서 환경주의는 오염된 환경을 과학기술을 이용해 개선할 수 있다고 믿는다. 그리고 그런 점에서 환경주의는 낙관적이다. 반면 생태 또는 생태계는 인간과 자연과 사회가 상호 역동적으로 조화하며 존재하는 삶의 그물망을 의미하며, 일단 그 현상이 훼손되거나 파괴되면 지구의 생명체들은 돌이킬 수 없는 치명적 상처를 입게 된다. 생태주의는 이 세상의 모든 것들이 '생태학적 연결망'을 통해 서로 긴밀히 연결되어 있는데, 만일 그 연결망이 찢어진다면 그 상처의 고통과 파멸에서 자유로울 수 있는 존재는 하나도 없다고 말한다. 즉 하나가 다치면 모두가 고통 받는다는 것이다. 그런 맥락에서 생태주의는 '나'와 '너'를 구분하거나 차별하지 않는다. 내 아픔이 곧 '타자'의 아픔이 되고, '타자'의 고통이 곧 내 고통이 되기 때문이다.

환경주의가 인간 중심주의를 견지하고 과학기술을 신뢰한다면, 생태주의는 인간뿐 아니라 모든 생명체가 다 똑같은 존재 권리를 갖는다고 주장하며 테크놀로지의 오용과 남용을 경계한다. 또 환경주의가 인간의 환경에만 관심을 갖는 반면, 생태주의는 지구상의 모든 존재의 삶에 대해 관심을 갖는다. 그리고 환경 개선에만 관심이 있는 환경주의와는 달리 생태주의는 복합적인 중층 구조를 갖는다. 예컨대 자연에 대한 인간의 지배를 여성에 대한 남성의 지배와 연결시키는 에코 페미니즘은 생태주의의 그러한 중층 구조를 잘 보여주는 좋은 예가 된다. 에코 페미니스트들은 자연에 대한 인간의 생태학적 학대와 착취 속에서 여성에 대한 남성의 학대와 착취를 보기 때문이다. 이렇듯 생태주의는 인간과 자연과 사회가 서로 갖는 유기적 관계를 복합적인 시각으로 바라본다는 점에서 환경주의보다는 진일보한 사조라고 할 수 있다.

환경주의로부터 좀 더 복합적인 생태주의로의 전이가 본격적으로 이루어진 것은 비교적 최근의 일이다. 그러나 그러한 인식의 변화는 이미 1970년대부터 시작되고 있었다. 예컨대 조셉 미커는 1972년에 '생태학'이라는 용어를 문학에 적용시켜 문학 생태학의 가능성을 열었으며, 1974년에 그레고리 베이츤은 인간의 정신 생태계와 자연 생태계의 유사성을 발견하고, 인간의 마음 생태계의 파괴를 경고하고, 훼손된 정신 생태계의 회복을 주장했다. 베이츤에 의하면 나치즘 같은 극우 이데올로기나 세계대전 같은 것들도 사실은 인간들의 정신 생태계가 파괴되었기 때문에 일어난 것이다. 이와 같이 자연 생태계의 층과 인간의 정신 생태계의 층이 겹치면서 연결되는 것을 '심층 생태학'이라고 부른다.

요즘은 모든 학문 분야에 '생태'라는 말이 붙어서, 예컨대 생태 정치학, 생태 사회학, 생태 여성학, 생태 문학 등의 용어들이 생겨나게 되었으며, 문학 분야에서도 문학 생태학, 생태 비평, 생태 시학, 녹색문화 연구, 환경문학 비평 같은 말들이 생성되었다. 그리고 그와 같은 새로운 접근법은 자연이 인간을 위해 있는 것이 아니라, 인간이 자연을 위해 그리고 자연의 일부로서 존재한다는 사실을 깨우쳐 주었으며, 또한 예술과 문학이 자연이나 환경과 대립되는 것이 아니라, 그것들과 상호 보충적이라는 사실을 가르쳐 주었다.

생태주의 작가들은 비단 생태계의 파괴에 대한 경고에 그치는 것이 아니라, 그러한 파괴를 야기한 근원적 이유에 대한 탐색으로까지 관심을 확대한다는 점에서 주목할 만하다. 그리고 그 과정에서 그들은 자연에 대한 인간의 지배와 착취를, 선택받지 못한 계층에 대한 선택받은 계층의 지배와 착취와 연결시켜 중층구조와 두 겹의 시각으로 사물을 보려고 시도한다. 생태주의자들은 이제는 인간 본위와 자기 위주의 시각을 버리고, 모든 생명체가 서로 긴밀하게 연결되어 있다는 생태학적 인식을 가질 것을 촉구한다. 이대로 간다면 인류 절멸은 필연적이기 때문이다. 세상의 종말에 자신만 살아남을 수 있는 방법은 없다. 그럼에도 불구하고 우리는 아직도 타자는 어찌 되든지 자신만 안락하고 자기만 살아남으면 된다는 이기적인 사고방식을 버리지 않고 있다.

다행히도 깨어 있는 선각자 작가들은 창작 활동을 통해 부단히 우리들을 깨우쳐 주고 있으며, 자연과 문화 사이의 이분법적 대립을 해체해 주고 있다. 그러므로 예술은 지고하고 순수한 영역에 숨어 은둔만 할 것이 아니라, 이제는 그동안 은둔해 온 '액슬의 성(Axel's Castle)'[5]에서 나와, 환경과 생태계의 훼손, 그리고

5) '액슬의 성'은 비평가 에드먼드 윌슨이 현실로부터 도피해 숨어 있는 상징주의 시인들을 비판하기 위해 사용한 용어로, 액슬이 은둔해 있었던 성(城)을 지칭한다.

인간의 정신 생태계 파괴를 경고해 주며, 더 나아가 그 근본 원인까지도 탐색해 밝혀 주어야만 할 것이다.

현재 생태주의는 지구촌 전체의 초미의 관심사로 대두되고 있으며, 예술 역시 그러한 움직임에 동조하고 있다. 그동안 문학을 포함한 예술은 사실 너무 방만했고, 자기중심적이었으며, 당연히 걸머져야 할 사회적 책임을 회피해 왔다. 그러나 이제부터라도 예술은 스스로의 고립을 반성하고, 인류의 생존이 걸려 있는 환경문제와 생태계 파괴 문제에 적극적인 관심을 표명해야만 할 것이다. 물론 예술이 그동안 다각도로 삶의 여러 양태들을 조명해 왔다는 것은 부인할 수 없는 사실이다. 그러나 예술이 다루어 온 '인간의 조건'은 다분히 추상적이고 철학적인 것이었지, 인간의 환경이나 지구의 운명은 아니었다. 그럼에도 불구하고, 환경 파괴나 생태계 훼손은 인류의 파멸을 초래한다는 점에서 대단히 절박한 문제이며, 추상적인 고뇌에 뒤지지 않는 중요한 비중을 갖는다.

그런 의미에서 최근 『녹색평론』을 발행하고 있는 평론가에게 대산문학상이 수여된 것은 대단히 의의 깊은 일이라고 볼 수 있다. 또한 일군의 국내 작가들이 환경문제를 다룬 작품들을 잇달아 내어놓고 있는 것 역시 고무적이다. 외국의 경우에는 아예 환경문제나 생태계 문제를 전문적으로 다루고 있는 작가들도 있다. 예컨대 프랑스 작가 장 마르크 오베르의 『대나무』(1997)는 대표적인 녹색문학 작품인데, 이 소설에서 대나무 숲은 뿌리들이 수평으로 연결되어 있어서 생태학적 연결망을 이루고 있다. 그래서 그 중 어느 하나가 상처를 입으면 다 같이 괴로워하고, 어느 하나에 물을 주면 모두가 시원해 한다는 것이다. 이러한 공동체 의식을 전체주의적 위험으로 오해하는 사람들도 있지만, 이 경우의 공동체 의식이란 물론 '타자에 대한 연민과 사랑'이지 결코 개체성을 무시하는 전체주의를 의미하는 것은 아니다.

지금은 그 어느 때보다도 '녹색의 회복'에 대한 탐색과 추구가 필요한 시기다. 개발이란 미명 아래 이미 심각하게 파손된 생태계의 보호와 보존, 그리고 목가적 꿈의 회복을 추구하기 위해서는 우선 우리의 인식이 바뀌어야만 하는데, 녹색예술은 바로 그러한 의식의 전환을 가능하게 해주기 때문이다. 영국의 생태학자 그레고리 베이츤은 『마음의 생태학』이라는 책에서 서로 편 가르고 적대시하며 배척하는 태도는 필연적으로 인간 정신 생태계의 파괴를 초래하고, 결국 분쟁과 전쟁을 불러온다고 지적한다. 우리 사회는 그동안 너무 오래 편을 가르고 상대방을 적대시해 왔으며, 그 결과 심각한 정신 생태계의 파괴를 초래했다. 그래서 지금 우리는 생태주의 사상에 입각한 상대방에 대한 이해와 포용과 화해가 그 어느 때보다도 시급한 시대에 살고 있다. 만일 그러지 않고 지금처럼 분열과 투쟁만 계속한다면, 우리는 모두 돌이킬 수 없는 고통과 파멸의 길을 걷게 될 것이다. 생태주의 사상에서 우리가 배울 수 있는 가장 중요한 것은 바로 그와 같은 깨달음이다.

9. 맺는 글

얼마 전 서울에 온 아메리카학회(The Association of American Studies) 회장 마이클 프리쉬(Michael Frisch) 교수는 대단히 흥미있는 이야기를 해서 청중의 관심을 끌었다. '미국 역사와 집단 기억의 구조'라는 강연에서 그는 최근 대두되어 온 '미국 정신의 종언'론이나 '서구 문화의 위기'론과는 달리, 지난 25년 동안 미국인들의 근본적 의식구조에는 별 변화가 없었다고 주장한 것이다. 그는 미국 대학생들을 상대로, 우선 '미국사'라는 말이 연상시키는 인물들을 나열하게 한 다음, 다시 그 리스트에서 대통령들과 정치가들과 장군들을 제외한 이름들을 쓰라는 설문을 여러 차례 시도해 보았는데, 놀랍게도 지난 25년 동안 학생들의 답은 대동소이했다는 것이다. 즉 지난 몇 십 년 동안 소수 인종 문화에 대한 재조명이 활발하게 이루어졌고 거기에 따라 미국 사회가 본질적인 변화를 겪었음에도 불구하고, 학생들의 리스트는 여전히 유명 백인들의 이름으로 가득 차 있었을 뿐, 소수 인종으로 대체되지는 않았다는 것이다.

그래서 프리쉬 교수는 다문화주의가 미국의 정신을 붕괴시켰고 서구의 위대한 전통을 몰락시켰다고 주장하는 앨런 블룸이나 해롤드 블룸이나 E. D. 허쉬 같은 사람들의 우려가 사실은 별 근거 없는 기우였다고 지적한다. 과연 지난 10여 년 동안, 소수 인종 문화의 대두가 미국 문명을 몰락시키고 있다고 경고한 앨런 블룸의 저서 『미국 정신의 종언』은 베스트셀러가 되었고, 다문화주의가 서구의 위대한 전통을 붕괴시키고 있다고 개탄한 해롤드 블룸은 『서구 정전들』이라는 두꺼운 책을 출판했으며, 허쉬는 아예 서구의 문화유산을 제대로 가르치기 위해 초등학교 교과서를 다시 쓰기까지 했다(이들의 인종적 배경이 백인 지배계층이 아니라는 사실은 대단히 흥미로운 심리학적 현상이다). 그러나 프리쉬 교수는 그들의 우려와 분노와는 달리, 실제 미국인들의 가치관이나 문화나 교육이나 정치관에는 근본적인 변화가 없었으며, 그렇기 때문에 다문화주의로 인한 미국 사회의 가치관 전도나 붕괴는 일어나지 않았다고 주장한 것이다. 즉 미국 사회는 극단과 극단의 대립 대신 절충과 포용을 택했고, 그것이 곧 미국 사회를 움직이는 원동력이 되고 있다는 것이었다.

그러면서 프리쉬 교수는 우리 모두가 귀담아 들어야 할 말을 했다. 그는 미국에서는 모든 이분법적 대립과 논쟁 — 예컨대 순수문화/대중문화, 고급문학/대중문학, 또는 백인 지배 문화/소수인종 문화 사이의 대립과 논쟁 — 은 이미 끝났다고 선언했다. 미국인들은 우선 그러한 배타적 태도를 인정하지 않으며, 강의실이나 언론 매체에서 타자를 배척하는 극단적 이데올로기를 펴면 학생들과 독자들이 즉각 항의하고 용납하지 않기 때문에, 결국 두 대립 항은 서로를 인정하고 공존하게 되었다는 것이었다. 그런 말을 들으면서, 아직도 이분법적 대립과 타자의 배제, 그리고 배타적 편 가르기가 사라지지 않고 있는 우리의 실정이 부끄러웠다. 미국인들은 그동안 변화에 적극적으로 대응해 최선의 대안을 찾았던 반면, 우리는 쉽게 극단으로 치우쳐, '타자'를 적으로 몰고 '차이'를 받아들이지 않았기 때문이다. 즉 우리는 변화에 매료되어 모든 것을 하루아침에 다 바꾸려고 하거나, 아니면 새로운 변화 앞에서 철저하게 수구적이 되거나 둘 중 하나였을 뿐, 그 둘 사이의 절충과 포용을 추구하지는 못했다는 것이다. 그리고 그것의 결과는 언제나 불평과 비난, 배척과 배제, 그리고 편 가르기와 파벌 의식이었다. 오늘날 한국 사회와 한국 문단, 그리고 한국 대학의 가장 치명적인 약점 또한 바로 거기에 있다고 보아 크게 틀리지 않을 것이다. 이제 한국 사회는 오랜 갈등과 대립에서 벗어나 서로 화해하고 포용하며, 평화로운 공존의 길을 모색해야만 한다. 그럴 때, 비로소 한국은 진정 수준 높은 선진국이자, 살기 좋은 평화로운 나라로 거듭나게 될 것이다.

참고문헌

Adorno, Theodor W., *Negative Dialectics*, New York: Continuum, 1973.

Easthope, Antony, *Literary into Cultural Studies*, London: Routledge, 1991.

Fiedler, Leslie A., *What Was Literature?*, New York: Stein and Day, 1982.

Fiske, John, *Media Matters*, Minneapolis: University of Minnesota Press, 1994.

Gilman, Sander, *The Fortunes of the Humanities: Thoughts for After the Year 2000*, Palo Alto: Stanford University Press, 2000.

Kellner, Douglas, *Media Cultures*, London: Routledge, 1995.

Pynchon, Thomas, *The Crying of Lot 49*, New York: Bantam Books, 1966.

Skovmand, Michael et al., *Media Cultures: Reappraising Transnational Cultures*. London: Routledge, 1992.

■ 김성곤 ■

현재 서울대학교 영문과 교수로 재직 중이며, 문학평론가이자 『21세기문학』 편집위원이다. 서울대 언어교육원장, 출판문화원장, 미국학연구소장, 한국대학출판부협회 회장, 국제비교한국학회 회장, 문학과 영상학회 창립회장, 한국현대영미소설학회 회장, 한국 아메리카학회 회장, 문학사상사 주간, 『외국문학』 책임편집위원과 하버드, 옥스퍼드, 버클리, 펜실베이니아 대학 객원 교수를 역임하였다. 주요 저서로 『뉴미디어 시대의 문학』, 『퓨전 시대의 새로운 문화 읽기』, 『글로벌 시대의 문학』, 『하이브리드 시대의 문학』 등이 있다.

사회통합을 위한 문화 · 예술의 기여

김 문 환

1. 이끔말: 문화발전과 지속가능발전

한국 사회가 여러 가지 측면에서 심각하게 갈등을 겪고 있다는 전제 아래 사회통합위원회가 구성되었고, 그 중 하나로 문화를 다루는 특별위원회가 설치되었다. 말을 바꾸면, 문화를 통해 한국 사회의 갈등을 치유하고 소통의 단절을 이어 줄 수 있는 방안을 모색해 보라는 것이다.

주문은 단순하나, 이는 많은 내용을 담고 있다. 우선 문화에 대한 이해가 절실하다. 자칫 현학적인 논의로 변질될 가능성을 배제하기 위해 세계 지성을 대표하는 유네스코가 작년까지 주력해 온 '문화발전 10년'(1989-2004)의 내용을 간단하게나마 되살펴 보고자 한다.

과거 수십 년간 국제적인 차원에서 경제적 사고가 지배적이 되면서 발전은 경제적 측면들로만 축소되어 산업국가들과 발전 도상 국가들 사이를 의심스럽게 갈라놓았다. 그러나 발전은, 그것이 개인과 국민들로 하여금 자신들이 지닌 열망과 조화된 가운데 더 나은 삶을 살아갈 수 있도록 하고 자신들이 지닌 창조적 능력을 완전히 꽃피우게 할 수 없는 한, 진정한 의미를 지닐 수 없다. 경제가 심대한 중요성을 지닌다는 것은 틀림없지만, 그것은 목적을 지녀야 하고, 그런 의미에서 그것이 인간적 가치들을 대표하는 문화를 통해 발견될 수 있는 결집력을 바탕으로 해야 한다는 것 역시 필수 불가결하다. 즉, 문화는 그 사회가 지닌 잠재력을 활성화하고, 이를 통해 통합시키는 의의를 발전에 대해 부여한다. 그러므로 인간존재가 발전 문제에 접근할 때, 문화가 그 중심에 놓여 있어야 한다는 것은 지극히 당연하고도 의미심장한 일이다. 그럼에도 불구하고, 이론적인 차원에서도 그렇거니와 실천적인 차원에서는 더군다나, 발전 전략의 설정에서 문화에 대한 고려는 거의 이루어지지 않아 왔고, 이는 오늘날에도 크게 달라지지 않고 있다.

이에 유네스코는 '문화발전 10년'을 세계적인 차원에서 채택하고, 각국 정부로 하여금 이를 적극적으로 추진하도록 권장했던 것이다. 이는 발전 과정이 반드시 인간적 존엄성을 신장시키고, 개별 국가의 문화적 정체성을 고려해야 함과 동시에, 각국 정부가 인간적 내지 사회적 발전의 진흥을 위해 적절한 국가 목표를 수립해야 한다는 것을 핵심으로 한다. 특히 여성과 청소년의 참여가 모든 단계에서 보장되어야 하며, 인류의 보편 가치와 문화유산의 전승을 위해 교육이 널리 보급되어야 한다는 입장에서 '문화발전 10년'은 (1) 문화적 정체성의 확립, (2) 발전의 문화적 차원, (3) 문화생활에의 광범한 참여, (4) 국제적인 문화 협력의 증진 등 네 가지 목표를 내세웠던 것이다.

그 자세한 내용은 생략하겠거니와, 여기에서는 문화, 경제, 그리고 발전의 세 가지 기본 분야들 사이에 일어날 수 있는 내적 관계를 고려하는 통합적 발전이 관심 대상이 되는데, 한마디로 이 세 분야들 사이에서 정책적 협력의 강화가 무엇보다도 요청된다는 것이다. 예컨대, 교육과 상호 소통 체제들을 특수한 문화적 맥락들에 적용하는 방법들에 대한 연구와 실천이라든지, 발전 계획들, 문화적 및 인간적 요소들, 경제적 및 사회적 발전의 서로 다른 방식들이 갖는 문화적 영향, 그리고 문화적 투자의 경제적 및 사회적 이익들을 고려하는 프로그램들과 이것들을 위한 방법론의 세련 작업들에 초점이 맞춰져야 한다는 것이다.

이와 같은 내용을 갖춘 '문화발전 10년'에 이어 '유엔 지속가능성교육 10년'(United Nations Decade of Education for Sustainable Development: DESD, 2005-2014)이 선포된 것은 지속가능발전이 앞서 말한 문화발전의 바탕 위에서 논의되어야 함을 암시한다. 말하자면, '지속가능발전'이란 결코 환경적, 경제적, 그리고 사회적 지속가능이라는 세 가지 상호 연관적 체제에 관한 개념만이 아니라, 오히려 더욱더 포괄적인 문화발전 개념을 그 기반으로 삼고 있음을 잊어서는 안 될 것이다.

이처럼 문화발전을 하나의 토대로 생각할 때, 흔히 '문화의 꽃'이라고 하는 예술의 역할 역시 자명해진다. 그 가장 핵심적인 표현들 중 하나가 바로 2010년 서울에서 개최된 세계문화예술교육대회(The Seoul Agenda: Goals for the development of arts education. Retrieved on-line, April 25, 2011)다. 이는 앞서 말한 '지속가능발전 10년'이 절반을 넘긴 시점에서 지속발전가능이 문화, 그 중에서도 예술교육과 어떻게 연결될 수 있는지에 대한 세계적 점검의 기회가 되기도 했다. 사회통합과 문화 다양성을 주제로 개최된 이 서울 대회는 첫째, 깊이 있는 교육을 위한 근본적이고 지속적인 요소로서 예술교육에 대한 접근성을 확대하고, 둘째, 예술교육 활동 및 프로그램의 기획부터 실행에 이르기까지 질 높은 수준을 유지하며, 셋째, 오늘날 세계가 직면한 사회적, 문화적 도전 과제의 해결에 기여하도록 예술교육의 원리와 실천을 적용한다는 것을 선언했다.

특히 셋째 목표는 지속가능발전을 달성하기 위한 구체적 전략계획으로서, (1) 사회적 차원에서의 창의력과 혁신 향상을 위한 예술교육의 응용, (2) 사회문화적 복지 차원에서의 예술교육의 인식과 발전, (3) 사회적 책임, 사회통합, 문화 다양성 및 문화 간 소통 증진을 위한 예술교육의 역할 극대화, (4) 예술교육을 통해 평화로부터 지속가능성에 이르는 주요한 국제적 쟁점에 대한 대응 능력 향상 등을 포함하고 있다. 나아가, 이와 같은 전략을 시행하는 방안이 (1) 예술교육 활동을 환경, 국제 이주, 지속가능개발 등 현대의 광범위한 사회문화적 쟁점에 초점을 맞추고, (2) 교육 영역을 다문화적 차원으로 확대하여 학생과 교사의 문화 간 유동성을 증진하며, (3) 예술교육을 민주적이고 평화로운 사회 조성과 갈등 이후의 사회 재건의 지원에 적용할 것 등으로 제시되었다.

재건주의(reconstructionism)라고 불리는 교육철학적 관점과도 상통하는 이와 같은 전인적 내지 통전적(holistic) 예술 이해는 ESD와 예술교육의 연결에서도 심층적으로 작용하는바, '서울 선언'의 셋째 목표에 부응하기 위해서는 예술교육이 예술의 내재적 원리를 회복하고 외재적 가치를 확대하는 방향으로 유도되어야 한다는 주장이 제기되기도 했다.[1] 그 자세한 내용의 검토가 현안이 아니므로 이에 대해 길게 언급하지 않으려니와, 예술의 내재적 원리의 회복과 외재적 가치의 확대는 미학에서도 중심적인 관심 대상인 만큼 예술 정의 문제와 아울러 잠시나마 다루어 볼 필요가 있다.

2. 예술의 효용에 대한 실용주의적 접근

예술 정의 문제는 그 자체가 또 하나의 긴 논의를 요청하는 난문이므로, 여기에서는 단도직입적으로 이와 긴밀하게 연결되는 예술의 효용 문제를 창의력과 맺을 수 있는 관계를 중심으로 언급하려 한다.

많은 사람들이 창의성을 우선적으로 예술들과 연관시키면서, 음악, 연극, 미술, 무용, 문학, 그리고 그 밖의 분야들을 종종 '창조적 예술들(creative arts)'이라고 한다. 그러나 이와 같은 전문적 예술들과 함께 이와 연관된 분야들이 오늘날 '창조 산업들'이라고도 불리고 있어 혼란이 야기되기도 한다. 또한 '창조적 예술들'은 종종 과학들과 대조되는데, 이때 후자는 마치 비창조적인 듯이 취급되는 경향이 없지 않다. 물론 예술이 창조적 발전에서 차지하는 중요하고도 필수적인 위치는 아무리 강조해도 지나치지 않는다. 그러기에 예컨대 영국의 경우, 1988년 이래 국가의 교과과정에서 예술과 인문학에 대한 요구가 점진적으로 축소되어 왔

1) 정연희, 「예술교육을 통한 지속가능성 사고의 확장」, 『미술과 교육』, Vol. 12-1, 2011.

다는 비판이 인다. 그러면서도 창의성이 예술에만 유일하지 않다는 것, 다시 말해, 그것이 과학, 수학, 기술공학, 정치, 기업, 그리고 일상생활의 모든 영역들에서 똑같이 근본적이라는 사실 또한 강조된다.

단도직입적으로 말한다면, 창조적 과정들은 다음과 같은 네 가지 특성을 포함한다. 첫째, 그것들은 항상 상상적인 생각 내지 행동을 포함한다. 둘째, 이 상상적 활동 전반은 합목적적이다. 즉, 목표 달성을 지향한다. 셋째, 이 과정들은 독창적인 무엇인가를 창출해야 한다. 넷째, 그 결실은 목적과 연관하여 가치가 있어야 한다.

이런 이해를 바탕으로 할 때, 창의성은 '독창적이면서도 가치 있는 결실들을 산출할 수 있도록 만들어진 상상적 활동'이라고 정의된다. 이를 바탕으로 할 때, 창의성은 인간 활동의 모든 영역들에서 가능하고, 모든 사람은 창조적 능력을 가지고 있다는 주장이 가능해진다. 창의성을 이렇게 정의하고 이를 바탕으로 창의적 교육을 지향한다면, 이는 문화에 대한 이해와 짝을 이루면서 창의적, 문화적 교육이라는 복합적인 접근을 가능케 하는 열쇠가 된다.

창의적 교육과 문화적 교육은 서로 밀접하게 연관되는바, 첫째로, 창의적 과정들은 그것들이 일어나는 문화적 맥락 안에서 도출된다. 과학자들이 좀 더 넓은 과학 공동체의 통찰과 성취에 기초해서 자신을 세워 가듯이, 예술가들은 전통과 양식, 그리고 다른 예술가들의 작품과 영감으로부터 자극을 받아 도출된다. 이때, 이미 알려진 것 또는 행해진 것에 무엇인가를 덧붙이거나 세련시키는 것을 '쇄신'이라고 하면서, 아주 새롭게 보는 방식들을 발전시키기도 한다.

둘째로, 인간의 문화는 바로 인간적 창의성이 만들어 낸 산물로서, 인간적 창의성에 내포된 풍부성, 복합성, 그리고 다양성 때문에 풍부하고 복합적이고 다양해진다. 이는 우리가 직면한 의미와 실천적 문제들에 대한 여러 가지 반응들에서 연유한다. 즉, 사건을 바라보는 방식은 우리가 그것들에 대해 갖는 생각과 가치에 의해 깊은 영향을 받는바, 생각들과 사건들의 끊임없는 상호작용을 통해 일어나는 세계관과 의식의 심대한 변화들이 종종 역사를 만들어 간다. 따라서 교육은 과학, 종교, 도덕성, 정치와 예술, 그리고 전통과 쇄신 사이의 밀접한 관계를 인식해야 하고, 학교 교과과정 전반을 통해 이를 진흥해야 한다.

이를 위해서는 각급 학교들에서 세 가지의 균형 원리가 촉진되어야 한다. 첫째로, 교과과정 안에서 창조적, 문화적 교육의 서로 다른 영역들, 특히 과학, 예술, 인문학, 체육, 그리고 기술공학적 교육 사이에 균형이 있어야 한다. 둘째로, 모든 과목들을 가르치고 배우는 과정에서 전통과 쇄신 사이에 균형이 갖춰져야 한다. 셋째로, 서로 다른 문화적 가치들과 전통들을 배우고 가르치는 과정에서 균형이 갖춰져야 한다.

후기 산업사회로 진입하면서 우리가 이제껏 산업사회의 논리에 따라 인적 자원들을 발전시켜 왔음을 반성해 본다면, 이상에서 언급한 창의적, 문화적 교육의 필요성은 더욱 절박해질 수밖에 없다. 이른바 통전적인 인간 형성을 목표로 하는 교육, 균형 잡힌 교육을 통해 모든 청소년들이 지닌 서로 다른 측면의 잠재 능력을 개발/발전시키는 동시에, 자신들을 둘러싸고 있는 주변 세계를 충실하게 이해할 수 있는 기회를 제공하지 않으면 안 되기 때문이다. 그러나 이와 같은 주장은 교과과정, 교수 및 학습 방법들, 그리고 평가 방법들의 구조에 대한 언급 없이는 너무나도 당연하게, 따라서 너무나도 공허하게 들릴 수 있다. 그렇다고는 해도 이에 대한 언급은 상당히 전문적이고 구체적이어야 한다는 점에서 이 글의 범위를 훨씬 넘어선다. 여기에서는 원칙적인 논의에 머물 수밖에 없겠는데, 우선 교과과목들 사이에 차별적인 우선순위가 있어서는 안 된다는 것과 그것들 사이에 연결성이 보장되어야 한다는 것만을 강조해 두기로 한다.

창의성에 대한 이러한 이해는 물론 예술의 효용과 직접적으로 연관된다. 설혹 문화적 문해(cultural literacy)를 단지 읽고 쓰기에 국한하고, 사람들이 신문을 제대로 읽고 다른 사람들과 효과적으로 소통하는 데 필요한 배경적 지식에 관한 논의를 추가한다 해도, 신문이 이미 예술에 관한 여러 가지 논의들을 담고 있기 때문에, 예술에 관한 배경지식은 그러한 내용을 알기 위해서라도 요청된다. 그러나 문화적 문해의 개념을 예술에 적용할 경우, 그 나름의 좀 더 특수한 정의와 탐구적인 성찰이 요청된다.

다행히도 문화적 문해의 이념을 예술교육에 적용하는 문제를 토론하기 위해 미학(예술철학), 문학, 조형예술, 음악, 연극, 그리고 교육이론(교육철학)의 전문가들이 초청된 특집이 마련된 바 있다.[2] 이는 예술교육 프로그램을 단순히 예술의 내재적이고 비실용적인 가치들에 대한 감상의 진흥으로 주장하는 이론적 경향에 대한 의문을 출발점으로 삼으면서, 정신적 가치와 실용적 가치 양자를 모두 존중하고, 예술교육이 개인의 영혼뿐 아니라 사

2) Ralph A. Smith(ed.), *Cultural Literacy and Arts Education*, Urbana: University of Illinois Press, 1991.

회적 연대에도 공헌해야 한다는 견해를 중심으로 삼고 있다. 이때의 사회적 연대가 예술에 대해 단순히 획일적인 태도를 요구하는 것은 물론 아니다. 오히려 개성과 다원주의적 덕성은 사회적 결속의 맥락 안에서만 충실히 실현될 수 있음을 강조할 뿐이다. 다시 말해, 예술의 내재적 가치가 그 자체만을 위한 가치를 뜻한다 해도, 예술들을 가치들의 연속 안에 자리 잡게 하는 것이 좀 더 바람직하다는 것이다. 사실상 예술교육은 개인적 및 사회적 의미 양자에서 모두 도구적일 수 있다. 예컨대 예술작품을 미적 대상이라고 한정할 때라도, 그것은 미적 경험을 유발함으로써 도구적 가치를 지니게 된다. 미적 경험이 지니는 효과는 대체로 다음과 같이 설명된다.

(1) 미적 경험은 긴장을 완화시키고 파괴적인 충동을 잠재운다.

(2) 미적 경험은 자아 안에서 일어나는 작은 갈등들을 해결하고, 통합 내지 조화를 이루는 것을 돕는다.

(3) 미적 경험은 지각과 식별력을 세련되게 한다.

(4) 미적 경험은 상상력을 발전시켜 자신을 타인의 위치에 놓을 수 있는 능력을 계발한다.

(5) 미적 경험은 의학적으로 말한다면 정신 건강에 도움이 되지만, 치료적이라기보다는 예방적인 성격이 강하다.

(6) 미적 경험은 상호적인 동정감과 이해심을 함양한다.

(7) 미적 경험은 인생에 대한 이상을 제시한다.[3)]

---

3) M. Beardsley, *Aesthetic Problems in the Philosophy of Criticism*, New York: Harcourt, Brace & World, Inc., 1958, pp.574-576.

이상에 제시된 미적 경험의 효과가 반드시 언제나 한결같을지는 의문의 여지가 있겠으나, 우리는 미적 경험의 가치 역시 그것이 일으키는 효과라는 측면에서 설명될 수 있다는 점을 인정해야 한다. 비유컨대 그것은 실존의 시지프스적 성격을 조명함으로써 생활을 좀 더 의미 있게 만들어 주며, 인간의 정신과 감정을 활력 있게 하고, 개인들로 하여금 자신의 잠재 가능성들을 좀 더 완전하게 실현하도록 창조성의 수준을 한층 더 끌어올릴 수 있다.

예술교육은 결국 미적으로 더 우수한 질에 대한 탐구와 감상을 통해 개인 생활뿐만 아니라 공공 생활의 질에 공헌한다. 미적 수월성의 추구에 열성을 보이는 사회는 그 성원들로 하여금 형편없는 것들을 비판적으로 볼 안목을 길러 줄 수 있다. 이에 따라 예술교육자들은 모든 자라나는 세대들이 반드시 가져야 할 기초적인 정보를 좀 더 자세하게 규정하는 작업을 요청받는다. 다시 말해, 예술 학습은 미적 감각의 발달을 넘어서서 예술가들과 예술작품들에 대한 탐구를 포함해야 한다. 물론 예술교육이 문화를 현행 수준에서 끌어올리는 데 도움을 주어야 하는 의무도 지니고 있다는 것을 소홀히 여겨서는 안 된다. 그러나 그것이 젊은이들을 급진적인 문화적 이념들로 세뇌시키는 방식으로 직접적으로 시도되어서는 안 된다. 그것은 오로지 가장 위대한 작품들의 감상과 예술에 대한 더 나은 이해를 배양함으로써 간접적으로 시도되어야 한다.

이렇게 해서 예술교육에서도 단계 개념이 중대한 의미를 지닌다. 즉, 기본적인 정보를 습득하는 확장적 교과과정(extensive curriculum) 단계와, 이를 바탕으로 더 심화되고 집중적인 집중적 교과과정(intensive curriculum) 단계가 잘 계획되지 않으면 안 된다. 이러한 확장적 교과과정과 집중적 교과과정이 어떻게 구성되어야 하는지는 예술 분야마다 달라질 수밖에 없다. 예컨대 음악의 경우, 적절한 음악적 행동들과 함께 초기에 획득된 확장적 정보가 젊은이들로 하여금 음악적 주류 문화에 들어서는 것을 도울 뿐만 아니라, 집중적 교과과정의 목표인 '충실히 이해하면서 듣기(comprehending listening)'를 위한 성향을 중등 교육과정을 통해 획득되는 습관과 생각들로 발전시키는 것을 도와준다.

이처럼 예술을 이해하고 이의 발전에 포함되어야 할 사항들에 대한 단계적 접근은 발달심리학과 현대 미학 이론에 대한 통찰 역시 요구한다. 가령 인상파 양식에 속하는 르누아르와 같이 개별 양식을 지닌 예술가의 작품에 관한 학습에 무엇이 포함되어야 하는지를 가르치려면, 미술사적 정보와 예술을 구성하는 기본 요소들에 대한 미학 이론적 기초적 정보가 필수적이라 할 수 있다.

3. 영재 내지 천재 교육적 발상에 대한 반성적 고찰

예술의 의의를 이상과 같이 이해할 때, 이는 나아가 예술교육을 단순히 영재 내지 천재 교육으로 보는 관점에 대해 반성적으로 고찰하게 한다. 일반적 이해에 따르면, 영재란 선천적으로 일반인과 다른 탁월한 소질을 가지고 태어난 사람들을 의미하면서, 수재가 우수한 학습 능력에 주목하여 배운 것을 잘 수행할 수 있는 사람을 가리키는 것과 대조를 이룬다. 즉, 학습 여부를 떠나 선천적으로 당면한 문제를 능히 창의적, 능동적으로 해결할 수 있는 경우를 의미한다는 점에서 영재와 천재는 공통적이지만, 영재는 향후 발전의 가능성으로서의 수월성을 의미하는 반면, 천재는 그 수월성이 이미 일련의 괄목할 만한 성취를 통해 영재의 수준을 훨씬 뛰어넘음을 의미한다는 일종의 정도 차이를 가진다는 식으로 그 개념이 파악되는 듯하다.

역사적으로 볼 때, 영재 또는 천재와 연결되어 있는 예술가에 대한 낭만적인 관점은, 그 이름이 암시하듯이, 19세기 낭만주의적 이데올로기에서 발생하였다. 그러나 그 기원은 실상 서양 역사에 깊이 자리하고 있다. 시민사회가 시작되면서 예술가가 현실적으로 시민사회의 생활 형식에 완전히 동화되고, 예술은 학습 가능한 수공품이 되고 말았지만, 자신의 개성이 요구하는 생활에 대한 요구를 내세우면서 환경 속으로 들어설 때, 예술가는 이상과 현실, 예술과 생활, 주관과 객관이 험악하게 대립된 채 분리되어 있는 문화의 저주를 경험한다. 그는 현실과 고독하게 맞서면서 이러한 대립이 너무나도 고통스러워 균열을 새로운 통일로 묶고, 정신과 감성, 예술과 생활, 예술가적 존재와 환경 등 온갖 대립을 다시 결합시키는 형식을 만들어 내기 위해 노력하지 않으면 안 되었다.

한마디로, 예술가에 대한 낭만적인 관점은 예술가들이 사회로부터 소중하게 다뤄져야 할 통찰력과 천재성을 가졌다는 것을 시사한다. 이때 예술가들은 자신들의 관점에 의해 추동되기 때문에 사회구조를 따르지 않는다. 그들은 예술을 위해 예술을 추구해야 하며, 그들의 관점에 진실해야 한다. 그들은 보헤미안적 생활방식으로 살고, 다락방에서 굶주리고, 매매춘에 젖어 들며, 안정적인 일을 갖기 위해 정착하거나 결혼해서 아기를 갖기보다는 별나고, 이색적이고, 즉흥적이며, 터무니없는 행동을 통해 개성을 선전하는 무정부주의적 개인주의자가 된다. 그들의 생활방식은 그들의 강조된 관점의 결과이며, 이는 때로 그들의 관점을 위대한 예술로 발전시킬 수 있게 한다.

사회는 어느 정도까지 그들의 천재적 소산을 대가로 그들의 비관습적인 생활방식을 용인한다. 그러나 사회는 또한 사회의 경계선 밖으로 벗어난 예술가들을 저주한다. 그리고 그 결과로 예술가들은 종종 주류 사회로부터 소외당한다. 이는 마치 유산계급이 순수예술가에게 1인 2역을 준 것과 같다. 물질 만능주의에서, 어떤 이들에게는 자신들의 일생을 가장 고상한 미적 가치로부터 동기를 부여받은 일에 바치는 것이 가능하다는 것을 입증하는 동시에, 이 규칙에 따라 살 정도로 경솔한 이들은 나쁜 최후를 맞이할 수 있다는 것을 보여준다.

여기에서 전통 미학과 구별되는 사회 미학[4]이라는 관점이 요구되거니와, 이와 같은 관점은, 만일 영재 개념이 천재 개념에 의존해 있다면, 영재 내지 영재교육의 이해에서도 불가피할 것이다.

심리학자들이 예술적 능력을 재능이나 지성, 욕구와 충동, 또는 개인적 경험들에 대한 반응과 같이 개인의 내적 특성의 반영으로 설명하려 해왔던 반면, 사회학자들은 일반적으로 재능을 천부적인 것으로 보지 않고, 더욱 통상적으로, 문화적 생산을 둘러싼 제도적 지원들과 제약들에 초점을 맞춘 채, 그 참여자들을 주로 역할 수행자들로 본다.[5] 아울러 고립된 천재조차 종종 동료들로부터 상당한 도움을 받는 한편, 세상에 퍼진 예술작품은 이미 상당히 편집된 것임을 진실로 간주한다. 즉, 창조적인 천재란 흔히 실

---

4) 김문환, 『예술과 윤리의식: 사회미학 입문』, 서울: 소학사, 2003.

5) Vera L. Zolberg, *Constructing a Sociology of the Arts*, Cambridge University Press, 1990.

제보다는 신화라는 주장과 함께, 예술작품들이 어떤 단위 생식적 과정을 통해 생겨난다고 말할 수 없다고 본다. 이에 따르자면, 공동 작업이 기준일 때, 순수예술은 말할 것도 없고, 상업 내지 산업 예술의 영역에서는 더구나, 개인들은 오로지 발생적, 독창적 또는 결정적이라고 알려진 역할을 할당받았을 뿐이라는 것이다. 그 개인들은 '재능 있는 사람' 또는 '창의적인 사람'이라고 일컬어질 수도 있고, 아니면 '예술적 지도자'의 지위를 부여받을 수도 있다. 또한 그들의 생산물이 상업적으로 성공적인 동안에는 높이 존중된다.

이와 같은 사회적 역할이 종종 마치 사회 안에서 고정되고 구체화된 위치처럼 다루어지지만, 예술가의 역할은 다른 사회적 역할들처럼 사회적 역할을 실행하는 사람들의 미시적 전략들과 연관하여 거시적 과정들을 통해 출현한다. 사회학자들과 사회심리학자들은 예술적 재능의 출현, 승인, 지지의 허가나 규제 속에서 사회적 요인들이 갖는 중요성에 관심을 갖는다는 점에서 일치한다. 그들은 예술가의 역할을 개인과 타자, 주요 세속적 동향, 그리고 거시 구조들과의 연결이라는 제도적 사슬에 속한 매개적 범주로 이해하려고 한다. 이는 곧 예술가를 노동자로 보는 견해다. 이상화된 유사-신경증자 혹은 재능을 수행하고 조종하는 사람으로서의 예술가가 유난히 독특하고, 심지어는 비범한 개인으로 정의되는 반면, 노동자로서의 예술가는 사회적 범주의 일부 또는 그저 단지 평범한 것의 한 유형으로 정의된다. 이 평범성과 범용성은 신성하게 영감 받은 창조자로서의 예술가라는 낭만적 (혹은 대중적) 개념들과 본래 양립 불가능한 상반성을 지닌다.

한마디로 말해서, 사회학적 접근은 대체로 창작자 문제와 관련된 전통적 연구와 관례들을 소홀히 여기는 것처럼 보이면서, 창작의 사회적 조건에 중점을 둔다. 이로써 우리는 사회가 창작 과정의 여러 단계에 개입한다는 사실을 보게 될 것이다.

별 다른 어려움 없이 받아들일 수 있는 이러한 명제들은 창작이 세계, 사회, 또는 시대의 시각을 반영하고 표현한다는 것, 다시 말해, 창작자는 널리 퍼져 있는 이데올로기의 영역 아래 있다는 것을 보여준다. 사회와 예술의 상호관계에 대한 근래의 연구경향을 약술하면 다음과 같다.

(1) 사회는 대중을 가장하여 창작자를 촉구한다. 사르트르가 작가와 독자 간의 관계에 대해 주목할 만한 분석을 제시한 바 있지만, 이러한 관계는 다른 예술들에서도 살펴볼 수 있다. 즉, 사회가 예술작품에 대한 특정 수요를 만들어 낸다는 것이다.

(2) 사회는 창작자에게 자신 안에 축적된 지적이고 기술적인 수단(사고 체계, 가치관, 예술 약호, 양식 등)을 제공한다.

(3) 사회는 여러 경로를 따라 작품들을 지시하고, 또 그것들을 통해 소비자를 제한한다.

(4) 사회는 판단력을 부여받은 사람들을 통해 작품을 판단한다.6)

요컨대, 예술이 사회-역사적 구성체인 것처럼, 예술가도 그러하다는 관점에서 창조적인 예술가를 예술-사회 분야에서의 한 독특

---

6) UNESCO, Main Trends of Research in the Social and Human Sciences, Part two/Volume one: Anthropological and historical sciences, Aesthetics and the sciences of art, pp.728-729.

한 행위자 유형으로 이해하고자 하는바, 예술가의 독창성에 대한 호소, 예술작품의 유사-신성(類似-神性, quasi-sanctity), 그리고 예술가와 그의 창조 간의 불가분리성이 합류하여 서로 간에 경계를 허물고, 예술가와 작품을 뒤섞는 경향을 보이는 체계를 통해 예술가가 사회적으로 어떻게 생성되는지를 알아볼 필요가 있다는 것이다.

천재 또는 예술적 창조성 개념에 대한 이와 같은 비판적 이해는 영재 개념과도 밀접하게 연관된다. 2010년 초에 서울에서 개최된 예술 영재교육 국제 심포지엄의 한 자료 역시 예술 영재의 의미를 이런 맥락에서 살피고 있어 우리에게 많은 도움이 된다.[7]

이는 창조적인 예술 분야에서 재능(talent)이 본질적으로 창조성(creativity)의 개념과 연결되어 있다고 전제하면서, 우리가 재능을 종종 개인들 속에 존재하는 선천적 성질이라고 생각할지라도, 재능이라는 개념은 본질적으로 사회적 규범들과 가정들과 연관되어 있음을 기억하는 것이 중요하다고 논의를 시작한다. 말하자면, 창조성이라는 개념이 시대와 지역을 고려하지 않고 정의될 수 없다는 것이다. 물론 창조성에 대한 선천적 잠재성을 아주 부정하는 것은 아니다. 다만, 그것은 창조성이 구현되는 데 필요한 여럿들 중 하나일 뿐이라는 것이다. '타고났다'는 사람들의 발달과정을 연구해 보면, 그들이 훈련과 연습에 많은 시간을 쏟아 부었음을 틀림없이 발견하게 된다. 조기에 발견된 재능은 실상 개인의 우수한 잠재성이 아니라, 훨씬 더 광범위하게 공유되는 능

7) Anna M. Kindler, "The Meaning of Giftedness in the Arts in the Changing Contexts of the 21st Century", in *Proceedings of International Symposium on Gifted Education in Arts*(Seoul, 2010. 1. 12-13).

력을 육성하는 사회적 기여 때문에 높은 수준의 성취로 전환된다는 것이다.

그러면서 우수성의 중대한 신경학적 근거가 자폐증(autism)과 관련 있다는 근거들을 검토하기도 한다. 뛰어난 성취를 보인 자폐인들의 성취가 그들의 뛰어난 모방 능력에 기인한다는 사실은 그들이 지닐 수도 있는 신경학적 이점이 재능에 필수적이거나 충분한 조건을 뒷받침하지 못한다는 것을 말하기 위함이다. 다시 말해, 내적 욕구, 동기, 반복, 연습, (자폐인들의 경우, 강박증적인 열정의 형태를 띠는) 인내심과 상호작용하는 사회적 개입의 중대성을 인정하자는 것이다. 다른 곳에서는 예술에 대한 이러한 성향과 기질(disposition and temperament for arts)이 재능의 원천인 열정, 자발적이고 지속적인 몰입, 그리고 한결같은 흥미라고 표현되기도 한다. 이와 같은 논의는 재능을 조기에 식별해 내기 위한 매우 세부적인 기질들에 초점을 맞추었던 전통적인 접근 대신 성장을 위한 적정한 개입(appropriate enrichment interventions)에 초점을 맞출 것을 권고한다.

시스템적 관점이라고 불리기도 하는 이와 같은 접근은 결국 기술(skill)과 능력 개발을 도와 재능을 육성하고, 그 재능을 명백히 드러낼 수 있는 영역의 맥락이 무엇인지 찾아 줄 수 있는 기여가 필요하다는 것, 그리고 탁월성으로 이끄는 데에는 아이들에게 내재한 그 어떤 것뿐만 아니라, 이러한 공헌들 역시 필요하다는 것을 강조한다.

이와 같은 접근이 생애에 걸친 성취와 개인적인 충족으로 이끄는 '윤리적인' 방법들로 제시되고 있다는 점이 흥미롭다. 이는 재능에 대한 사회적인 숭배가 심각한 위험과 관련 있음을 반영한다.

요컨대, 우리가 재능에 환호하는 것은 나이에 비해 높은 성취를 이룬 것을 축하하고 교육하는 데 도움이 되는 반면, 아이의 재능을 개발하고자 하는 부모, 교사, 코치의 포부가 아이들에게 해로운 행동을 하게 할 수도 있다는 것을 심중하게 고려하면서, 재능에 대해 논의할 경우, 인지된 재능의 가치만이 아니라, 아이답고 평범하고 행복한 어린 시절을 가질 아이의 권리에 충분한 관심을 기울여야 한다는 것이다.

그렇지 않을 경우, 그것은 '아동 재능 기업(industry of child talent)'의 도구가 되어 결국 아이를 망치고 마는 '아동학대(abuse of children)'로 이어질 위험이 존재한다는 것이다. 즉, 여기에는 통신 기술의 발전과 세계시장의 통합으로 인해 더욱 촉진된 채, 요즘에 아동 재능의 발견을 통한 막대한 명성과 돈 때문에 재능을 조기에 식별해 내고, 이 재능 개발을 전보다 더 중요하게 여기면서 온갖 수단이 동원되는 것이 아니냐는 힐문이 숨어 있는 듯하다. 모 방송국이 『스타킹』이라는 프로그램에 호들갑스럽게 출연시키는 아동을 보면 그런 생각을 아니 할 수가 없다. 개인이나 기업 차원에서도 이는 심각한 폐해를 초래할 수 있는 일종의 범죄적 행위라는 혐의를 벗기 어렵거늘, 하물며 국민의 안위와 자아실현을 돌보아야 할 국가가 이를 통해 '국가 브랜드 가치'를 높이겠다는 야망에 불탄다면, 그 심각성은 차마 말로 할 수 없을 것이다. 그런데 불행히도 이것이 공공연하게 자행되고 있는 것이 남북한 모두의 현실이라면, 이는 지나친 표현일까?

4. 현안 과제에 대한 대응

1) 전통과 쇄신의 조화

새로운 세기에 대한 기대와 희망이 속출하는 중에 지난 세기에 대한 평가에서 긍정적이지 못한 분야를 다른 각도에서 조명하고자 하는 전망 역시 무성하다. 적지 않은 미래학자들이 세계의 중심축이 유럽에서 아시아·태평양 지역으로 이동한다고 보는 것도 같은 맥락에서다. 비서구 지역의 관점에서 보면, 이는 서구 문명 중심으로 이루어진 세계화에 대해 비서구 지역에서 나타나는 상대적인 거부감의 하나로 이해될 수도 있다. 다른 한편, 이를 미래지향적이고 낙관적인 관점으로 파악한다면, 21세기를 맞는 문명 전환의 대안으로서 세계의 균형적인 발전을 예견하는 탁견으로 간주되기도 한다.

돌이켜 보면 19세기와 20세기를 거치면서 진행된 서구 제국주의의 확산은 필연적으로 서구 문명의 세계화를 가져올 수밖에 없는 역사 과정이었다. 즉, 서구에서 물질문명의 혁명으로 진행된 산업화가 세계적인 기준이 되었고, 그 결과 산업화라는 기술문명의 모델은 근대화와 발전을 추구하는 모든 국가의 척도로 작용하였다. 이 과정에서 서구적 세계관, 가치, 생활 및 행동 양식 또한 세계적 보편성을 획득하는 데 성공하였다. 예술 역시 예외가 아니다.

이에 우리는 발전의 모델을 서구로 보는 관점과 서구 이외 지역의 전통문화가 위기에 직면했다는 위기의식이 서로 얽혀 있다는 점을 놓쳐서는 안 된다. 이 문제는 서구 문화를 인류 내지 세계의 보편 문화로 수용함으로써 야기된 여타 지역의 전통문화 와해와, 새로운 수용으로 인해 발생되는 문화 정체성의 혼돈으로 집약된다. 기술 발전과 전통문화의 갈등은 오늘날 세계적으로 하나의 보편적인 현상으로 나타난다. 따라서 자국의 전통문화와 조화로운 관계 속에서 이루어지는 발전의 논리가 어느 때보다 요청된다고 본다.[8] 우리 문화도 예외가 아니다.

이에 한국의 경우를 사례 삼아 아시아적 관점에서 21세기의 지속적인 발전과 전통적 문화 사이의 관계를 전개시켜 볼 필요가 있다. 다시 말해, 서구적 발전 모델의 수입으로 말미암아 전통문화를 발전과 무관하다고 여긴 결과로 야기된 모순이 드러나는 시점에서, 전통문화와 조화되는 지속적 발전만이 우리가 속해 있는 국가와 지역만이 아니라 인류 전체의 발전에 기여할 수 있다는 전망을 제시해 보고자 한다.

발전과 문화의 상호관계에서 볼 때 — 특히 한국의 전통문화와 관련해서 볼 때 — 한국에서 전개된 상황은 두 개의 단계로 극명하게 구분된다. 그 첫 단계는 서구적 문물의 본격적인 접촉이 시작된 지난 세기 말에서 1970년대까지이고, 다음 단계는 1980년대 이후 지금에 이르는 시기다. 전자의 경우, 한국의 전통문화는 근대화 과정에서 발전의 저해 요소로 인식되어 극복 대상으로 간주되었다. 문화를 한 민족의 가치 체계와 관습의 총체로 본다면, 한국인에게 전승된 가치 체계와 관습이 근대화에 적절치 않다는 것이었다. 특히 1960-70년대에 개발 독재라고 불릴 정도로 강력한 군사정권이 주도한 발전 과정은 문화 전통을 근본적으로 배제

8) P. 차일즈 · P. 윌리엄스, 『탈식민주의 이론』, 김문환 옮김, 서울: 문예출판사, 2004.

하는 발전의 논리를 펼쳐 왔다. 물론 이로 인한 반발을 무마하고자 다른 한편으로 민족문화의 중흥을 내세우기는 하였으나, 이는 어디까지나 피상적인 정도에 머물고 말았다. 그 결과 과거와 비교할 때 물질적 진보를 통해 상대적으로 풍요로운 사회는 개척되었지만, 다른 측면에서 문화적 지체(cultural lag) 또는 문화의 혼돈 상태가 초래되었다. 이처럼 특히 물질 만능주의에서 기인하는 발전의 어두운 측면이 사회 곳곳에서 모습을 드러내자, 새로운 문화에 대한 요구가 등장하기 시작하였다. 이 과정에서 전통문화가 새로운 질서 형성을 위해 기여할 수 있다는 이유로 다시 등장하게 된다. '전통문화의 현대적 계승'이라든지 '전통문화의 재창조'라는 표어들이 이를 대표한다. 다시 말해, 전통문화는 본래의 가치대로가 아니라, 발전으로 야기된 사회적 모순의 해결책으로서 그 의의를 부여받게 된 것이다. 세계의 다른 지역에서 발전의 좌절 속에서 문화에 대한 관심이 제기된 것과는 달리, 여기에서는 지속적 발전의 과정 중에서 발전으로 야기된 부정적인 현상의 대안으로 전통문화의 의미가 새로이 부각되고 있다.

이러한 한국의 사례에서 우리는 두 가지 강조점을 찾아볼 수 있다. 하나는 발전이 서구적 보편성을 통해서만 형성될 수 있다는 믿음이 더 이상 유효하지 않다는 점이며, 다른 하나는 발전이 인류 진보에서 반드시 긍정적 내지 유익한 방향으로만 진행되지 않았다는 점이다. 따라서 이미 언급한 대로, '지속가능한 발전'에 관한 한, 해당 지역의 문화, 특히 전통문화가 중요하게 인식되어야 함이 새삼스럽게 확인된다. 다만 그러한 전통문화의 가치가 해당 국가 또는 지역의 발전에 어느 정도까지 기여할 수 있는지에 대한 보편적인 가치 평가는 유보적일 수밖에 없다. 왜냐하면,

지속가능발전이 전통문화 외에 여러 다른 변수들에도 종속하기 때문이다. 한국의 발전에서 또 다른 특성은, 그것이 서구 모델을 지향할 때, 세계의 다른 선진 경제 국가와의 균형적 교류보다는 주로 일본과 미국과 밀접하게 연결되어 있다는 것이다. 이 두 경제 대국과의 교류를 통한 발전은 한국이 의도해서 그렇게 구체화된 것이 아니다. 그것은 오히려 지난 한 세기의 역사를 통해 고착된 현상의 결과다. 그것은 쌍방 간 동등한 경제 교류가 아니라 그들에 대한 의존 일변도의 경제 관계였고, 그러한 상황은 현재까지 큰 변화 없이 지속되고 있다.

19세기 말 아시아권은 서구 열강들의 각축장이었지만, 일본만은 예외였다. 이 지역에서 가장 먼저 서구화 내지 근대화를 성공시킨 일본은 이를 기반으로 부국강병을 이룩하여 아시아 무대에서 서구 열강들과 힘을 겨룰 정도였다. 이러한 일본과 인접한 한국은 결국 일본 팽창주의의 첫 번째 희생이 되었고, 결국 제2차 세계대전의 종전까지 20세기 전반에 걸쳐 일본에 의한 식민 통치를 거부할 수 없었다. 이 40여 년 동안 한국은 지속적으로 일본의 경제 수탈지로서, 때로는 아시아 대륙 침략이나 제2차 세계대전의 근거지로서 역할할 수밖에 없었기에 자생적 경제 발전은 원천적으로 불가능했다. 이 과정에서 한국의 모든 사회제도는 일본의 그것에 종속되었다. 근 반세기 동안 일본에 종속된 한국은 전후에 광복을 맞았으나, 종속으로부터의 이탈은 당분간 불가능했고, 부분적으로는 현재까지 그 영향권을 완전히 벗어나지 못하고 있는 실정이다.

한편 광복 후 미국에 의한 군정과 1950년대 초의 한국전쟁은 새로운 외국에의 종속으로 연결된다. 한국전쟁을 주도한 미국은 이후 한국의 모든 분야에서 영향력을 가진 국가로 등장한다. 1950년대 이후 정치, 경제, 사회, 교육, 문화 등 모든 영역에서 미국의 영향은 절대적이었다고 해도 과언이 아니다. 특히 강력한 국가권력에 의해 근대화가 주도된 1960년대에 미국은 곧 선진 문화의 상징처럼 작용하였다. 따라서 많은 경우, 한국에서 '서양적'이라고 할 때, 그것은 '미국적'이라는 것과 동일시되었다. 서양적 근대화 모델에 대한 동경과 모방도 사실상 '미국적'인 것을 모델로 삼았던 것이다. 오늘날 한국에서 발전과 함께 드러난 서구적인 가치의 부정적 부분을 흔히 서구적인 가치라는 말로써 요약하지만, 사실상 그것은 미국적 가치의 부정적인 요소를 말한다고 해야 옳다.

위와 같은 특수한 외적 관계 형성은 한국으로 하여금 21세기를 맞이하면서 미·일 양국과의 관계 개선과 함께 세계적인 차원에서의 새로운 관계 정립을 모색하도록 요구한다. 여기에서 세계질서를 주도하는 또 다른 축을 형성하는 EU와 중국과의 관계 정립이 하나의 중요한 과제로 남게 된다.

현재 세계적으로 지역권을 중심으로 경제 공동체를 형성하여 발전의 토대를 구축하려는 움직임이 그 어느 때보다도 강하게 일고 있다. 이는 EU와 ASEAN와 같은 기존의 지역공동체의 뒤를 이어 북미권, 남미권, 환태평양권 등 세계의 모든 지역에서 보이는 현상이다. 한국이 속한 지리적 위치에서 동북아시아와 태평양권 국가들의 연대도 세계 조류에 대한 반응으로 보인다. 이러한 지역적인 연대는 무엇보다 자국의 이익과 동시에 역사·문화적인 면에서 인접한 국가들 간의 동질성 속에서 더 나은 미래를 설계할 수 있다는 목적을 가진다. 그리고 그 이면에는 다른 지역권과는 일정한 거리를 유지하고자 하는 의도도 감추지 않는다. 기회 있을 때마다 동북아 3국과 ASEAN을 연결하는 ANEAN(동아시아 국가연합)의 창설을 강조해 왔거니와, 이미 EU에서 실시 중인 문화수도 프로젝트 같은 프로그램은 그 내적 결속을 위해 크게 도움이 될 것이다.

아시아 지역 발전에 대한 서구를 비롯한 다른 지역의 관심이 새로운 발전의 모델로 간주되면서, '아시아적 가치'에 근거한 발전의 문제가 등장한다. 그러나 '비서구적'이라는 공통성 외에 전통적인 아시아 문화의 공통성은 과연 무엇인가? 이에 답하기 위해서는 서구 문명과의 접촉에도 불구하고 현재까지 지속성을 보이는 아시아적 전통이 무엇인지에 대해 물어야 한다. 전통문화란 새로운 문화와의 접촉이나 문화적 혁신에도 불구하고 지속적인 생명력을 가진 것을 말하기 때문이다. 즉 서구적인 발전 모델과 서구적인 문화와의 습합으로 인해 과거와는 다른 새로운 아시아적 생활양식이 형성되고 있음에도 불구하고, 자연과 인간의 관계 설정을 중시하는 아시아적 철학은 아직도 유효하다. 서양의 경우, 적어도 18세기 이래로 오늘날에 이르기까지 자연은 인간에 의한 정복의 대상 또는 이용의 대상으로 존재해 왔다. 다른 한편, 이처럼 자연의 법칙을 알아냄으로써 결국 자연을 이용의 대상으로만 전락시키는 과정이 진행되는 동안, 자연을 관조의 대상으로도 보기를 권장하는 미학과 순수예술이 또한 체계를 갖추어 가고 있었던 것이 하나의 유비를 이루면서, 아시아적 자연관은 다분히 미학적 색채를 지니고 있다. 자연을 이용하는 경우라도 아시아적 자연관은 자연을 인간과 더불어 살아가야 할 대상으로 보고 그것과의 합일을 추구하였다. 이러한 자연관은 한때 서구적 관점에서의 발전을 가로막는 요인으로 간주되기도 했지만, 서구적 발전의 한계가 여러 측면에서 지적되자, 새로운 조명을 받게 된 것이다. 예술은 이와 같은 태도의 온존과 발전에 크게 기여할 수 있을 것이다.

궁극적으로 본다면, 이러한 아시아적 가치가 단지 지역적 발전의 토대로만 그칠 것으로 보이지 않는다. 왜냐하면 지역적 가치와 관심이 자국의 이익으로만 수렴되던 이념인 종족 중심주의(ethno-centrism)는 현재의 세계 질서에서는 더 이상 허용되지 않기 때문이다.

전통문화와 지속가능한 발전에 관한 논의를 위해 참조한 한국의 사례는 분명히 특수성을 전제로 한다. 특히 한국이 아직까지 냉전 시대의 이데올로기인 분단 체제로 인해 고통 받고 있는 유일한 국가라는 점에서 그러하다. 그러나 이러한 특수성은 본질상 세계적인 모순과 연결되고 있기 때문에, 적절하게 해결될 경우, 세계적인 차원에서도 새로운 가능성으로 간주될 수 있는 국제적 위상을 가진다고 생각한다.

앞에서 우리는 아시아적 가치를 말하였다. 이는 극과 극의 대립을 조화롭게 조정하는, 각종 대립 관계와 모순된 것의 역설적인 통합을 지향하는 상생(相生) 개념과도 상통한다. 2002년 월드컵 대회가 한·일 양국의 공동 개최로 결정되자, 한국 쪽에서는 그것이 단순한 축구 대회로 끝나지 않고 양국은 물론 세계 전체의 발전에 기여하는 문화적 의의를 지니도록 준비해야 한다는 여론이 일었다. 필자는 이를 다음과 같은 네 가지 차원으로 설명한 바 있다. 첫째, 체육이 단순히 승부 의식을 자극하는 운동 경기로 머물지 않고 인간 생활 전체에 활력을 줄 수 있도록 체육과 예술이 상생 관계를 맺도록 해야 한다. 둘째, 도구적 이성에 편중해 온 근대 문명을 반성 능력으로 보정해야 한다. 동양 문화는 그 점에서 많은 장점을 지니고 있다. 특히 인간과 자연의 상호관계에 대한 반성에서 이는 크게 참조될 만하다. 셋째, 공동 개최자로 선정된 한국과 일본은 많은 요소를 공유하면서도 이제까지는 상생 관계라기보다는 상극 관계에 가까웠다. 이의 극복을 위해 '다름'을 '틀림'으로 보지 않는 너그러운 시각이 요청된다. 마지막으로 월드컵 대회는 올림픽 대회와는 달리 지방 분산 개최가 원칙이다. 이 기회에 적어도 개최 도시들만이라도 개성 있는 도시로 성장하여 수도 일극주의에서 벗어날 수 있어야 한다.

요컨대 상생의 원리는 우리 세기의 발전이 하나의 가치, 즉 서구적 발전 모델에 편향됨으로써 초래된 모순을 극복할 가능성을 가지고 있다. 21세기의 세계는 여러 개의 가치가 공존, 공영하는 방향을 요청한다는 점에서 상생이라는 동양 정신이 지니는 의의에 주목해 볼 필요가 있다고 생각된다.

2) 단일민족주의와 다문화주의의 조화

이제까지의 논의는 한국 문화가 다분히 세계 문화의 주변부에 위치한다는 전제 아래 진행되어 왔다. 그러나 한국은 이제 더 이상 주변국이 아니라 중심부 쪽으로 다가가면서 스스로 주변부를 갖게 된 형국에 이르렀다. 이에 대두되는 것이 다문화주의 문제와 연관해 보는 국제시민의 양성이다.

국제시민이라는 단어는 '국제적으로 활약하고 있는 사람'이라든지 '세계적으로 유명한 사람'이라는 어감도 갖고 있지만, 여기에서는 그보다는 '국제사회에 살고 있는 사람'이라는 의미에 더 가깝게 사용하고자 한다. 이에 대응하는 영어로서 '코스모폴리탄'을 떠올린다면, 그것은 '국적, 민족 등에 구애받지 않고 세계적인 시야와 행동력을 가진 사람'이라든지, 심지어 '정주하지 않고 세계를 방랑하는 사람'이라는 어감을 갖는다는 점에서 다소간 차이를 지닌다. 다시 말해, 국제시민은 민족과 국가를 초월하여 세계를 하나의 공동체로 삼고, 모든 인간이 평등한 입장에서 거기에 속한다고 하는 고대 그리스로부터 오늘에까지 전래되는 코스모폴리타니즘을 일단 긍정하면서도, 어디까지나 자신이 속한 민족 또는 국가를 발판으로 삼는 자세 또한 부정하거나 무시하지 않는다. 우리 사회에서도 국제화니, 정보화니 하는 단어가 유행하고, 또한 과학기술의 발전 등에 따른 사회 변화에 대응하는 교육이라는 의미를 함축하면서 '국제화, 정보화, 국제 이해 교육의 충실'이라는 표현이 어색하지 않게 통용되고 있다. 우리나라의 교육개혁위원회가 내놓은 「신교육체제 수립을 위한 교육개혁 방안」(1995)도 이미 국제 이해 교육에 대해 다음과 같은 취지를 제시하고 있다.

> 첨단 정보통신기술과 교통의 발달, 그리고 이데올로기라는 장벽의 붕괴로 말미암아 전 세계는 이제 하나의 생활권으로 변화하고 있다. 이러한 세계화 시대에 우리에게 요구되는 것은 세계시민으로서의 자질과 지도력을 갖추는 일이다. 또한 세계 여러 민족과 더불어 평화롭게 살아가는 데 필요한 평화교육이 요구된다. 그리고 전 국민이 적어도 하나의 외국어는 구사할 수 있도록 외국어 교육이 강화되어야 할 것이며, 선진국뿐만 아니라 개발도상국의 사회・문화에 대한 이해를 도모할 수 있도록 국제 이해 교육이 더 활성화되어야 할 것이다.

그러면서도 세계화는 우리 자신의 것을 내던져 버리고 외래 것을 무조건 받아들여 그것에 흡수, 동화되는 것을 결코 의미하지 않는다고 강조한다.

> 자긍심을 가지고 자기 고유의 것을 세계에 보편화하여 세계적 수준으로 만들면서, 동시에 낯선 외래문화를 열린 마음으로 받아들여 자기의 것으로 소화해야 한다. 따라서 참된 세계화는 특수성 속에서 보편성을 신장하며, 보편성 속에서 특수성을 살려 나감으로써 성취될 수 있다. 이러한 점에서 학교교육과 사회교육은 우리 고유의 전통문화에 대하여 더 높은 관심을 가져야 할 것이다.

우선 국제 이해 교육이 환경 교육과 같이 다학문적이고 간학문적으로 접근되어야 할 것으로서, 어느 특정한 학문이나 교과에 의존할 수 없는 교육이라는 점이 주목되어야 한다. 또한 국제 이해 교육이 이론적이고 지적인 수준에 머물러서는 안 되고, 마음 속 깊이 느끼고, 실제로 실행하는 것이 중요하다는 사실도 잊어서는 안 된다. 그러므로 국제 이해 교육은 인지적 접근, 정의적 접근, 행동적 접근을 탐구하고, 각성하며, 실행하는 여러 요소가 포괄적으로 포함되지 않으면 안 된다. 또한 초・중・고등학교에서 사회과나 도덕과가 중요한 위치나 역할을 담당하는 교과이기는 하나, 외국어, 음악, 미술, 체육, 국어 등 모든 교과와 교과 담당 교사가 협동적으로 참여할 수 있도록 그 교육과정이 설계되고 운영될 수 있어야 한다. 이러한 전제 아래 주요 교과가 되는 사회과, 도덕과, 그리고 외국어과의 국제 이해 교육과정의 요점을 간추려 본다.

사회과에서의 국제 이해 교육은 역사, 지리, 정치, 경제, 사회, 문화, 교육 등 여러 영역에서 통합적으로 이루어져 오면서, 국제적 지식을 풍부히 갖도록 강조할 뿐만 아니라, 각 국민 상호 간의 신뢰와 우애를 두텁게 하기 위한 방향으로 그 내용을 개편해야 한다. 예컨대 각 국민 간에 오해와 갈등을 일으키는 원인들 중 하나로 어려서부터 편협한 민족주의나 국민주의를 주입시키는 국사 교육을 지목하면서 더욱 객관적인 입장에서 역사를 가르쳐야 한다는 주장이라든지, 지리, 역사, 정치, 경제 또는 국제관계 교육 등 사회과 교육에서 국적이나 인종을 불문하고, 인류의 진보와 행복에 기여한 사람들의 업적을 부각시켜야 한다는 주장이 그와 같은 개편과 연관된다. 나아가 각 국민 간의 인간성이 지닌 공통성이라든지, 각 국민 문화가 전 인류에 끼친 공헌이라든지, 또는 각 국민 생활의 역사적, 문화적 상호관계 및 지리적 상호 의존관계 등이 강조됨 직하다.

도덕과는 학생들로 하여금 건전한 도덕성을 함양하도록 하는 교과로서, 여러 교과 교육을 통해 획득된 지식과 능력 및 태도를 통합하여 인격 형성에 의미 있게 연결시켜 주는 교과 통합적 기능과 함께, 가정, 학교, 사회 생활을 통하여 획득된 여러 가지 규범들의 관계를 파악하여 하나의 통합된 가치 체계를 형성하는 가치 통합적 기능을 통해 학생들의 인격과 생활에 영향을 미치고자 한다. 다시 말해, 다른 교과가 주로 어떠한 분야의 체계적인 지식이나 기능의 습득을 중시한다면, 도덕과는 지적인 면과 함께 인간의 신념, 가치관, 태도 및 행동 성향과 같은 정의적인 영역을 특히 강조한다.

외국어 교과는 학생들로 하여금 외국어를 이해하고, 이를 사용하여 의사를 소통할 수 있는 기본 능력을 기르고, 국제 이해를 증진시켜 시대적 변화에 능동적으로 대처할 수 있는 역량을 마련하도록 하기 위한 교과다. 또한 국제적 외교 관계의 개선에 따른 문물 교류의 확대와 국제화 추세 및 산업, 문화, 학술 등의 발전에 따른 정보의 개방화에 부응할 수 있도록 외국어 교육을 강화하고 내실화해야 하는 국가적, 사회적, 개인적 요구와 필요에 근거하고 있다. 외국어를 단순한 도구와 수단으로서만 학습하는 것이 아니라, 사고력과 탐구 정신을 기르게 하여 장차 학술과 직업 분야에 적극적으로 임하게 하며, 외국 문화의 올바른 이해를 통하여 인류 공영에 이바지할 수 있는 역량을 기르는 데 역점을 두어야 한다. 요컨대, 외국어과의 목표는 외국어를 이해하고, 생각과 느낌을 표현할 수 있는 능력을 길러, 외국 문화를 올바로 이해, 수용하고, 우리 문화를 발전시켜 나가면서 이를 외국인에게 쉬운 말이나 글로 소개할 수 있도록 하는 것이다. 이때 이제까지처럼 이른바 선진국 언어에 대한 편중은 마땅히 지양되어야 한다.

이와 같은 국제 이해 교육 관련 주요 교과 영역 등은, 앞에서 말했듯이, 가급적 통합적으로 계획, 실행되는 것이 바람직하다. 실제로 외국어과의 대표적인 과목인 고등학교의 공통 영어는 일상생활과 정치, 경제, 사회, 문화 등 모든 분야에서 쉬운 영어로 제공되는 자료와 정보를 이해할 수 있는 기본적인 언어 능력을 기르도록 하기 위해 언어 자료를 인문, 사회, 과학, 예술, 체육 등의 다양한 영역에서 추출하여 구성하도록 되어 있다. 즉, 영어를 듣거나 읽고 이해하는 능력을 배양할 뿐만 아니라, 다른 교과를 이해하는 데 도움이 되도록 하며, 외국 문화를 올바로 이해하는 안목을 기르고, 외국인과 자연스럽게 의사를 소통할 수 있는 표현 능력을 신장하여 우리 문화를 소개할 수 있도록 하고자 한다. 요컨대, 그 목표는 영어 사용 국민의 행동 양식과 문화를 이해하고, 우리 문화를 외국인에게 올바로 소개할 수 있도록 하자는 것으로 보아도 좋다. 이에 예술, 특히 영화를 포함한 공연 예술들과의 연계 교육이 모색되어야 한다. 이는 한국 문화에 대한 이해와 소개뿐만 아니라, 외국의 습속을 자연스럽게 익히는 데 크게 기여할 것이다.

반만년 역사를 통해 단일어를 사용하고 단일민족문화를 자랑하는 동안 어느 사이에 우리 곁에 근접한 다른 문화를 무시 내지 경시하는 풍조로는 지구촌 시대를 살아가기 힘들다는 문제의식과 함께 '국제시민을 기른다'는 방법론적 접근이 이루어지고 있다는 전제 아래, 간문화(inter-cultural) 또는 통문화(cross-cultural) 내지 다문화(multi-cultural) 교육은, 비록 그것이 미국과 같은 다민족 국가들이 경험하고 있는 이민족 간의 갈등 해소, 이민자들의 자국민으로서의 통합, 해외 주재 자국민의 동질성 유지를 위한 교육적 발산에서 시작된 것이라 하고, 학자에 따라서는 주도 문화가 주변 문화를 영원히 타자화하기 위한 제국주의적 발상이라고 비판하기도 하지만, 지구촌을 단위로 하여 더욱 평화로운 세계를 형성하고자 하는 노력의 일환이라고 보면서, 그와 같은 목표의 실현을 위해 노력하는 것이 바람직하다고 할 수 있다.

3) 통일 문화의 기초 형성

현안 과제 중 빼놓을 수 없는 것이 통일 문화의 형성이다. 민족 통일이란 주지하다시피 단순한 정치적, 영토적 통합이나 경제적 통합이 아니라, 남북한 주민들 간의 문화적 화합과 정서적 교감에 토대를 둔 진정한 민족적 공동체의 창출이어야 한다. 이러한 통일에 대비하여 우리 자체의 다양한 문화 교류와 문화 소통 과정을 통해 지역 간, 계층 간, 세대 간의 문화적 갈등과 거리감을 해소하며 정서적 공감대를 확장해 가는 일은 미래의 통일 실현에도 커다란 역할을 할 것이며, 나아가 통일 이후 민족 화합을 높은 수준에서 성취해 내는 중요한 기반이 될 것이다.

먼저 민족 화해와 통일 지향의 21세기 문화 정책은 문화에 대한 새로운 이해에서부터 출발하여야 한다. 즉, 기존의 정태적이고 특정 범주적인 문화에 대한 고립된 시각이 아니라, 문화가 경제, 정치, 사회복지, 교육, 과학 등의 영역들과 연관된 복합적이고 중층적인 영역이라는 인식의 전제 아래 통일 시대에서 문화 및 문화 정책이 감당해야 할 중요성이 언급되어야 한다.

문화는 고정불변한 것이 아니라, 항상 변화하고 생성, 소멸하는 역동적인 운동 과정이다. 문화는 전수되어 습득되는 수동적 측면만을 지니는 것이 아니라, 사회적 대립과 갈등을 지양하여 새로운 조화와 화해로 이끌 수 있는 가치 형성과 의미 생성의 주요 영역이자 삶의 질을 고양하는 주요 요소이다. 현재 우리 내부의 지역 간, 계층 간, 세대 간, 성별 간 상이한 문화 요소들 간의 대립은 전통문화와 현대문화, 순수문화와 대중문화, 고유문화와 외래문화, 지배문화와 소수문화 간의 마찰과 함께 자칫 문화적 혼란과 구성원들 간의 첨예한 갈등을 야기할 수도 있다. 그러나 이 같은 문화의 갈등 요소들을 미래의 풍요로운 통일 문화 형성의 생산적인 기반으로 전환시키는 것이 민족 화해와 통일 지향 문화 정책의 중심 과제가 될 것이다. 이를 위해서는 누차 말한 대로 문화에 대한 이분법적 사고를 지양하고, 다양한 가치들이 상호 공존하는 '관용의 문화', '조화와 상생의 문화'가 추구되어야 할 것이다. 사실상 '조화와 상생'이라는 우리의 전통적인 가치 지향은 기존 문화의 대립적인 요소들을 변증법적으로 지양하여 통일 지향의 새로운 문화 발전을 가능케 하는 토대가 될 수 있다.

관용과 상생의 정신은 인간관계의 모든 차원에서 발휘되어야 할 덕목이다. 대내적으로 개인과 개인, 개인과 집단, 집단과 집단은 물론, 대외적으로는 국가와 국가 간의 관계에서 우리는 관용의 정신이 구현되도록 노력하지 않으면 안 된다. 혹자는 통일 이념으로서 민족주의를 거론하고 있으나, 그 경우에도 통일 이념으로서의 민족주의는 단순히 남북 간 전통문화의 공통분모를 확인하는 것만으로는 불충분하며, 새로운 문화적 동질성을 넓혀 나가는 문화 공동체 방안이 모색되어야 할 것을 부정하지 않는다. 다시 말해, 단순히 과거로 돌아가는 '복고적 통일'이 아니라, 새로운 국가 건설을 통해 미래의 역사를 창조하는 '미래지향적 통일'이 되어야 할 것이다.

새로운 국가 건설이 시민사회의 자율성 회복과, 국가와 시민 간의 균형을 목표로 삼으면서, 또한 전체로서의 민족 이익과 개체로서의 개인 및 집단 이익이 상호 조정되는 틀을 조성하는 것이라면, 그 기초가 되는 것이 바로 관용과 상생의 정신이 아닐 수 없다. 더구나 그것이 통일 후의 한국 민족주의가 배타적 성향이나 팽창적 성격을 띠지 않고 세계화하여 협력을 지향하면서 민족적 자존과 자율을 보유하고자 한다면, 더욱 그러하다.

민족주의가 민주주의와 결합해야 한다는 이유를 새삼스럽게 반복할 필요는 없을 것이다. 그리고 그것이 특정한 정권 유지의 수단이 아니라, 민족 전체의 보편적 이익에 기여하려면, 세계의 보편적 가치들과도 모순을 일으키지 않아야 한다는 것도 재론할 여지가 없다. 바로 이와 같은 생각들의 기초가 관용과 상생의 정신이며, 나아가 이것이 통일 한국의 정신문화에서 중심을 이루어야 한다는 것이다. 요컨대 민족 화해와 통일 지향의 문화 정책은 이분법적 가치 체계로부터 해방되어 다양한 계층, 다양한 지역, 다양한 가치의 문화가 공존하며 상호 자극을 통해 풍부하게 발전하고, 문화의 민주화를 이룩하고 문화 민주주의를 꽃피우는 방향으로 전개되어야 할 것이다.9)

정서의 교감과 감동을 주된 기능으로 삼으면서 좁은 의미의 문화로 통용되는 예술 역시, 이처럼 조화와 상생의 이념에 기초할 때, 우리들에게 내재되어 있는 서로에 대한 불신과 거리감을 풀어 주고, 시민사회 및 민족 공동체 구성원으로서의 역할과 책임감을 심어 주며, 민족적 긍지와 자부심을 고양시켜 줄 수 있을 것이다. 물론 예술의 본래적 의미에 현실에 안주하려는 우리의 의식을 근원적으로 뒤흔드는 작용이 포함되어 있다는 것은 두말할 나위가 없다. 그런 점에서 '조화와 상생'이 자칫 불건전한 타협과 이로 인해 괴멸을 꾸며 내는 구실이 되어서는 안 될 것이다. 그러나 특히 세계화와 정보화 등의 경향에 의해 한 사회의 국가적 경계선이 갖는 의미가 점차적으로 약화되고 있는 상황에서 21세기 민족 공동체를 사회적으로 통합하는 구심점은 정치적, 경제적 측면보다는 정신적, 문화적인 측면으로 점차 이행하게 될 것임을 또한 부정할 수 없다.

---

9) 김문환, 『분단조국과 통일문화』, 서울대학교 출판부, 1994.

이 같은 맥락에서 민족 화해와 통일 지향의 문화 정책은 다원적인 시민사회 및 지역사회를 반영하는 문화의 다양성, 자율성, 독창성을 보장하여야 할 것이다. 그리고 이러한 다양성이 사회를 분열시키는 것이 아니라, 사회 내 다양한 집단들, 계층들, 지역들 간의 민주적인 소통을 촉진함으로써 사회의 공동체성을 강화하는 방향으로 나아가도록 보장해야 할 것이다. 이러한 맥락에서 통일 시대 문화·예술의 기능이 적극 개발되고, 시민사회 형성과 발전의 중요한 기틀로서 자기 역할을 다할 때, 비로소 통일 문화와 남북한 간의 진정한 민족 동질성 형성의 계기도 마련될 수 있을 것이다.

분단 이후 상당한 기간 지속되어 온 남북 두 문화의 이질화는 21세기에 남북 교류가 본격화될 때 사회적으로 주요한 갈등 요소로 되며, 민족적 정체성과 동질성의 문제를 야기할 것이다. 따라서 통일 이전에도 남북한 각 분단 사회는 지속적으로 민족적, 문화적 동질성을 확립해 가고 사회적 통합을 이루기 위해 정책적으로 노력해야 한다. 이와 같은 작업에서 가장 중요한 역할을 하는 것이 곧 남북 문화 교류다.

민족 화합과 동질성 형성을 지향하는 통일 시대의 문화 교류 정책은 그것이 민족문화와 인류문화 발전에 기여할 수 있는 한, 남과 북 어느 한쪽 문화의 완전 소멸을 전제로 할 것이 아니라, 반세기 이상 서로 다른 방식으로 형성되어 온 각각의 문화적 특수성을 전제하면서 민족문화적 공감대와 보편성을 살려 나가야 할 것이다. 다시 말해, 남북한의 문화적 화합은 민족 통일의 궁극적 지향점으로서, 이는 어느 한쪽의 문화를 강요하는 것이 아니라 세계문화의 보편적 흐름에 바탕을 두고 어우러져 새로운 민족

문화로 창조되는 것을 의미한다. 이러한 과정 속에서 특히 남북한의 문화들을 다변화 전략에 따라 적극 개발하고 발전시키는 정책적 방안이 모색되어야 할 것이다. 또한 정부의 중재적 역할을 인정하면서도 남북의 주민, 문화예술인, 시민단체 등이 문화적 통합과 동질성 형성의 주체로 적극 나서게 하는 방도도 모색되어야 할 것이다.

남북한이 문화 교류를 통해 문화유산을 보존하고 계승, 발전시켰던 풍부한 경험과 성과들을 공유하고 잘 살려 나간다면, 국제 무대에서 우리의 문화적 경쟁력을 획기적으로 강화시켜 나갈 수 있을 것이다. 이러한 정신에 따라 남북 문화 교류의 구체적 방안을 적어 본다면, 이는 다음과 같이 될 것이다.

(1) 쌍방 간에 수용할 수 있는 프로그램부터 시작하여야 한다. 교류는 일방적일 수가 없으며 상대가 있다는 사실을 인식하여야 한다. 더구나 현재와 같이 남북 교류가 불투명한 상태에서는 서로를 자극하지 않도록 쌍방 간이 수용할 수 있는 프로그램을 교류해야 한다.

(2) 문화적 동질성이 부분적으로라도 상존하고 있는 프로그램부터 시작하여야 한다. 남북 문화 교류에서는 서로가 서로의 프로그램을 수용하는 문제가 가장 중요하다. 따라서 북측에서 수용하기 어려운 프로그램을 먼저 내세워서는 안 되며, 단계적으로 교류를 발전시켜 나아가기 위해서는 먼저 동질성이 부분적으로나마 상존하고 있는 프로그램으로부터 시작하여야 한다.

(3) 현재로서는 체제 경쟁을 부추길 수 있는 프로그램은 지양해야 한다. 지금까지의 남북 문화 교류가 활성화되지 못한 가장

근본적인 이유는 문화 교류를 체제 경쟁의 일환으로 생각했거나 정치적으로 이용하려는 자세였다. 그러한 자세는 남북 문화 교류에 결코 도움이 될 수 없다. 따라서 먼저 체제 경쟁을 부추길 수 있는 프로그램은 선정 대상에서 제외하여야 한다.

(4) 해외에서 활동하고 있는 우리의 예술가들을 포함하거나 해외 동포 예술단과 공동으로 주최하는 프로그램이면 좋다. 북한은 기본적으로 남북 문화 교류를 자신들의 체제에 대한 위협으로 여기고 있기 때문에 부정적으로 생각하고 있다. 따라서 해외 동포 예술단과의 공동 행사나 해외에서 활동하고 있는 우리의 예술가들을 포함하는 프로그램이나 세계적으로 인정받는 예술 축제에 남북이 각각 참여하는 방법 등으로 끊임없이 접촉을 계속하여 상호 신뢰와 이해의 폭을 넓혀야만 한다.

(5) 교차 프로그램을 적극 개발하여야 한다. 북한의 프로그램에 맞대응하는 프로그램을 선정하여 갈등을 빚기보다는 북한이 남한과 교류하기를 요구하는 프로그램을 수용하고, 대신 우리도 북한에 보내고 싶은 프로그램의 교류를 요구할 수 있어야 한다. 그 해에 가장 우수한 작품을 보내는 것도 한 방법이다.

(6) 점진적인 개방을 유도할 수 있는 프로그램이어야 한다. 교류는 상대가 있음을 인식하고, 북한에 급격한 충격을 주어 북한 사회를 변화시키려는 인식에서 비롯된 프로그램의 선정을 지양해야 한다. 급격한 충격은 오히려 부작용을 빚을 수 있기 때문이다. 그러므로 급격한 충격을 주어 마찰을 빚기보다는 현재와 같은 북한 사회의 폐쇄성과 경직성을 점진적으로 변화시킬 수 있는 더욱 합리적이고 계획된 프로그램을 발굴 선정해야 한다.

(7) 정례화할 수 있는 프로그램이면 더 좋다. 남북 문화 교류가

단편적, 일회적으로 끝나지 않고 또한 정치 상황의 변동에 큰 영향을 받지 않기 위해서는 정례화할 수 있는 프로그램을 선정하여 교류를 정기적 프로그램으로 만들 필요가 있다.

(8) 단계적으로 발전할 수 있는 프로그램이면 더 좋다. 지금의 현 상태에서는 남북 문화 교류에 여러 가지 제약 조건이 있지만, 남북 문화 교류가 진전될수록 그러한 조건은 완화될 수 있을 것으로 예상할 수 있다. 그러므로 지금 현 단계보다는 장차의 교류 대상에 포함시킬 수 있는 프로그램일지라도 장기적인 계획을 가지고 검토하여야 한다.

(9) 생활 문화 중심의 프로그램도 많이 개발하여야 한다. 예술 작품들의 경우에는 이념을 벗어나지 못하는 경우도 많고, 또한 자연히 체제 경쟁을 부추길 수 있는 경우도 많다. 따라서 현재로서는 이러한 갈등의 소지가 적은 생활 문화 프로그램을 적극 개발하여 교류의 폭과 상호 이해의 폭을 넓혀야 한다.

물론 현재의 북한 체제는 하나의 국가 체제이기보다는, 좀 심하게 표현하자면, 하나의 신흥 종교 집단의 성격마저 띠고 있다. 이러한 인상은 2001년 평양에서 아리랑 축전을 보고 나서, 그리고 최근 김일성 3대 세습을 목격하고 더욱 강해졌다.[10] 그러나 우리는, 미국의 경우, 모르몬경을 중심으로 삼는 종교 집단의 문제를 단일 헌법 체제 아래 수용함으로써 전체적인 발전에 기여할 수 있도록 하고 있음을 눈여겨보아야 한다.

여기에서 분명히 해둘 것은 문화 교류와 문화통합 간의 관계

---

10) 김문환, 「북한 집체 예술의 주술적 성격」, 『연극 미학 담론』, 연극과 인간, 2004.

다.[11] 남북한 통일과 관련해 문화 교류나 언론 교류 및 인적 교류의 문제가 자주 제기되는데, 이런 교류는 기본적으로 남북한 간의 긴장 완화를 위한 수단으로 (그리고 더 나아가 북한의 자체적인 개혁과 개방을 유도하기 위해) 제기되고 있는 것이며, 문화통합 차원에서 제기되고 있는 것이 아니다. 문화통합이 의미하는 것은 이질적인 문화 요소들이 조화를 이루어 하나의 제대로 기능하는 새로운 문화 단위를 발전시키는 일이며, 궁극적으로는 통일된 국가로서의 한국의 생존력이 강해지도록 하는 일이다. 문화통합의 문제는 원래 한 국가가 다른 국가를 정복해서 병합한다든지 또는 식민지화한다든지 할 때 제기되었던 문제다. 그 후 전쟁이나 다른 이유로 단일 문화권에 속한 사람들의 대규모 이동이 있을 때도 문화통합의 문제가 제기되었다. 우리가 당면한 문화통합의 문제는 분단국가의 재결합이라는 상황이 만들어 낸 것이다. 이런 분단국가의 재결합이 최근에 독일, 베트남, 그리고 예멘에서 일어났고, 우리나라에서도 일어나려 하고 있다.

통일과 관련해서 남북한 간의 문화통합의 문제는 남한과 북한의 이질적인 문화가 접촉하면서 생기는 괴리나 갈등의 문제와 이의 해소 및 조정 방안에 관한 것이다. 그리고 그런 조정 과정을 거쳐서 하나의 단일한 문화를 발전시켜 나가는 문제다. 같은 동포들의 재결합으로 생기는 문화 접변이기 때문에 정복이나 식민지 조성 등으로 생겨난 문화통합의 문제와 다른 양상을 지닐 수 있을 것이다. 한국의 두 부분은 원래 장구한 세월 동안 한 문화권을 형성해 왔기 때문에 약간의 괴리를 드러낸다 해도 근본적으로

11) 차재호, 「남북한 문화통합의 심리학적 고찰」, 『북한문화연구』, 제1집, 한국문화예술진흥원 문화발전연구소, 1993, pp.78-100.

넓은 의미에서 유교적인 문화를 공유한다. 남북한 간의 주된 차이는 개인주의(남한)–집합주의(북한) 차원에서 나타날 것이다.

우리는 문화통합에서 북한이라는 문화 요소가 어느 정도 이질적인 요소를 가지고 새로 통합되는 통일 한국의 문화의 폭을 넓히는 데 공헌할 수 있을 것을 기대한다. 많은 사회심리학적 연구는 집단에 이질적인 요소가 섞여 있는 것이 여러모로 생산성에 유리하다는 증거를 제시하고 있다. 이것은 문화 접변에 대해서도 똑같이 적용된다. 다양한 요소가 섞일 때 더욱 창조적이고 더욱 견고한 문화가 탄생할 수 있는 것이다. 따라서 비록 남한이 문화통합을 주도한다 해도 북한 문화 속에 존재하는 좋은 점을 미리 면밀히 조사해 두었다가 그것이 고스란히 새로운 통합 문화 속에 들어와 자리를 찾도록 계획을 하여야 할 것이다. 그런 의미에서 남한 사회 안에 존재하는 사회주의적 성격의 문화 행동은 후일을 위한 일종의 시금석이 될 수 있다. 다만 여럿 속의 하나와 온통 하나뿐인 문화를 마구잡이로 동일시해서는 안 될 것이다.

문화통합과 관련해서 다루어야 할 또 하나의 문제는 어떤 통일 형태가 문화통합에 어떤 영향을 줄 것인가 하는 것이다. 문화통합 면에서 남한 주도의 비교적 급속한 통일을 생각하는 방안에서는 문화통합이 남한 문화 중심으로 되는 것을 바랄 수도 있고, 그렇지 않고 양쪽의 문화를 살리는 방향을 바랄 수도 있다. 전자는 문화의 다양성을 축소까지는 아니더라도 이질적인 요소를 가능하면 배제하겠다는 입장이고, 후자는 북한의 이질적인 요소를 가능하면 수용하자는 입장이다. 이런 관점에서 통일 이후는 물론 통일 과정에서도 고려되어야 할 더욱 이상적이면서 현실을 유도할 수 있는 문화 정책에 대한 관심은 아주 긴요하다. 문화 정책이 정치적 헤게모니의 수단으로 행해지기 때문에 종래 분단 체제 아래 지배적 문화는 파행성을 면치 못하였고, 문화의 권위주의화, 문화의 획일화, 저급화 등 많은 역기능을 산출하였다. 그러나 문화란 본래 속성상 자유와 자율을 바탕으로 하는 것이다. 문화를 통제하거나 조작하려 할 경우 왜곡되는 것이 문화의 생리다. 더구나 21세기 통일 시대는 정보화사회 혹은 탈근대적 사회의 본격화로 사회 전반에 걸쳐 자율화와 개방화의 흐름이 지배하게 될 것이며 새로운 문화 환경이 조성될 것이다.

통일을 준비하는 시대에서는 종래의 권위주의적, 통제 중심적 관주도 문화 정책이 수용될 가능성이 매우 적으며, 상당 부분 그 정당성을 상실하게 된다. 따라서 민족 화해와 통일을 지향하는 21세기 문화 정책은 문화의 생명인 자율성과 다양성을 살리는 바탕 위에서 구상되고, 문화의 생산자이자 실수요자인 시민사회의 다양한 구성원들과 각계각층 주민들의 토론과 합의를 통해 수립, 집행되어야 할 것이다. 평양에서 '아리랑 축전'을 직접 보고 난 후 이상의 제안이 너무나도 비현실적이라는 비관을 갖게 되지 않은 바 아니지만, 그럼에도 그것만이 어쩌면 유일한 대안일 수밖에 없다는 것 역시 분명하다.

통일 문화 형성에서 빼놓을 수 없는 요소들 중 하나가 100여 년 전 민족적 시련과 더불어 시작된 한민족의 이민사다. 이는 기나긴 고난에도 불구하고 오늘날 전 세계 140여 개 국에 7백만의 재외 동포들이 현지에 굳건하게 뿌리를 내려 세계 이민 역사상 유례없이 성공적인 사례로 손꼽히고 있다. 참으로 위대한 승리라 아니 할 수 없다. 우리 모두는 그 저변에 다른 문화와의 접촉을 통해 자신을 살찌우는 동시에 타자에게 공헌해 오던 문화 전통이 살아 숨 쉬고 있음을 깨닫고 무한한 자긍심과 애정을 절감한다. 아울러 한민족의 무궁한 발전을 위해, 특히 아직도 분단 상태에 있는 조국의 통일을 위해 이와 같은 지혜를 귀히 여겨 널리 활용하려고 하는 마음가짐과 이에 부응하는 실질적인 조치가 하루속히 이루어져야 한다는 것을 우리 자신과 관계 당국에게 촉구하고자 한다.

5. 맺음말: 문화 정책의 방향

오늘날 세계는 경제를 중심으로 한 발전 전략이 무한 경쟁과 환경오염을 초래하였음을 반성하고, 인간적 가치를 존중하는 문화에 기초한 발전 전략을 모색하고 있다. 우리 또한 문화가 경제를 비롯한 인간 활동 모두의 기초가 되어야 함을 공감하면서, 민족문화의 창달과 세계문화의 다양화에 기여하기 위해 함께 연대해 나갈 것을 다짐해야 한다.

나아가 환경 파괴와 인간성의 파괴, 미래 세대의 희생 등을 바탕으로 한 성장의 폐해를 반성하는 문화, 인간에 대한 존중과 신뢰를 회복시키는 문화, 자연과 인간이 공존하는 문화, 여성과 남성, 개인과 집단, 농촌과 도시가 조화롭게 어우러지는 문화가 미래의 통일 한국의 문화적 모습이 되어야 할 것이다.

우리가 문화·예술을 창조하고 향유하는 까닭은 궁극적으로 그것이 인간존재의 창조적이고 자기실현적인 차원을 확인, 확장시켜 주기 때문이다. 이와 더불어 창조적이고 풍부한 상상력을 지닌 참다운 문화·예술은 인간의 가치와 존엄성을 자각시킴으로써 민주주의 발전의 토대를 제공하며, 인간의 감성을 계발하고 세계에 관한 미적 인식을 일깨워 줌으로써 개인주의, 집단 이기주의, 가부장주의, 대결주의, 지역주의, 지역감정 등과 같은 고루한 의식으로부터 해방된 성숙한 교양 시민으로 성장하는 밑거름이 된다.

이상과 같은 성격을 지닌 문화 정책을 추진하기 위한 기본 방향을 고찰해 보면 우선 정책의 중심을 '문화적 권리'의 신장에 두어야 할 것이다. 문화는 인간의 기본적 욕구이며, 문화권은 따라서 이를 충족시키고자 하는 인간 내지 국민의 기본 권리에 다름 아니다. 광의의 개념으로서 문화권은 문화생활에 대한 권리는 물론이고, 교육에 대한 권리, 과학적인 진보에 참여할 권리, 정보에 대한 권리 등을 포함한다. 유네스코의 문화권에 대한 구체적인 항목을 보면 문화생활에 참여할 권리, 문화적 정체성에 대한 권리, 국가적 · 민족적 문화유산 보존에 대한 권리, 창조성에 대한 권리, 문학적 · 예술적 생산품이 가져오는 도덕적 · 물질적 이익을 보호함으로써 생기는 혜택에 관한 권리, 국제적 문화 협정에 대한 권리 등이 이에 속한다.

여기에서 문화생활에 광범위하게 참여할 권리로서의 문화권은 민족 화합과 통일을 지향하는 문화 정책의 중요한 이념적 근거가 된다. 더불어 문화의 창조와 향유를 각계각층의 대중들 속으로 확장해야 한다는 '문화의 민주화(democratization of culture)', 시민 개개인으로 하여금 자기 자신을 자유롭게 표현하고 그의 고유한 동기에 따라 공동체의 문화생활에 기여할 수 있는 기회를 부여하는 '문화 민주주의(cultural democracy)' 등의 개념은 통일 시대 문화 정책의 이념적 지향점이 되어야 할 것이다.

국민의 문화 복지를 위한 정책은 실질적으로 시민 개개인의 문화권을 신장시키는 정책이 되어야 하며, 이를 위한 구체적인 방도가 제시되어야 할 것이다. 여기에서 특히 모든 지역, 계층, 세대, 집단의 구성원들이 소외됨이 없이 문화·예술을 향유할 수 있도록 문화·예술에 대한 기본 교육을 제공하는 것이 중요하다.

이상과 같은 이유에서 남남 대화와 남북통일을 지향하는 기초로서 문화·예술교육이 더욱 강화되어야 할 것이다. 다시 말해, 주입식 교육이 아닌 '창조적인 문화'를 향유하고 비평하는 능력을 배양하는 교육이 되어야 한다. 종래의 학교에서의 미술과 음악 시간 등 제한적인 문화·예술교육으로는 21세기 문화 시대를 주도적으로 개척해 갈 역량 있는 문화 주체를 성장시킬 수 없다. 따라서 아동, 청소년이나 여성, 노인, 성인 등 각계각층 시민들의 문화 역량 고양을 위한 교육 기회 제공이나 프로그램의 개발은 필수적인 문화 정책적 과제로 인식되어야 한다.

이를 위해서는 우선 지역의 문화기관과 연계된 시민 문화 교육 네트워크 수립이 바람직하며, 이것을 적극적으로 시민들의 건전한 문화생활과 문화 의식 창출을 도와주는 장으로 발전시킬 필요가 있다. 구체적으로는 초·중·고등학교 문화·예술 교과과정이 문화·예술 프로그램의 전문성을 제고하기 위해 박물관, 미술관, 주민회관, 구민회관, 복지관, 문화원, 문화의 집, 문예회관 등 지역의 공공 문화기관들의 프로그램을 활용할 수 있도록 하는 체계적인 연계 방안을 강구하도록 한다.

또한 문화·예술 실기교육 프로그램에 대한 지역 차원의 협력을 강화해야 할 것이다. 지역의 공공 문화기관에 청소년 대상 문화·예술교육 프로그램을 마련하여 가까운 곳에서 저렴한 비용으로 학생들이 문화·예술 실기교육을 받을 수 있도록 해야 한다. 성인들 대상의 소위 평생 문화 교육도 활성화되어야 한다. 현재 일반 주민들의 문화 교육에 대한 욕구는 점증하는 추세에 있다. 학교교육을 통해서는 폭발적으로 증가하는 문화・예술적 지식과 정보에 적극적으로 대처하기 힘들 뿐만 아니라, 삶의 질적 수준을 고양하기 위해서도 문화・예술 학습 활동과 향유 활동에 능동적으로 참여해야 한다는 인식이 확산되고 있기 때문이다.

민족 화합과 통일 지향의 문화・예술 정책은 문화권 신장의 차원에서 모든 시민들이 누구나 원하는 문화 교육을 원하는 시간과 장소에서 받을 수 있는 선진국 수준의 시설과 제도, 여건을 마련하는 데에 관심을 돌려야 한다. 이것을 위해서는 앞에서 언급한 것처럼 우선 각종 문화시설, 예컨대 박물관, 미술관, 구민회관, 문화원, 문화의 집, 문예회관, 도서관, 공연장 등에서 주민들이 직접 참여하고 배울 수 있는 다양한 문화・예술교육 프로그램의 개설이 공공적 차원에서 추진되어야 한다. 특히 순수 문화・예술 프로그램만이 아니라 민족 화합과 통일 지향의 내용을 지닌 다양한 프로그램, 즉 대중문화, 청소년 문화, 전통문화, 생활문화, 문화정보 매체 등을 포괄하는 더욱 다양한 영역과 방법의 통일 문화 교육 프로그램이 개발되어야 할 것이다.

문화의 집이나 구민회관을 비롯한 각종 문화시설들을 충분히 이용할 수 있는 다양한 문화・예술교육 프로그램을 실시함과 아울러, 통일 독일의 '시민대학(Volkshochschule)'과 같은 지역 주민의 평생 문화 교육만을 전문적으로 실시하는 사회문화 교육기관을 설립, 운영해 나가야 할 필요가 있다. 국가나 지방자치단체가 재정, 인력, 프로그램 등을 지원하는 전문 사회문화 교육기관의 설립은 국민, 시민, 지역 주민의 삶의 질 향상을 위해 가장 우선적으로 요구되는 문화 정책의 하나로 인식되어야 할 것이다. 특히 농어촌과 지방 등 문화 소외 지역에 중점적으로 설치하여 문화의 민주화를 실천하는 장으로 만들고, 계층 간, 세대 간, 집단 간, 지역 간의 문화적 격차와 거리감을 해소하여 21세기 통일 시대에 민족 화합과 통일 문화를 창달하는 터전으로 만들어 나가야 할 것이다.

이제까지 우리는 문화, 특히 예술을 통해 분열의 위기에 직면한 한국 사회의 공동체성을 회복할 수 있는 방안을 그 근거와 함께 논의해 왔다. 그러나 다시 한 번 강조하거니와, 예술적 소통의 특수성이 인정되어야 한다.

"말이면 말이냐, 말이어야 말이지"라는 말이 있다. 말이 되는 말이 되기 위한 조건에 대한 철학적 탐색이 이른바 담론 윤리학이라는 새로운 분야를 개척하고 있음을 우리는 잘 알고 있다. 그것은 곧 이해성, 진리성, 진솔성, 그리고 규범성으로 이야기되거니와, 예술은 표현성을 중시하는 까닭에 다른 지적 및 윤리적 담론과는 또 다른 기준을 요구한다. 그것을 '예술의 수수께끼성'이라고도 표현한다. 그것은 과거와 현재를 미래의 시점에서 바라보기 때문에 유토피아적이라고 말해지기도 한다. 그러나 그 수수께끼는 단순한 심심풀이가 아니다. 마치 스핑크스의 수수께끼처럼 풀면 살고 못 풀면 죽는 엄중한 질문이다. 또는 잠수함 속 토끼처럼 인간들이 알아채지 못하는 공기의 희박함을 알아채고 떨어 대는 발광일 수 있다. 태평성대에 웬 소란이냐고 묵살하거나 심지어 가두고 급기야 살해한다면, 잠수함 속 그 누구도 살아남을 수 없다. 그러기에 예술의 이해에는 그만한 노력과 학습이 요청된다. 그러나 기억하라. 그것은 생명의 잉태를 위한 진통이다.

참고문헌

김문환 편, 『미학의 이해』, 서울: 문예출판사, 1989.

김문환, 『분단조국과 통일문화』, 서울대학교 출판부, 1994.

_____, 『예술과 윤리의식: 사회미학 입문』, 서울: 소학사, 2003.

_____, 『연극 미학 담론』, 연극과 인간, 2004.

정연희, 「예술교육을 통한 지속가능성 사고의 확장」, 『미술과 교육』, Vol. 12-1, 2011.

P. 차일즈 · P. 윌리엄스, 『탈식민주의 이론』, 김문환 옮김, 서울: 문예출판사, 2004.

차재호, 「남북한 문화통합의 심리학적 고찰」, 『북한문화연구』, 제1집, 한국문화예술진흥원 문화발전연구소, 1993.

Beardsley, M., *Aesthetic Problems in the Philosophy of Criticism*, New York: Harcourt, Brace & World, Inc., 1958.

Kindler, Anna M., "The Meaning of Giftedness in the Arts in the Changing Contexts of the 21st Century", in *Proceedings of International Symposium on Gifted Education in Arts*(Seoul, 2010. 1. 12-13).

Smith, Ralph A.(ed.), *Cultural Literacy and Arts Education*, Urbana: University of Illinois Press, 1991.

UNESCO, Main Trends of Research in the Social and Human Sciences, Part two/Volume one: Anthropological and historical sciences, Aesthetics and the sciences of art.

Zolberg, Vera L., *Constructing a Sociology of the Arts*, Cambridge University Press, 1990.

■ 김문환 ■

서울대학교 문리대 및 동 대학원에서 미학을 전공하고, 독일 프랑크푸르트 대학에서 철학 박사 학위를 취득하였다. 서울대 인문대 미학과 교수로서 공연예술학(석사・박사) 협동 과정을 개설하여 전공 주임을 맡은 후, 현재 명예교수로 있다. 한국미학회 회장, 한국연극학회 회장, 한국문화정책개발원장 등을 역임했고, 일본의 도쿄, 츠쿠바, 게이오, 릿츠메이칸 대학의 방문 및 객원 교수를 역임했다. 2004년 보관문화훈장을 서훈 받았으며, 2005년에는 성공회대학교에서 신학 박사 학위를 받았다.

제 2 부

한국의 정체성과 소통의 현실

한국적 상황과 소통의 문화

엄 정 식

1. 머리말

요즈음 우리 주위에서는 유난히 대화의 중요성과 소통의 필요성을 강조하는 경향이 있다. 그만큼 우리 사회에서 갈등이 심화되어 가고 있고 원활하게 소통이 이루어지지 않기 때문일 것이다. 물론 갈등 그 자체를 표면화시키지 않으려는 권위주의적 독재국가에서는 이러한 문제를 제기할 엄두조차 내지 못할 것이다. 그렇다면 우리 한국 사회가 어느 정도 자유민주주의 국가로서의 국격을 갖추고 있다고 보아야 할 것인데, 다만 그동안 지나치게 급진적으로 경제적 산업화와 정치적 민주화를 추진하는 과정에서 사회적 갈등과 분열의 소지를 지속적으로 키워 온 것 아닌가 하는 의구심을 갖게 되는 것도 사실이다. 이른바 선진국이나 후진국에서는 우리나라에서와 같이 광범위하고도 심각한 소통의 부재를 찾아보기가 흔하지 않기 때문이다. 이러한 문제를 근원적으로 해결하는 것은 불가능하다고 하더라도 어느 정도 해소하기 위해서는 무엇보다 정확한 진단이 필요하고 여기에 적합한 처방을 강구할 필요가 있을 것이다.

정확한 진단이란 우리가 처해 있는 한국적 상황과 그 정체성을 제대로 이해하고 정확하게 해석함으로써 해결의 실마리를 풀어가는 것을 말한다. 그리고 처방이라는 것은 정확한 진단을 근거로 해서 어떤 방법과 어느 수준의 해결책이 필요한지를 모색하는 것을 의미한다. 오진을 하면 제대로 처방하기가 어려울 뿐만 아니라 병세를 더욱 악화시킬 수도 있기 때문이다. 더구나 중병을 앓고 있는 상황이라면 완전한 치유를 기대하는 것도 무리일 것이다. 사실 완전하게 건강한 사람이 있을 수 없듯이 사회적 치유도 결함이 전혀 없는 상태로 복귀하는 것은 불가능한 일이며, 특히 한국적 상황에서는 어느 정도의 해결 방안으로 만족해야 될지도 모른다.

한편 정확한 진단을 위해서는 대화의 의미나 소통의 현상에 대해서도 상식적인 수준의 이해가 필요하다. 어느 시대의 어느 사회에서도 완전한 소통이 이루어진 적은 없었고, 또 그러한 사회가 반드시 건강하고 행복한 사회라고 말하기도 어려울 것이다. 더구나 자유민주주의 사회라는 것은 다양한 이익집단이 공존해 있을 뿐만 아니라 그러한 현상을 통해서 일어나는 갈등을 자연스럽게 수용하고 해결하는 사회이므로 반드시 부정적으로만 해석할 필요는 없다. 그러므로 인위적으로 완전한 소통과 통합을 추구할 것이 아니라 대화를 통해서 어느 정도의 설득과 타협을 시도하는 것이 더 바람직할지도 모른다. 대화는 다만 진리로 다가가는 통로일 뿐이며 그 방법에 의해서 이루어진 소통도 결국은 심한 갈등과 불화를 완화시키는 진정제에 불과한 것이기 때문이다.

이러한 관점에서 접근한다면 '소통'은 분명히 문화적 개념이다. 물론 원활한 소통을 위해서는 국가적 관점에서 볼 때 우선적으로 경제적 궁핍을 해결하고 사회정의를 구현할 수 있는 정치적 수완이 필요하겠지만 궁극적으로는 그것을 인식하고 해석하는 문화적 차원의 문제가 개입되기 때문에 본질적으로는 정신적인 혹은 도덕적인 개념이라는 것이다. 다시 말해서 경제적 궁핍을 벗어나고 정치적으로 어느 정도의 정의가 실현되었다고 하더라도 그것을 어떻게 인식하고 해석하는지에 따라 갈등의 소지는 얼마든지 증폭될 수 있는 것이기 때문에 객관적인 상황과 직접적인 상관이 없이 소통의 문제가 제기될 수 있다는 것이다. 그것은 마치 어떤 질병을 치유함에 있어서 의사의 정확한 진단과 처방 못지않게 그 병에 임하는 환자의 태도가 중요하듯이 '갈등'이라는 병을 앓고 있는 우리 한국인 모두의 자세와 양식이 중요하다는 것이다. 이러한 문제를 좀 더 자세히 살펴보자.

2. 민족적 자아와 한국의 정체성

1) 한국적 상황과 그 정체성

한국적 상황을 이해하고자 할 때 우리는 수직적인 측면과 수평적인 측면에서 접근할 수 있다. 수직적인 측면은 시간적 접근으로서 현대라는 역사적 상황을 고려해서 파악하는 방법이다. 이에 비해 수평적인 측면은 공간적 접근으로서 이 나라가 처해 있는 국가적 정황을 근거로 해서 이해하는 방법이다. 이것은 어떤 개인이 처한 입장을 파악하고자 할 때 접근하는 방식과 유사하다. 만약 그 사람을 평가할 때 과거의 행적만 추적한다면 현재의 업적이나 불운에 대해서 오판할 여지가 있고, 현재의 지위나 평판만을 위주로 해서 접근하면 그가 어떤 인물인지 입체적으로 파악하기 어려울 것이다. 그리고 이것은 다른 사람을 평가할 때뿐만 아니라 자기 자신을 인식할 때도 적용되어야 할 방식이라고 판단된다. 따라서 우리가 한국적 상황을 이해하고자 할 때도 활용할 만한 접근 방식이 될 것이다. 정체성의 문제에 접근할 때는 개체의 경우이거나 집단의 경우를 막론하고 종횡의 입체적인 접근 방식이 필요하다는 것이다.

잘 알려져 있는 바와 같이 한국은 조국이 분단된 상황에서도 경제적으로나 정치적으로 발전을 거듭하여, 원조를 받는 최빈국에서 원조를 할 수 있는 유일한 선진국으로 약진한 것으로 평가받고 있다. 혹자는 우리가 단군 이래로 가장 부강한 국가를 일구어 내었으며 지금 이룩한 성과만으로도 충분히 자긍심과 자부심을 가질 만하다고 주장한다. 어떤 의미에서 그것은 사실일지도 모른다. 그러나 이러한 위상은 다각적인 차원에서 좀 더 면밀한 분석과 검토가 필요하다. 그것이 일시적이고 과도기적인 표면적 현상에 지나지 않는지, 혹은 지속적이고 구조적이며 실질적인 성과인지를 검토해 보아야 한다는 것이다. 그 어떤 경우이든 제대로 진단과 처방이 이루어져야 거시적 관점에서 대책을 강구할 수 있기 때문이다.

국가 발전론적 차원에서 보면 경제적, 정치적 및 문화적 측면의 발전에서 고려할 수 있다. 어느 국가가 발전되었다는 것은 경제적으로 기본적인 생존의 조건이 충분히 마련되어 가난한 사람이 적어야 하고, 정치적으로 정의 사회가 구현되어 분배와 안정과 복지가 제대로 이루어져야 하며, 문화적으로는 국민들이 정신적 도야와 도덕적 품성에서 높은 수준을 유지하여 지나친 퇴폐와 향락에서 헤어날 수 있어야 한다는 것을 의미한다. 이것이 서로 유기적인 관계를 유지하며 균형을 이루어야 안정된 사회를 이루며 국민의 행복지수도 높다고 할 수 있는데, 그것을 우리는 발전된 국가라고 할 수 있을 것이다. 가령 경제적으로 가난과 궁핍의 상태를 극복하지 못하면 분배 정의의 문제는 구체적으로 제기되지 않을 것이며, 그러한 현상을 또한 심각하게 고려하지 않는 한 개인과 집단, 혹은 다양한 계층 간의 갈등과 소통, 혹은 통합의 문제도 첨예화되지는 않을 것이다. 이러한 문제는 역시 국가적 발전과 성장의 과정에 흔히 나타나는 보편적 현상이라고 할 수 있다.

오늘날 누구나 실감하고 있는 바와 같이, 한국이 당면한 최대의 과제는 다양한 측면에서 광범위하게 나타난 갈등의 해소이고 정의의 구현이며 사회의 통합으로 되어 있다. 그 어느 국가보다도 갈등 구조가 심화되어 있으며, 불안의 요소가 내재화되고 있다는 것이다. 이것을 국가 발전론적 차원에서 본다면 경제적, 정치적 및 문화적 수준에서의 불균형에서 오는 혼란 때문에 국가적 정체성의 문제를 안고 있다는 의미가 된다. 가령 우리나라는 경제적으로 어느 정도 선진국의 문턱에 들어섰다고 자부할 수 있게 되었으나, 정치적으로는 분배의 정의에 있어서 심각한 문제점을 드러낼 뿐 아니라 현실 정치에서의 극심한 대립과 충돌로 국정 운영 자체에 차질을 빚어내는 경우가 많이 있다. 문화적으로는 높은 교육열과 의식 수준에 힘입어 이러한 현상에 대한 비판 의식이 매우 강하지만, 지나친 파벌과 개인주의적 이기주의, 그리고 퇴폐적인 향락주의가 만연되어 매우 혼란스러운 현실을 빚어내고 있는 것이다. 더구나 이러한 문제의 뿌리가 역사적으로 매우 깊고 오래되었으며, 현대라는 시대적 맥락에 있어서 극히 광범위하다는 사실에 그 심각성이 있는 것이다.

사실 한국 정부의 탄생은 태동기부터 순탄하지는 않았다. 일제 식민 통치로부터 자력으로 독립한 것이 아니었고, 이란성 쌍둥이 형제로 태어난 이래로 지금까지 줄곧 이념적 갈등과 국가적 투쟁과 군사적 혈투를 벌여 왔다. 한국과 조선은 동족이라는 뿌리를 가지고 있지만, 국제법상으로나 실질적으로 한 번도 하나의 국가인 적이 없었다. 그러한 상태로 60년 이상 각기 자신에게 유리한 입장에서 하나의 나라가 되기 위한 통일을 외치고 있는 실정이다. 그러므로 애초부터 조선이 한국의 일부인지, 혹은 한국이 조선이 일부인지에 대한 국가적 정체성의 문제가 있다. 다시 말해서 한국이 '남조선'인지 조선이 '북한'인지의 문제가 건국 이전부터 제기되어 오늘날까지 좀처럼 풀리지 않는 민족적 과제로 남아 있는 것이다.

이러한 문제는 정치적으로 권위주의적이고 이념적으로 획일적인 북한에서는 문제가 되지 않을지 모르지만, 자유민주주의 체제인 한국에서는 정치적으로 이질적인 이념의 문제를 낳고, 이 이념들은 흔히 국내 정치를 혼돈의 와중으로 몰고 가기도 한다. 그러므로 다른 국가에서와 달리 이 나라에서의 이념적 갈등은 국가 정체성의 문제와 직결되는 것이다. 이른바 보수 진영에 대한 진보 진영의 이념적 혹은 정책적 비판이, 그것이 정당이든 시민단체든 종교 집단이든 상관없이 '종북 세력'이나 '반국가 단체'로 간주될 수가 있는 이유도 바로 여기에 있다.

또한 독립과 전란의 와중에서 한국은 국제적인 세력과 밀접한 관계를 맺음으로써, 그리고 자유방임적 자본주의 시장경제체제, 자유민주주의의 정치제도 및 다원주의적 대중문화 형태를 혼돈의 격랑 속에서 수동적이고도 급진적으로 도입함으로써, 경제적으로나 정치적으로, 외교적으로나 문화적으로 운신의 폭이 그리 넓지 못하다. 가령 '자유민주주의'라는 정치적 이념을 교과서에 명시하는 데 있어서 아직도 전문가들 사이에 논쟁이 끊이지 않고 있으며, 전방위적 외교를 펴는 데 있어서도 분명히 한계를 느끼고 있는 것이다. 표면적인 민주화와 정치적 발전에도 불구하고 정치적 안정을 찾지 못하는 이유를 여기에서도 찾을 수 있다.

이러한 상황에서도 지난 반세기 동안 산업화와 민주화에 있어서 급성장했다는 것은 역시 괄목할 만한 현상이다. 여기에는 찬란한 문화적 전통과 국민의 저력, 높은 교육 수준과 역사적 상황, 정치적 영도력 등 여러 가지 원인이 있을 것이다. 그러나 이 시대를 풍미하는 과학기술의 급속한 습득과 활용, 그리고 그 파급 효과가 없었다면 이 모든 성취는 불가능했을 것이다. 그런데 우리의 문제 상황은 바로 여기에 있다. 무엇을 빨리한다는 것이 반드시 바람직한 것은 아니다. 여기에는 어떤 형태로든 반드시 부작용이 따르기 마련이고, 그것은 무엇보다 너무 빨리 달리면 불가피하게 속도를 조절하거나 멈추어야 할 경우 그렇게 하기가 어렵다는 평범한 사실 때문이다. 가령 우리는 경제적 차원에서 어느 정도 발전을 이루었지만 분배와 복지의 차원에서 심각한 문제를 안고 있고, 정치적 민주화가 표면적으로는 이루어졌으나 이것이 기형적으로 파급되어서 전통적인 가치가 급격하게 파괴되고 이에 따른 극심한 가치관의 혼란을 초래하고 있다. 문화적으로도 전도된 가치관과 쾌락주의적이고 물질 중심적인 가치의 추구 현상 때문에 정신문화가 극도로 피폐해져 가고 있는 실정이다. 더구나 정보화를 선도할 정도로 선진화된 과학기술의 진보는 오히려 역기능적으로 작용하여 이러한 혼란을 더욱 가속화하는 측면이 있다. 한국적 자아의 상실과 이에 근거한 사회통합의 문제, 그리고 소통의 부재에 직면한 대화의 절박성 등이 모두 이러한 현상과 직결된다고 보아야 할 것이다. 이제 이러한 문제를 우리가 당면한 민족적 현실과 현대사적 맥락에서 좀 더 자세히 살펴보자.

2) 민족 현실과 민족적 자아

현대를 우리는 자본주의적 상업주의와 개인주의적 자유주의, 그리고 기술주의적 과학주의가 특징을 이루는 시대라고 규정지을 수 있다. 이러한 특징에서 야기된 현상은 가치의 상대주의와 사회구조의 다원화, 극도로 팽창된 효용성 위주의 사고방식, 그리고 무분별한 관능적 쾌락의 추구 등이라고 판단된다. 그리하여 현대인은 사물의 본질과 현상의 구조를 파악함에 있어서 전 시대와는 다른 독특한 방식을 취하는 경향을 나타낸다. 가령 대상을 있는 그대로 바라보면서 그것이 지닌 가치를 균형 있게 경험하고 획득하며 향유하기보다는, 과학기술적 접근 방식을 너무 강조하거나 실용적인 측면만을 확대하여 성장과 효율성 중심으로 삶을 살아가고자 한다는 것이다. 이러한 경향은 인간을 목적으로서 상대하는 것이 아니라 단순한 수단으로서 이용하게 하고 이기주의적인 사고방식과 쾌락주의적인 생활 태도를 조장하여, 마침내 현대인은 자기 정체성의 위기를 맞이하게 되었다고 볼 수 있다.

오늘날 문명 비평가들이 지적하는 자기소외 현상, 무규범 상태, 환경 파괴의 현실 등은 이러한 추세의 당연한 결과이며, 그들이 이 시대를 한마디로 '아노미(anomy)' 현상이 만연된 '불안의 시대'라고 부르는 이유도 바로 여기에 있을 것이다. 이와 같이 현대인이 당면한 문제를 흔히 정체성의 위기(identity crisis)라고 하는데, 이 문제에 대한 접근 중 하나는 인간성과 가치의 구조를 분석하고 이 분석의 결과를 현대적 상황에 적용하는 데 있다고 본다. 이것을 우리는 바람직한 인간관을 창출하고 가치관을 다시 정립함으로써 정체성을 회복하는 문제라고 할 수 있는데, 현대의 문명적 위기는 전통적 인간관이 무너지고 새로운 가치관이 정립되어 있지 않은 과도기적 상태에서 생긴 문제라고 해석할 수 있기 때문이다.

한편 우리는 불안과 소외와 무규범의 시대를 살아가는 '현대인'일 뿐만 아니라 일제 치하에서 벗어난 지 반세기가 지나도록 좀처럼 통일의 기미를 보이지 못하는 분단 시대의 '한국인'이기도 하다. 사실 우리는 현대의 가장 중요하고 결정적인 시기를 이민족의 침략과 압제에 시달렸을 뿐만 아니라, 동족의 상잔과 첨예화된 대치로 수난과 질곡의 역사를 엮어 올 수밖에 없었다. 이러한 현대사적 특수성 때문에 현대의 위기적 상황은 이 땅에서 더욱 악화될 수밖에 없었으며, 따라서 민족적 자존심이 손상을 입을 수밖에 없었고, 인간관과 세계관, 그리고 가치관이 극도로 혼란한 상태에 빠져들게 된 것이다.

무엇보다 우리의 현실은 이미 언급한 바와 같이 '분단의 구조'라는 역사적 상황과의 연관 속에서 분석되고 또 이해되지 않으면 안 된다. 우리나라는 일제 치하로부터 해방된 지 반세기가 지나도록 경제적, 정치적 및 문화적으로 매우 낙후된 상태에서 이데올로기적 분단 체제를 지속해 왔다. 사실 일본의 식민지 통치는 문화사적 관점에서 볼 때 한국의 민족적 자존심과 자긍심을 말살하려는 체계적인 획책이었다고 말할 수 있다. 특히 3·1 운동 이후로는 한국의 고유한 전통문화를 말소하고 이것을 왜색 문화로 대체하려는 본격적 '문화 정책'이 시도되고 있었다. 이러한 과도기적 상태에서 외세의 영향력에 의한 해방과 동시에 분단이 이루어졌는데, 공산주의적 사회주의와 자본주의적 자유주의라는 이질적 이데올로기로 분단은 더욱 심화되고 고착화되었다.

이러한 상황에서 정치적으로 남북한에 두 개의 독립적인 정부가 들어섰지만, 이데올로기적 대립 때문에 분열이 조장되고 있는 한 한민족 전체에 대해서는 반민족적이고 반민주적이라는 데 큰 차이가 없었다. 남한의 이승만 정권과 북한의 김일성 정권은 당시의 민족주의 세력을 희생시킨 결과로 성립된 과도 정권들이었으며, 그것을 유지하기 위해 필연적으로 정치적 혼란을 겪을 수밖에 없었다. 병든 육체가 분열의 진통을 겪어 내는 과정이었다고 말할 수도 있는 것이다.

이러한 맥락에서 보면 한국의 정체성 문제는 직접적으로나 간접적으로 북한과 연결되어 있다. 민주화의 세력들이 좌경이나 종북 세력으로 인식되는 것도 바로 이러한 맥락에서 이해할 수 있다. 심지어 북한의 인권에 관한 담론도 민족주의의 표현인지, 북한 정권에 대한 도전인지, 분간하기 어려운 이유도 여기에 있다. 가령 북한에 대한 대량 원조가 '햇볕 정책'의 일환인지, 단순한 '퍼주기'인지는 북한을 어떻게 규정하는지에 달려 있다. 북한을 주적으로 간주하면 그것은 매우 위험한 이적 행위가 되겠지만, 조국의 일부라고 생각하면 따뜻한 동포애의 적극적인 표현인 것이다. 또한 남북관계는 다른 나라와의 단순한 외교 문제가 아니다. 그렇다고 해서 지방자치제의 통제를 받는 국내 문제도 아니다. 그러나 어떤 외국이나 국내의 지역보다 국가 발전 계획을 수립하는 데 더 큰 영향을 미치고 있다. 이것이 분단 상황에서 한국이 지닌 가장 중요한 문제 중 하나인 것이다. 정책을 입안할 때 반드시 북한의 존재를 의식해야 하는 반면, 북한에 대해서 어떤 정책을 입안하느냐에 따라 그것이 보수든 진보든 간에 반대 세력이 나타나기 때문이다. 그런데 더욱 심각한 것은 북한이 동족이면서도 어떤 집단인지, 가령 일종의 사회주의 정치집단인지, 핵무기로 무장한 거대한 무력 집단인지, 신흥 사이비 종교 집단인지, 혹은 이 모든 것의 복합체인지, 제대로 파악이 되지 않는다는 점에 있다. 북한의 정체성이 충분히 파악되지 않기 때문에 체계적으로 정책을 수립하는 데 한계가 있으며, 이러한 한계가 국내 정치와 사회적 혼란에 영향을 미친다는 것은 당연한 현상이다.

경제적으로는 자유와 민주의 대가로 어느 정도 선진국에 들어섰다고 볼 수 있으나 분배의 정의가 심각하게 위협을 받고, 기득권 혹은 특권층과 빈민층과의 차이가 점점 더 심화되어 가는 경향이 있다. 이와 같이 계층 간의 갈등이 심각하고 저소득층의 소외감이 팽배해진 상태에서 준법정신을 강조하고 도덕성을 역설하는 것은 체제를 정당화하고 기득권층의 권익을 옹호해야 한다는 주장으로 간주되기 쉬우며, 특히 진보 세력에는 아무런 설득력을 지니지 못할 뿐만 아니라, 오히려 저항과 분열의 빌미를 제공할 뿐이다. 요컨대 이 땅의 분단 구조는 편법에 의한 정권 탈취와 유지를 조장하였고 그것을 정당화하는 근거를 제공하였으며, 이러한 권력과 결탁하여 부당한 방법에 의해 부를 축재하는 경제적 불균형 상태를 야기하기도 했던 것이다. 이것이 지도층에서 도덕성이 무너진 이유일 뿐 아니라 일반 대중에게 부도덕성을 조장시킨 정치적 및 경제적 근거가 되는 것이다.

한편 문화적으로는 조국이 분단된 이래 서구의 문물, 특히 미국의 가치관과 생활 태도뿐만 아니라 퇴폐와 향락을 조장하는 소비 위주의 저질 문화까지 쏟아져 들어와서 식민지 시대에 조장된 정신적 공백 상태를 가득 채우고 있다. 이러한 현상이 더욱 두드러지게 된 것은 정치적 무관심을 조장하기 위해 방치한 정치 세력과 독점 자본주의 경제체제를 강화하기 위한 재벌들의 선전과 광고에 원인에 있으며 매스 미디어가 이를 더욱 부채질한 결과이기도 하다.

이러한 상황에서 교육은 상업화되어 가고 이념적 분열과 막연한 저항을 조기 교육하는 방향으로 진행되고 있으며, 종교마저 기복신앙의 형태로 발전되어 상업주의와 자의식을 마비시키는 편의주의의 일익을 담당하기 때문에 가치의 전도와 무질서를 바로잡기가 매우 어려운 지경에 와 있는 것이다. 이와 같이 우리는 현대가 공통적으로 당면한 시대적 징후를 분단의 구조 때문에 더욱 심각하게 앓고 있는 셈이다. 다른 나라의 국민들보다 더욱 자기 상실감에 젖어 있고, 더욱 불안하기 때문에 근시안적일 뿐만 아니라, 이기주의적이며 쾌락주의적이고 또 기회주의적이다. 우리에게 도덕성의 상실이 그 어느 나라의 경우보다 더욱 심각한 문제로 제기되며 갈등과 분열이 더욱 심화되는 이유도 바로 여기에 있다고 판단된다. 이렇게 정체성이 위협을 받고 있는 상황에서는 각자가 진정으로 무엇을 원하는지 파악하기가 어렵고 공동의 목표를 설정하기가 쉽지 않기 때문에 각 분야의 지도자들이 리더십을 발휘한다는 것이 공허하게 들릴 수 있다. 리더십이란 팔로어십이 있을 때 작동할 수 있고, 팔로어십은 성원들 사이에 공감대가 형성되어 있을 때 비로소 기능할 수 있기 때문이다. 그렇다면 우리의 위기 상황에 대한 대응은 어떠한 것이어야 하는가?

앞서 지적한 바와 같이 자아의 상실로 인한 불안감은 이 시대를 특징짓는 현대인의 일반적인 징후다. 따라서 그것을 어느 정도 감수하고 온 인류가 공동적으로 대처할 마음의 여유를 갖는 것이 오히려 지혜로운 태도라고 할 수 있다. 그러나 분단 구조에 의해서 야기된 민족적 차원에서의 자아 상실은 주로 우리 민족만의 문제이고 우리들 자신이 해결해야 할 역사적 과제이기도 하다. 그리고 우리의 정체성 문제가 본질적으로는 이 분단 구조에 뿌리를 내리고 있다면, 그 회복은 당연히 이 구조를 극복함으로써 이루어져야 할 것이다.

요컨대 우리는 현대인으로서 소외와 불안의 시대를 사는 동안 우리의 인격적 자아를 상실하고 있을 뿐만 아니라 분단의 구조를 감수해 왔기 때문에 이른바 '민족적 자아'마저 상실한 상태에 있다. 따라서 정체성의 확인은 원초적으로 이 구조를 극복하는 데서 그 실마리를 찾아야 한다는 것이다. 그렇다면 이것은 어떻게 착수하고 시도되어야 하는가? 그것은 말할 필요도 없이 '민족적 자아'를 새롭게 형성하고 그것을 분명히 확인함으로써 시작해야 한다고 믿는다. 그렇게 하기 위해서 우선 우리는 우리가 한반도 남쪽에 살든 북쪽에 살든, 혹은 지구촌의 어디에 살든, 과거를 돌이켜 보고 선열들의 무능을 탓하거나 분단의 책임을 묻는 데 열

중할 필요가 없다. 군사독재를 매도하거나 민주 정부의 실책 혹은 기득권자의 전횡을 비난할 겨를도 없다. 우리는 모두 비극적 시대의 희생자들이고 역사 앞에서 피해자들이기 때문이다. 미래의 창조적 작업인 '민족적 자아'를 확인하기 위해서 우리가 할 일은 무엇보다 지금 '우리는 누구인가?'를 묻는 일이다. 그리고 바로 그러한 존재로서 살아가는 일이다. 이것이 곧 대응 방식인 것이다.

우리 한민족은 매우 오랜 역사를 지녔다. 민족적 동질성을 지닌 채 지정학적으로 어려운 여건 속에서 이토록 오래 독창적 문화를 창출하며 지금까지 존속해 있다는 것은 인류 역사상 결코 흔한 일이 아니다. 그것은 드물기 때문에 고귀한 것이요, 고귀하기 때문에 자랑할 만한 것이기도 하다. '민족적 자아'는 바로 이러한 객관적 사실에서 확인되어야 하며 우리가 자긍심을 가져도 되는 합리적 이유인 것이다. 그리고 자긍심을 가진 민족답게 존재하는 것이 곧 정체성 회복의 출발점이 되지 않으면 안 된다.

그러나 민족적 자아를 확인한다는 것은 무슨 뜻인가?

첫째, 오랜 역사를 공유하며 동고동락해 왔다는 사실을 통해 일체감과 동질성을 확인한다는 뜻이다. 물론 우리 민족은 분단의 시대를 거치는 동안 국가적으로 타자 의식이 팽배해 있고 정서적으로도 상당히 이질감을 느끼고 있는 것도 사실이다. 그러나 반만년의 세월에 걸쳐 공동의 운명체를 존속시켜 온 것을 염두에 두고 이산가족의 재회라는 감격을 실감한다면 이러한 인식은 사소한 것으로 간주될 수 있을 것이다.

둘째, 우리가 지금 단 하나의 민족으로 동질성을 유지하며 생존해 있다는 것은 우연한 사실이 아니라 강력한 의지와 능력의 소산임을 확인한다는 뜻이다. 그러한 의지와 능력은 우리가 물려받은 유산이지만 우리들 자신만의 것이 아니기 때문에, 다시 말해서 한반도뿐만 아니라 지구상에 존재하는 7천만 동포와 그 후손들의 것이기도 하기 때문에, 고귀하게 보존하고 소중하게 활용하지 않으면 안 된다.

셋째, 그러한 의지와 능력은 고귀하고 소중하기 때문에 자긍심을 가져도 좋다는 뜻이다. 여기서 자긍심을 갖는다는 것은 불필요하게 자괴감이나 열등감에 빠질 필요가 없는 것처럼 과대망상증에 사로잡혀서도 안 된다는 것을 의미한다. 그것은 확실한 자아 정체성의 표현이며 역사적 현장에서 반드시 실현되어야 하는 당위이기도 한 것이다.

이러한 세 가지 사실을 확인했을 때, 정체성 회복의 계기가 마련된다. 만약 우리가 지닌 일체감과 잠재력과 자긍심을 모두 확인했다면, 우리의 행위가 분파적이고 파괴적이며 수치스러운 것이 되어서는 안 되기 때문이다. 나의 행복이 곧 민족의 행복이요, 민족의 행복을 위해서 우리가 모두 정체성을 회복해야 하는 이유도 여기서 찾을 수 있을 것이다. 세속오계를 어기느니 차라리 목숨을 버리겠다는 화랑들의 민족적 자존심과 개인적 자긍심을 가지고 살아갈 때, 도덕적 엘리트로서 행동하는 계기를 마련할 수 있다는 뜻이다. 그렇게 함으로써 우선 민족적 자아를 더 이상 분열시키거나 훼손시키지 않는 것이 진정한 의미의 상식적이고 합리적인 접근 방식인 것이다. 그러나 이러한 자아 인식을 구체적으로 어떻게 시도할 것인가? 그것은 먼저 한국인으로서의 우리가 누구인지를 확인함으로써 그 실마리를 찾아야 한다.

3) 과학기술과 비판적 합리성

(1) 과학기술 시대와 과학 정신

국가 발전론적 관점에서 볼 때, 이미 언급한 바와 같이, 한 국가가 어느 정도 발전했는지 측정하려면 경제, 정치 및 문화의 측면을 고려한다. 한 국가의 국민 대다수가 생계를 유지하기가 어렵다면 일단 우리는 그것이 발전한 국가라고 말할 수 없다. 개인의 경우와 마찬가지로, 적어도 영양의 실조를 면해야 그 사람이 건강을 유지하듯이, 국가의 차원에서도 경제 발전이 가장 기초적이고 중요하며, 그렇기 때문에 이것이 우선적으로 이루어져야 한다. 그러나 어떤 국가가 경제적으로 아무리 풍족하다고 하더라도 재부가 극소수의 특권층에만 몰려 있다면, 그것이 직접적으로 국가의 발전에 영향을 주기는 어렵다. 물질적 재화를 비롯한 모든 가치가 공명정대하게 배분되어야 많은 사람들이 행복할 수 있고, 결국 국력이 신장되는데 이것을 담당하는 것이 정치의 역할이다. 정치의 요체는 다양한 가치를 적합한 부류의 사람들에게 공정하게 배분하는 정의의 구현에 있는 것이다.

그런데 비록 정의가 어느 정도 실현되었다고 하더라도, 물질적 가치의 추구에만 급급하고 정신적 도야를 게을리 하며 관능적 쾌락에 몰두하고 지성적 가치의 추구에 무관심하다면 국가가 아직 불균형의 상태이고 그 발전이 일시적 현상에 그치고 말 것인데, 이러한 측면에서 그 수준을 높이는 것이 넓은 의미에서 문화적 발전이라고 할 수 있다. 만약 대다수의 국민들이 격조 높은 문화를 향유하지 못하고 말초신경만을 자극하는 대중문화에만 심취해 있다면, 국가의 발전은 머지않아 장벽에 부딪치고 말 것이다. 또한 각 분야의 능력 있는 자들이 전통문화를 온전하게 전수하고 외래문화를 능동적으로 흡수하며 새로운 문화를 창출하는 데 진력하지 못한다면, 그 나라의 위상은 점차 낙후되고 결국 추락하지 않을 수 없다.

이러한 맥락에서 볼 때 한국은 건국 이래 온갖 혼란 속에서도 급진적인 변화를 거듭해 왔다. 잘 알려져 있는 바와 같이 산업화와 민주화를 통해서 우리는 눈부신 발전을 이룩해 왔고 경제적, 정치적 및 문화적인 측면에서 선진국의 문턱에 와 있다고 해도 적어도 표면적으로는 지나친 표현이 아니다. 그러나 이러한 격동의 시대를 거치면서 얻은 것도 많지만 이에 못지않게 잃은 것도 많이 있다. 그리고 잃은 것 중 대부분은 넓은 의미의 문화적이고 정신적인 측면이라고 할 수 있다.

경제적으로 이제 풍족해졌고 어느 정도 정치적 발전도 이루었지만, 정신적으로 상당히 피폐해졌을 뿐만 아니라 도덕적으로는 오히려 더욱 타락한 모습을 보여주고 있다. 불필요한 갈등과 소통의 부재와 분열은 이러한 상황에서 빚어진 당연한 귀결이라고 볼 수도 있는 것이다. 그것은 본질적으로 경제적, 정치적 및 문화적 발전의 불균형에서 비롯된다고 볼 수 있다. 그렇다면 소통과 사회통합적 관점에서 이러한 현상을 어떻게 분석하고 진단할 것이며, 그 대책을 어떻게 마련할 것인가? 무엇보다 국가 발전의 원동력이 되어 왔던 우리의 과학기술을 어떻게 이해할 것인가?

과학기술은 산업혁명 이후 경제적 측면뿐만 아니라 정치적 및 문화적 분야에서도 파격적인 전환의 계기를 마련해 주었다. 자본주의 경제체제와 자유민주주의 정치제도는 널리 알려진 바와 같이 생산기술의 발달과 대중매체의 보급 없이는 상상할 수 없는 것이다. 이러한 사회현상이 대중을 역사의 전면에 나서게 했고, 문화적 차원에서도 이들을 중심으로 한 대중문화 체제가 형성되기에 이른 것이다. 사실 한국이 단시일에 산업화와 민주화를 동시에 이루게 된 것도 과학기술의 신속한 도입과 습득이 전제되지 않았으면 불가능한 일이었다. 아무리 강력한 정치적 지도력과 높은 수준의 비판 의식이나 교육열이 있더라도, 과학기술이 없었다면 현재의 상황으로 전개되지 못했을 것이다.

그러나 현대 문명 전반에 걸쳐 광범위하게 파급되어 있듯이 과학기술이 현대인에게, 특히 우리 한국인에게 반드시 바람직한 삶을 제공한 것은 아니다. 그것은 분명히 자연의 횡포로부터 인간을 보호하여 안전을 확보한 것이 사실이지만, 오히려 환경을 파괴함으로써 전 시대와는 전혀 다른 문명의 위기를 자초하고 있는 것도 또한 명백한 현상이다. 더구나 한국의 경우 산업화와 민주화가 너무도 급속히 이루어졌기 때문에 이에 대한 반성의 여유가 모자라고, 동시에 그 피해도 상대적으로 더욱 심각하다고 말할 수 있다. 그럼에도 불구하고 역대 정권의 과학 정책이 주로 과학기술에 역점을 두고, 기초과학이나 이 시대의 시대정신인 과학정신에 별로 신경을 쓰지 않는 것은 매우 위험한 현상이라고 판단된다. 특히 문화적 측면에서 지식인들의 시대적 사명 의식과 인문학적 성찰이 절박한 이유도 바로 여기에 있다. 본질적으로 경쟁적 심리를 자극하는 자본주의 경제체제, 그리고 개인주의와 자긍심을 부각시키는 자유민주주의 정치제도에서는 필연적으로 사회적 갈등이 첨예화되기 마련이고, 이러한 현상을 조정하고 완화시킬 수 있는 방법은 정신적 태도와 직결되는 문화적 영역, 그 중에서도 인문적 사고의 함양에 호소할 수밖에 없기 때문이다.

원래 과학은 철학과 마찬가지로 인간의 지적 호기심을 충족시키기 위한 탐구의 한 형식으로 출발하였다. 그러나 이 형식은 다른 형태의 탐구와 달리 인간이 '보편적으로' 지니고 있는 이성적 판단과 감각적 지각의 능력에만 의존한다. 그것이 바로 연금술과 점성술 등 갖가지 주술뿐만 아니라 철학과 신학으로부터도 구분되는 이유다. 특히 세계를 제패하고 과학기술 시대의 시대정신으로 부각된 서구의 근대 과학 정신은 오직 실험과 관찰을 통해 얻어 낸 자료를 근거로 해서 논증이란 방식에 의해 새로운 지식을 획득하려는 탐구의 정신이다. 여기서 쉽게 찾아볼 수 있듯이 과학적 탐구의 방법에는 한계가 있다. 인간의 인식 능력은 제한되어 있고 그 인식 대상인 우주는 무한하기 때문이다. 그런데 왜 하필 우리는 과학 정신을 말하는가? 그것이 바로 과학적 탐구의 근거가 되었고 과학 지식을 창출하는 데 원동력이 되었으며 과학기술 시대를 이끌어 가는 온갖 문명의 이기가 등장하게 된 계기가 되었기 때문이다. 그렇다면 그것이 지니는 특징은 무엇인가? 과학 정신에는 적어도 다음의 여섯 가지 특징이 있다.

첫째, 그것은 합리적 방식을 지닌다. 그 탐구의 방법에서 볼 수 있듯이 인간이라면 누구나 지니고 있는 감각적 지각과 이성적 판단에만 의존하기 때문에 과학은 합리적이다. 그것은 개인의 직관과 상상력, 때로는 영감 같은 것에 의존할 수 있지만 거기에 머물러 있지 않고, 반드시 경험적 증거와 합리적 논증을 거쳐야 한다는 점에서 합리성을 지닌다는 것이다.

둘째, 그것은 비판적 입장을 지닌다. 과학자의 세계에는 영원한 진리나 절대적 권위는 존재하지 않고 어떠한 이론도 항상 새롭게 검토된다는 점에서 비판적이다. 이러한 비판을 받아들이고 좀 더 진리에 가까이 다가가려는 태도를 지니지 않는다면 과학적 탐구 자체가 성립되지 않았을 것이다.

셋째, 그것은 개방적 자세를 지닌다. 과학은 탐구의 과정에서 끊임없이 실수와 오류를 범하지만, 그것이 검증되거나 반증되면 그 결과를 기꺼이 받아들인다는 점에서 개방적이다. 과학적 진리가 다른 종류의 진리와 달리 끊임없이 개선되고, 그 축적의 과정을 통해서 오늘의 수준에 이르렀음을 부인하기는 어려울 것이다.

넷째, 그것은 보편적 성격을 지닌다. 과학적 탐구의 성과는 어느 시대나 지역, 혹은 특정한 국가나 민족 등에만 국한되는 것이 아니라 우주 삼라만상에 골고루 적용될 수 있다는 점에서 보편적이다. 또한 그것을 적용한 기술이 어느 특정한 부류의 개인이나 집단에만 귀속될 수 없다는 점에서도 보편성을 지닌다.

다섯째, 그것은 객관적인 방법을 도입한다. 과학적으로 사물의 본질과 현상의 구조에 접근할 때에는 객관성을 높이기 위하여 수학적 방법을 도입하고 연구 자료를 반드시 양화하지 않으면 안 된다. 물론 이러한 방법에 한계가 있지만 그것을 의식하고 끊임없이 새로운 방식을 개발하는 데 그 특징이 있는 것이다.

마지막으로 그것은 자율적인 태도를 지닌다. 과학자는 과학적 공동체 안에서 관습을 준수하고 규범을 지키며 일정한 패러다임을 수용하지만 그것은 방법론상의 장치들일 뿐이지 거기에 갇혀 있지 않으며, 이 모든 것은 결국 극복되기 위해서 과도기적으로만 존재할 뿐이다. 과학자에게 패러다임은 소중하지만 진리는 더욱 소중하다. 이러한 태도는 진리에 임하는 자신의 자율성의 발로에 의해서만 가능하다. 아마 이 외에도 더 많은 특징들이 있을 것이다. 그렇다면 그것이 함축하는 의미는 무엇인가?

칼 포퍼(K. Popper)는 과학자들이야말로 과학 정신을 가장 잘 터득하고 있다고 말한다. 그리고 그들이야말로 합리적이고 비판적일 뿐 아니라, 개방적이며 보편적인, 적어도 그렇게 되려고 노력하는 인간들이라는 것이다. 그리고 이러한 정신으로 무장한 학자만이 자연의 법칙을 잘 이해할 수 있을 것이고, 그 법칙을 통해서 탐구의 대상인 자연과의 소통을 가장 효과적으로 이루어 낼 것이다. 그 좋은 예를 저명한 물리학자인 리처드 파인만(R. Feynman)의 증언에서 확인할 수 있다. 그는 『남이야 뭐라 하건!』이란 저서에서 자기가 과학의 분야에서 성공하는 유일한 방법은 무엇이 어떻게 되어야 한다는 생각과 상관없이 증거만을 매우 조심스럽게 제시하고 서술하는 것이라고 강조하며, 또한 어떤 이론을 만들었다면 그 이론의 좋은 점과 나쁜 점을 동시에 설명해야 하는데, 이와 같이 자기는 과학을 함으로써 순수와 정직이라는 규범을 저절로 배운다는 것이다.

그런데 이러한 특징은 물리학자나 자연과학자들의 집단에만 국한되는 것이 아니다. 그것은 사회과학자들이나 인문과학자들 모두에게 적용되는 학문적 자세이며, 바로 이러한 자세를 공유함으로써 자기가 탐구하는 대상이나 주제뿐만 아니라 다른 학문과의 소통과 융합을 위한 기초를 다지게 될 수도 있을 것이다.

과학 정신이 보여주는 덕목들은 또한 인문적 가치이기도 하다. 합리적 태도를 지닌 인간이라면 다른 인간을 단순히 수단이나 도구로 대하지 않고 동시에 목적, 혹은 인격으로 대하려 할 것이다. 이러한 태도는 곧 칸트(I. Kant)가 말하는 도덕률의 한 조건이다. 또한 비판적인 태도를 지닌 사람은 정치적 제도, 문화적 관행 및 종교적 권위 등을 비판적으로 수용할 뿐 아니라 자신의 가치관이나 신념 체계까지 항상 비판적으로 검토하기 때문에 개방적이며 동시에 보편적인 성향을 지니는 것이다. 예술적인 상상력이나 종교적인 영감도 바로 이 비판적인 정신과 자율적인 태도에 의해서 탄생하고 성장할 수 있으며 개방적 자세에 의해서만 진화될 수 있다. 포퍼가 그의 『개방사회와 그 적들』에서 개방사회의 전형을 과학자들의 사회에서 찾으려는 이유도 바로 여기에 있는 것이다.

이미 지적한 바와 같이, 과학자라고 해서 반드시 과학 정신으로 무장되어 있고 과학의 시대에 산다고 해서 모든 사람들이 그 정신을 구현한다고 말할 수는 없다. 그러나 종교의 시대인 중세에 성직자들이 더욱 깊은 신앙심으로 뭉쳐 있었고 일반인들도 기독교적 가치를 최고의 덕목으로 받아들였듯이, 과학의 시대에 사는 우리들은 진정한 의미의 과학이 무엇인지 이해하고 과학기술과 함께 과학 정신을 터득하여 그것을 생활화할 필요가 있다. 미래 사회에 인간이 과학의 시대를 산다는 것은 객관적 사실이며, 과학을 온전히 이해하고 그 시대를 제대로 산다는 것은 시대적 당위다. 과학기술 시대를 사는 현대인은 소통을 원활하게 하고 바람직한 삶을 살아가기 위하여, 그리고 특히 학문의 융합을 의식하고 시도하는 각 분야의 전문가들은 미래지향적인 새로운 학문의 창출을 위하여, 이른바 '과학 정신'으로 무장하고 진지하게 서로 만날 필요가 있다. 과학 정신의 교류야말로 만남의 광장이며, 그 중에서도 합리적 사고와 비판 정신, 개방적 자세가 핵심적인 덕목이다. 이러한 태도로 사물을 바라보고 삶에 임하는 자세를 포퍼는 '비판적 합리주의(critical rationalism)'라고 한다.

(2) 비판적 합리주의와 한국적 상황

비판적 합리주의에 의하면 인간은 완전한 존재가 아니기 때문에 실수를 저지르고 오류를 범할 수밖에 없다. 그러나 인간은 이러한 사실을 인정하고 반성하며, 또한 여기서 새로운 것을 배워가며 개선하는 합리적 존재이기 때문에 우리가 스스로 비판적이고 열린 자세를 견지하기만 하면 얼마든지 더 나은 세상을 만들어 갈 수 있다. 현대의 자본주의 경제체제와 자유민주주의 정치제도, 다원주의 대중문화 형태는 여러 가지 문제점이 있음에도 불구하고 지금까지 인류가 창출해 낸 가장 바람직한 삶의 형태이며, 그 저변에는 바로 과학 정신의 확대된 형식으로서 비판적 합리주의가 깔려 있다.

한국의 문화 현상에서 두드러진 특징은 전통적인 가치관이 무너지고 새로운 가치 체계가 아직 정립되고 있지 않다는 사실에서 찾아야 할 것이다. 물론 이러한 현상은 과학기술 시대인 현대가 안고 있는 일반적인 특징이기도 하다. 그러나 한국적 상황에 차이가 있다면, 거듭 말하거니와, 그 괴리가 심각하고 매우 광범위하다는 점에 있다. 그 원인을 우리는 이미 지적한 바와 같이 식민지 시대의 문화 정책과 분단 구조, 그리고 급진적인 산업화와 민주화 과정에서 찾을 수 있다. 그런데 더 근원적인 원인은 비판적 합리주의가 창출한 성과물을 그 누구보다도 더 많이 향유하면서 그 정신을 터득하지 못하고 있다는 사실에서 찾아야 할 것이다.

오늘날 우리는 세대와 남녀 간의 불화, 사회계층과 정치 이념 사이의 갈등, 인권과 정의에 관한 기준, 그리고 점점 더 심각해지는 빈부의 격차 등 이루 다 열거하기 어려울 정도의 문제에 직면해 있다. 이른바 상생의 철학과 공정한 정의 사회의 구현이 학문적 수준이 아니라 정권적 차원에서 제기되는 이유도 바로 여기에 있을 것이다. 가령 최근에 정부에서 "공정한 사회의 국정 운영 기조가 정착될 수 있도록" 당부하자, '공정 사회'라는 개념은 우리 사회의 중요한 화두가 되었다. 이에 따라 많은 논란이 있었는데, 아무도 공정 사회의 실현에 반대할 사람은 없겠지만 정부 차원에서 그것을 정책으로 채택할 때 발생할 수 있는 문제점들이 제기된 것이다. 역사적으로 존재했던 모든 정부가 정의의 실현을 목표로 내걸었지만 무엇이 공정한 것인지에 대한 이견 때문에 항상 미완의 과제로 남아 있다. 그런데 한국과 같이 극단적으로 격동의 시대를 겪고 있는 사회에서, 그것을 국정 운영의 지침으로 내세운다는 것은 다소 공허한 느낌을 줄 수도 있다. 그러나 경제의 눈부신 발전에도 불구하고 국민의 상대적 박탈감과 사회적 불만은 오히려 배가되었다는 사실을 외면할 수도 없다. 어느 일간지가 성인 남자 1,017명을 대상으로 실시한 설문 조사에서 75퍼센트가 우리 사회는 불공정하다고 대답했다고 한다. 그렇다면 대책이 무엇인가?

정의의 실현에 특별한 관심이 있다면 우선 공정한 정책을 세워야 하고, 이러한 정책을 세우려면 공정한 것이 무엇인지 어느 정도 밝혀져야 한다. 그러나 특히 한국 사회에서 이 문제를 규명하는 것은 거의 불가능에 가깝다. 그러므로 우리는 궁극적 해결을 위하여 최선의 방법을 추구하기보다는, 문제가 더욱 악화되지 않도록 새롭게 진단하고 여유 있게 처방하는 차선의 방법을 모색하도록 노력하지 않으면 안 된다. 과학자들이 합리적으로 탐구에 임하는 열린 자세로 끊임없는 토론과 협의를 통해 설득하도록 노력해야 한다. 끝내 공감대를 형성할 수 없다면 명백하게 불공정한 것이 무엇인지를 우선 가려내도록 해야 한다. 아무리 어렵더라도 비판적 합리주의의 입장에서 이러한 시도, 즉 충분한 토론과 설득, 타협의 과정을 거치는 노력을 포기한다면, 그 자리에 금력과 폭력과 편견이 들어서게 되며, 그것은 곧 민주주의 자체에 대한 포기를 의미한다.

그렇다면 비판적 합리주의의 관점에서 이러한 난제에 효과적으로 접근하는 방식은 무엇인가? 우선 그 특징을 다시 한 번 정리할 필요가 있다.

첫째, 비판적 합리주의는 인간에 대한 정확한 이해를 전제로 한다. 그런데 한 가지 분명한 것은 인간이 완전한 존재가 아니라는 점이다. 따라서 인간 자신에 대한 이해와 해석은 다양할 수밖에 없고, 무엇이 과연 진정으로 인간의 존엄성을 되찾는 일인지에 관한 방안도 다를 수밖에 없다. 그러므로 합리주의자는 우선 이러한 사실을 인식하지 않으면 안 된다.

둘째, 비판적 합리주의는 인간과 사회에 관한 인식의 한계를 인정하기 때문에 극단적 입장을 피하며 독선적 사고와 행동을 경계한다. 이러한 태도는 모두 인간과 사물에 대한 확신 혹은 광신에서 비롯되기 때문이다. 그것은 선의와 합리성에 호소하더라도 교조적이고 독단적이며 폐쇄적이라면 경계의 대상이 될 수밖에 없다. 그러므로 특히 격동의 시대에는 비판적 합리성이 더욱 절박함을 실감한다.

셋째, 그러나 비판적 합리주의는 일종의 회의주의나 상대주의가 아니다. 여기서는 비록 절대적 지식이나 영원한 진리를 갖추지는 못한다고 하더라도, 인간이 보편적으로 지니고 있는 이성의 능력에 의해서 어느 정도 객관적 지식과 타당한 진리를 확보할 수 있다고 믿는다. 그리고 이러한 가치는 사회 속에서 구체적인 실천을 통해 확인된다고 확신한다. 그러므로 우리는 어느 정도 체계적인 이론가인 동시에 행동가이기도 하다.

넷째, 비판적 합리주의는 이성의 능력 중에서 체계적인 독단적 합리성보다는 반성적인 비판적 합리성을 더욱 소중히 여긴다. 전자는 자기의 입장을 정당화하고 절대시하는 기재로 쓰이지만, 후자는 그것을 다시 음미하고 검토하는 개방적 자세를 취하게 하기 때문이다.

물론 이 밖에도 합리주의에는 여러 가지 특징이 있지만 적어도 진정한 합리주의라면 그 어느 시대의 어느 사회에서도 이러한 입장을 견지하지 않으면 안 된다. 이와 같은 태도를 견지하는 한 예술과 종교, 윤리와 과학 등은 자신의 진정한 면모를 보일 수 있지만 그렇지 않으면 그것을 '사이비적'이라고 말할 수 있는데, 인간에 대한 오해와 인간의 존엄성을 회복하기 위한 그릇된 인간에 기초해 있기 때문이다. 말하자면 합리화의 탈을 쓴 다양한 유형의 비인간화 현상을 의미하는 것이다.

이러한 관점에서 볼 때 한국의 경제와 정치 현실뿐만 아니라 정신문화 혹은 도덕적 상황을 합리적으로 접근한다는 것은 무엇을 의미하는가? 그것은 과학기술 문명에 의해 촉진된 급속한 산업화와 급진적 민주화의 과정에서 비롯된 온갖 독단주의와 독선주의 혹은 급진주의와 졸속주의에서 벗어날 수 있도록 효과적인 방안을 강구한다는 것을 의미한다. 그렇다면 구체적으로 우리는 그것을 어떻게 이해하고 실천할 것인가? 한마디로 그것은 신화의 시대나 농경시대가 아니라 과학기술 시대의 인간답게 사고하고 행동함으로써 가능하며, 그렇게 존재하기 위해서는 과학의 본질을 좀 더 온전하게 인식하는 것을 전제로 한다고 판단된다.

한국은 국가 발전 과정에서 산업화와 민주화를 거치는 동안 이러한 정신을 습득하고 생활화하는 데 게을리한 경향이 있었다. 애초부터 '동도서기(東道西器)'의 구호를 내세워 정신은 동양의 전통을 따르고 서양의 기술만 습득하면 된다는 태도를 지녔고, 그것은 어느 정도 지금도 견지하는 입장이기도 하다. 그러나 『주역』에도 명시되어 있는 바와 같이 형식을 이루는 '도리'와 그 내용을 이루는 '기재'는 서로 분리될 수 없는 것이다. 농경시대에 소를 몰고 경작하는 방식으로 이 시대에 트랙터를 비롯한 각종 문명의 이기를 활용할 수는 없다는 것이다. 과학기술 시대에는 이 시대에 적합한 시대정신이 필요하며 현대적 생활방식에 어울리는 정신 자세가 요구되는 것이다.

무엇보다 문화적 발전은 그 시대에 걸맞은 새로운 시대정신을 습득함으로써 가능한 것임을 잊어서는 안 된다. 그 중에서도 이 시대의 시대정신이라고 할 수 있는 과학 정신, 즉 보편적 인식 능력에 호소하는 합리성, 스스로 사고하고 행동하는 자율성, 모든 비판을 수용하는 비판성, 개방성 등을 체득해야 하는 것이다. 이러한 정신으로 무장되어 있지 않으면 표면적으로 아무리 삶의 질이 높아지고 물질적 생활이 편리해진다고 하더라도, 그리고 아무리 지식이 많고 신앙심이 깊으며 예술혼이 강하다고 하더라도, 사회적 갈등은 심화될 것이고 독선과 아집은 계속 악화될 것이며, 그만큼 우리는 개인적 행복 및 사회적 정의와 거리가 멀어질 것이다. 그리하여 도덕적으로 타락하고 정신적으로 피폐해지면 국가 발전 차원에서도 경제, 정치 및 문화의 불균형을 이루어 극도의 혼란기를 맞이할 수도 있다는 것이다. 이러한 맥락에서 우리의 현실을 정확하게 진단하고 처방을 마련하는 것이 비판적 합리주의자의 시대적 사명이라고 할 수 있다. 일단 독단과 아집에서 벗어나고 절대성과 폐쇄성에서 헤어난다면 세상을 더 넓고 깊게, 멀리 보게 되고 탐욕과 독선에서 벗어나 결국 인간에 대한 연민을 되찾게 될 수도 있을 것이다.

지금까지 우리는 한국적 상황과 정체성의 문제를 검토하기 위하여 민족의 역사적 맥락과 시대적 특성을 간단히 살펴보았다. 사상사적 맥락에서 볼 때 한민족은 비판적 종합의 특색을 나타낸다.

분단 시대의 온갖 불리한 조건에도 불구하고 한국은 과학기술의 성공적인 습득과 활용에 힘입어 괄목할 만한 국가적 발전을 이루었다. 경제 분야에서의 산업화와 정치 분야에서의 민주화를 통해서 단시일에 선진국의 문턱에 들어서는 쾌거를 이루었으나, 문화적 측면, 특히 도덕적 해이와 정신적 고양의 부분에서는 매우 낙후된 모습을 보이고 있다. 이것은 지나치게 가속화된 산업화와 민주화 현상이 오히려 역기능적으로 작용하여 균형 있는 국가 발전을 저해하는 것으로 나타나는 것이다. 이러한 문제를 극복하기 위해서는 전통적인 현철들의 가르침이 그 어느 때보다도 소중한 가치로 다가오지만, 그러나 거기에만 의지하는 데에는 분명히 한계가 있다. 그러므로 과학기술 시대의 시대정신인 과학정신, 그 중에서도 비판적 합리성을 터득하고 활용하는 지혜가 필요하다고 판단된다. 이러한 지혜는 분단 시대를 살아가는 현대인으로서의 한국인에게, 천국으로 가는 열쇠를 마련하지는 못한다고 하더라도, 남북문제와 국가적 및 개인적 차원의 갈등 구조를 완화시키는 데 있어서 단서를 마련해 줄 것임에 틀림없다.

비판적 합리성이 제대로 작동하기 위해서는 먼저 소크라테스적 자아 인식이 선행되지 않으면 안 된다. 민족적 차원에서나 국가적 측면에서, 그리고 사회적 맥락에서나 개인적 입장에서, 내가 누구이며 어디에 서 있는지를 인식하지 않으면 갈등을 해소하고 소통을 원활하게 하는 기제로서의 비판적 합리성은 제대로 작동하기 어렵기 때문이다. 과학기술 시대를 살아가는 현대인인 동시에 분단의 시대를 극복해야 하는 한국인으로서 자아 인식의 문제를 진지하게 검토해야 하는 이유가 여기에 있는 것이다. 그러나 곰곰이 생각해 보면 갈등과 소통의 문제는 이 시대의 우리 한국인에게만 국한된 사안은 아니다. 정도의 차이가 있지만 그것은 인간이 공동체를 이루며 살아가는 사회적 동물인 한 어느 시대의 어느 사회에서나 제기될 수밖에 없으며, 그렇기 때문에 이 문제에 효과적으로 대처하기 위해서는 소통의 의미와 여기서 핵심적인 역할을 맡고 있는 대화의 중요성에 대해서 어느 정도 살펴볼 필요가 있다.

3. 소통의 의미와 대화의 문화

1) 소통의 의미

'소통(疏通, communication, facilitation)'은 통과를 원활하게 하는 현상을 말한다. 반대로 통과를 곤란하게 하는 사실이 있으면 억제 혹은 불통이라고 할 수 있다. 일반적으로는 사회적인 차원에서 개인들이나 단체들 사이의 관계에 대해 언급할 때 '의사소통'의 뜻으로 쓰인다. 자연현상에서는 한 자극에 의한 충격이 다른 자극에 의한 충격의 통과에 적절한 영향을 만들어 주는 것으로 이해된다. 가령 반사궁(反射弓)을 흥분이 통과하는 경우, 그 통과를 용이하게 하는 현상이 그 좋은 예가 된다. 전통적으로 동양의 정치 현실에서는 주로 하향식 소통이 이루어졌으므로 신하가 의견을 정리하여 임금에게 글을 올리는 것을 '상소(上疏)'라고 하였다. 그러나 상업 문화가 발달하고 다양한 종류의 교류가 수평적으로 이루어지면서 소통의 형태도 상호관계로 발전하였으며, 특히 이것이 민주화의 과정을 거치면서 대화를 통한 상호 이해(mutual understanding)의 뜻으로 정착하기에 이른 것이다. 오늘날 소통을 다양한 형태의 의사소통의 개념으로 쓰는 이유도 여기에 있다.

소통을 주로 의사를 전달하는 관점에서 이해할 때 우리는 그것을 주로 세 가지 측면에서 접근해 볼 수 있다. 사고를 형성하는 주체와 그것을 전달하는 수단인 언어 행위, 그리고 그것이 전달되는 대상인 객체가 그것이다. 소통은 나의 생각이나 의견을 남에게 전달하는 방법으로서 의도한 대로 원활하게 수행되었을 때 소통이 이루어졌다고 하고 그렇지 못할 때 제대로 이루어지지 않았다고 할 수 있다. 여기서 소통되어야 할 사고의 내용이 분명하거나 구체화되지 않았다면 제대로 전달될 방법이 없고, 언어 행위가 효과적으로 이루어지지 않는다면 아무리 주체의 입장에서 명확하게 표현했다고 하더라도 대상인 객체에게 성공적으로 전달되었다고 말할 수 없을 것이다. 그러므로 소통의 상황에서 우리는 소통의 주체나 대상, 그리고 언어 행위라는 세 요소를 고려할 수밖에 없는 것이다.

소통을 효과적으로 수행하기 위해서는 먼저 무엇을 소통할 것인가를 분명히 규정하지 않으면 안 된다. 우리는 자기의 감정이나 기분, 혹은 생각을 전달하기 위해 눈짓이나 몸짓, 혹은 얼굴 표정을 짓는 경우가 많이 있다. 때로는 가시 철망이나 신호등, 혹은 그림이나 음악 등으로 의사를 전달할 수도 있다. 그러나 대부분의 경우 복잡한 의견이나 깊고 체계적인 신념 등을 전달하기 위해서는 언어에 의존할 수밖에 없다. 좀 더 구체적으로는 개념을 형성하고 그것을 담는 명제를 구성한 다음 여기에 사고의 내용을 담아서 상대방에게 전한다는 것이다. 가령 "나는 외롭다", "한국인은 훌륭하다", 혹은 "그 여자는 아름답다" 등이 그것이다. 그러나 이러한 생각이나 견해가 항상 명료하고 분명한 것은 아니다. 그러므로 소통의 주체로서 우선 자기 자신과의 관계도 고려해 볼 필요가 있다. 사고나 개념을 분명히 하고 책임의 주체로서 결단력을 가지고 행동하기 위해서는 자기 자신과의 소통이 먼저 제대로 이루어져야 한다. 다시 말해서 자기가 전하고자 하는 생각이나 감정의 내용이 무엇인지 스스로 확인하지 않으면 안 된다는 것이다. 이와 같이 소통을 원활하게 한다는 것은 남에게 뿐만 아니라 자기 자신의 경우에도 마찬가지로 통용되는 현상인 것이다.

소통의 상황에서 그 다음 중요한 요소는 대화의 당사자인 상대방에 대한 이해와 배려다. 자기 자신과의 대화 과정에서도 소통에 문제점이 있다는 것을 인정한다면, 다른 개체인 상대방과 소통이 항상 원활하기를 기대하는 것은 무리임에 틀림없다. 우리가 흔히 경험하는 것처럼, 자기가 처한 입장과 문화, 성별과 세대의 차이, 사물과 현상을 바라보는 관점의 차이 때문에 상대방의 발언을 완전히 이해하기는 어려울 것이다. 더구나 이것은 일반적인 구조의 문제이기 때문에 그것을 온전히 극복하는 것은 가능한 일도 아니고 그러한 것을 기대한다는 것은 바람직한 일도 아니다. 우리나라의 경우 역사적으로나 지정학적으로 특수한 상황에 처해 있기 때문에 갈등 구조가 특히 심화되어 있는 것이 사실이지만, 다양한 인간관계에서 갈등은 어느 시대나 어느 사회에도 당연히 어느 정도 존재하기 마련이며, 이러한 현상을 완전히 제거하기보다는 삶의 일부로서 수용하는 것이 더 바람직할 수도 있기 때문이다.

사실 우리는 서로 입장이 다르다는 것을 인정하고 그것을 역이용함으로써 이른바 '격차 효과(discrepancy effect)'를 노려볼 수도 있다. 전달하고자 하는 내용이 상대의 생각과 다를수록 수신자에 대한 수용 압력이 커지고, 결과적으로 전달 효과도 커진다는 것이다. 그러나 편견과 오만에 사로잡혀 있고 폐쇄적인 태도를 바꿀 용의가 없는 상태에서는 이것도 별 의미가 없을 것이다. 그러므로 원활한 소통은 어떠한 경우에도 개방적인 자세와 긍정적인 태도로 서로 경청하고 수용하며 공감대를 넓히려고 노력할 때에만 가능하다는 사실을 다시 한 번 확인할 필요가 있다.

그러나 이러한 노력에도 불구하고 소통이 어려운 경우가 있다. 상대방이 단순한 세대 차이나 문화적 이질감을 넘어서 자폐증적인 현상을 보일 경우, 폐쇄적인 이데올로기나 정치 이념, 혹은 광신적인 종교적 신념 등에 사로잡혀 있을 때는 소통의 문제가 쉽게 해결되기를 기대해서는 안 될 것이다. 이러한 경우에는 성급하게 시도할수록 깊은 수렁에 빠져서 사태를 더욱 악화시킬 수도 있다. 그러므로 느긋하게 기다리고 완만하게 속도를 조절하는 것이 더 효과적일 것이다.

2) 언어와 소통적 합리성

원활한 소통을 위해서 특별히 주의를 기울여야 하는 것은 소통의 매체로서 언어가 지니고 있는 가치다. 전통적으로 언어는 의사소통의 과정에서 수동적인 수단의 역할을 하는 것으로 인식되어 왔다. 가령 대화의 주체가 정의나 용기와 같은 개념을 형성하면, '정의'나 '용기'라는 단어가 선택되어 다른 사람에게 활용됨으로써 그 뜻이 전해지는 것으로 이해되었던 것이다. 그러므로 '정의'나 '용기'는 어디에든지 존재하지 않으면 안 되었다. 가령 그것은 정신적 상태로서 주관적 관념으로 존재하든지, 혹은 플라톤이 주장하는 것처럼 현상의 세계를 넘어서는 이데아의 영역에 존재하는 것으로 간주되었다. 그러므로 언어는 그러한 존재를 제대로 표현할 때 그 기능을 다한 것으로 이해되었다.

그러나 언어는 오늘날 그러한 수동적 기능보다 훨씬 더 많은 역할을 하는 것으로 나타났다. 오히려 '정의'나 '용기'라는 언어적 표현이 그러한 개념을 형성하는 데 능동적인 기능을 하고 있고 심지어 그것이 어떻게 쓰이는지에 따라 의미가 형성된다는 입장이 등장하였다. 예를 들어 비트겐슈타인(L. Wittgenstein)은 『철학적 탐구』에서 언어가 무엇인지 규정하거나, '나'나 '신' 같은 단어가 무엇을 의미하는지 규명하기보다, 그것이 어떻게 활용되는지 살펴보라고 주장한다. 가령 종교나 철학에서 다루는 '신'이라는 표현이 고정된 의미를 지니는 것이 아니라 어느 특정한 종교에서 어떤 뜻으로 쓰이느냐에 따라 특정한 의미가 생겨난다고 한다. 따라서 신의 본질이 무엇인지 설명할 것이 아니라, 그 어휘가 쓰이는 상황을 기술하는 것이 철학의 임무라는 것이다. 그는 이른바 '언어적 전환' 이후에 철학이란 "언어에 의해서 빚어진 지성의 마력에 대항해서 싸우는 투쟁"이라고 규정한다. 이러한 견해는 천문학자에게 별이 천문 망원경 속에 들어왔을 때 비로소 의미를 지니는 것처럼, 철학자에게 사물의 본질과 현상의 구조도 언어적 표현이나 서술로서만 의미를 지닌다는 것을 함축한다.

한편 오스틴(J. L. Austin)은 『언어로 무엇을 할 것인가』에서 비트겐슈타인의 입장을 체계화하여, 실제로 언어적 상황에서 무엇이 이루어지는지 면밀히 검토함으로써 철학적 문제들을 해결하고자 하였다. 무엇보다도 그는 언어를 '발언'이라는 행위, 즉 말을 한다는 일종의 '수행적' 사건으로 간주하고, 그 발언이 무엇을 수행하였으며 그 수행의 결과에 따라 어떤 의미가 형성되는지 찾고자 하였다. 가령 그는, "내가 주례 앞에서 '네, 그렇게 하겠습니다'라고 말할 때 나는 결혼에 관해 보고하는 것이 아니다. 나는 결혼 생활을 하고 있는 것이다"라고 주장함으로써 언어철학의 화용론 분야에 결정적인 공헌을 했다. 이러한 업적은 물론 언어학이나 언어심리학에도 심대한 영향을 미쳤던 것이다. 또한 오스틴은 '언어 행위(speech act)'라는 개념을 도입하여 소통의 과정을 발언과 그 발언의 의도 및 효과를 포함하는 것으로 해석하였다. 가령 평강공주의 부왕이 어린 딸에게 "자꾸 울면 온달에게 시집을 보내겠다"고 발언했을 때, 그는 공주답게 행동하라는 뜻을 담았지만 정작 공주 자신은 그것을 액면 그대로 이해하는 소통의 과정 전체를 언어 행위로 규정한 것이다. 이것은 모두 소통에서 언어가 차지하는 비중과 그 포괄적 작용의 중요성을 강조하고 있는 것이다. 실제로 소통의 문제는 거의 대부분이 발설한 내용을 제대로 이해하지 못함으로써 발생하기 때문이다.

소통에서 일어나는 대부분의 문제점은 언어가 차지하는 비중을 과소평가하는 데서 생겨나며, 특히 자신의 발언이 잘못 전달될 수 있음을 간과한 데서 일어난다고 할 수 있다. 의사소통에서 상대에 대한 배려와 주의 깊은 경청, 그리고 '역지사지(易地思之)'의 태도를 강조하는 이유도 바로 여기에 있다. 이와 같이 소통의 매체인 언어는 매우 광범위하게 작용하며 그 역할도 극히 능동적이라는 사실을 인식해야 하는 것이다. 철학과 언어학을 비롯한 인문학 분야에서 일어난 언어적 전환은, 언어가 존재에 관한 사유를 수동적으로 전달하는 수단으로서의 매체에 그치는 것이 아니라, 존재를 규정하고 능동적으로 사유를 구성함으로써 실존적 차원에서 삶에 광범위하고도 심층적으로 침투해 있음을 강조하고 있다.

이 밖에도 원활한 소통에 관해 논의하기 위해서는 더 많은 쟁점이 있을 것이다. 그러나 어떤 경우든 소통의 문제는 이해의 차원에 머무는 것이 아니라 실천적으로 체득하고 현실적으로 실행함으로써 실효를 거둘 수 있을 것이다. 이러한 맥락에서 소통의 합리성을 부각시킴으로써 현대 문명이 당면한 위기를 극복하려는 하버마스(J. Habermas)의 연구는 획기적이라고 할 수 있다.

하버마스에 의하면, 어떤 사회가 합리성을 얼마나 구현할 수 있는지는 자기 자신과 사회, 그리고 객관적인 세계를 구분할 능력에 달려 있다고 한다. 가령 원시사회에서는 내면적 세계와 외부 세계를 구분할 능력이 없어서 이것이 뒤섞인 형태의 사유에 익숙해져 있었다. 그리하여 원시인들은 자연 세계에 적용되는 인과관계를 사회생활의 인간들 사이에 벌어지는 행위에 적용함으로써 혼란을 가져왔다. 가령 질병이 발생한 원인을 병균에서 찾지 않고 마법으로 이해하여 마녀사냥을 시도했다는 것이다. 그에 의하면 이러한 상태에서는 외적 관계들과 내적 관계들이 아직 개념적으로 통합되어 있기 때문에, 세계에 대한 신화적 해석과 마술적 지배는 밀접하게 맞물려 있었다. 따라서 도덕성이나 진리와 같은 타당성 개념들이 인과성이나 건강과 같이 경험적 질서와 연관된 개념들과 뒤섞이어 있었던 것이다. 이러한 관점에서 볼 때 하버마스가 『소통 행위의 이론』에서 주장하듯이, 여러 가지 부정적인 현상이 많이 나타났음에도 불구하고, 근대의 서구 사회는 합리성을 많이 신장시켰고 그것을 생활화한 것이 사실이다. 합리성을 근거로 하여 종교와 과학, 그리고 종교와 정치가 분리되었으며, 사물과 현상, 사회제도 등을 체계화하고 보편화하는 능력도 생겼지만, 비판적이고 반성적이며 자율적인 능력도 많이 향상시켰기 때문이다.

하버마스에게 '합리적'이란 주로 '비판 가능한 것'을 의미했다. 그것이 발화든 문장이든, 혹은 명제든 행위든 간에 논증을 통해서 비판할 수 있으면 합리적이라는 것이다. 여기서 중요한 것은 인지적이거나 심미적인, 혹은 도덕적인 다양한 활동이 보편적으로 적용되고 맥락으로부터 자유로운 논증 구조를 추려 낼 수 있는지 문제가 된다. 그는 이것이 서로 다른 방식으로 이용되는 논증의 양식으로부터 '증류'처럼 추출하는 방식을 통해 가능하다고 주장한다. 말하자면 논증의 '보편적' 구조를 발견할 수 있다는 것이다. 하버마스의 이른바 '보편 화용론(universal pragmatics)'은 그러한 노력의 산물이다.

한편 하버마스는 언어를 구사함에 있어서 감정이 개입되는 주관적인 세계, 사회관계를 유지하는 간주관적인 세계, 그리고 주관이 배제된 객관적인 세계를 나누고, 여기서 우리가 '생활세계'를 구성하지만 그것을 '함께 구성'하지 못하기 때문에 완전한 보편성이나 객관성을 확보할 수 없음을 인정한다. 그러므로 우리는 문법적으로 올바르게 말할 수 있는 능력이 있어야 할 뿐 아니라, 변화하는 사회적 맥락에 걸맞게 활용할 수 있는 능력도 지녀야 한다. 그것을 '화용론적' 원칙이라고 하는데, 그는 그것을 『소통 능력의 이론을 위하여』에서 다음과 같이 설명한다.

첫째, '나'나 '너' 같은 대명사를 변화하는 대화 상황에 적합하게 사용하는 방식을 알아야 한다. 그것은 상황에 따라 유동적인 기능을 하기 때문이다. 둘째, 의사소통이 전개되는 특정한 시공간적 차원과 대화의 주체들을 연결해 주는 '지시적 표현들'을 이해해야 한다. 셋째, 다양한 수행적 동사들, 말하자면 진위를 가리거나 규제 역할을 하거나 주관적 감정을 표현하거나 간에, 이것들이 타당성을 지닐 수 있도록 해야 한다. 이러한 능력을 그는 '소통 능력'이라고 하며, 소통의 선행조건이기 때문에 이것은 맥락으로부터 자유롭고 보편적이라는 것이다.

하버마스에 의하면 대화가 의미 있는 것이 되기 위해서는 각자의 진술이 일정한 규범적 조건들을 충족시켜야 한다. 이러한 조건들을 서로 인정하지 않을 경우 소통이 불가능하다는 것이다. 그 조건은 다음과 같다. 첫째로, 각자의 진술이 문법적으로 타당하며 단어의 의미가 분명할 것을 요구한다. 둘째로, 진술이 참일 것을, 즉 그것이 사실에 부합될 것을 요구한다. 셋째로, 진술이 사회적 규범의 맥락에서 올바를 것을 요구한다. 마지막으로, 진술이 자신의 진정한 의도를 표현할 것을 요구한다. 이러한 조건들은 인간이 자기 자신과 다른 사람, 그리고 세계에 대한 관계를 통해서 삶을 영위하는 존재라는 사실에서 비롯된 것이다. 다시 말해서 자기 자신과 관련해서는 진실할 것, 다른 사람들과 관련해서는 보편적으로 타당한 규범을 따를 것, 그리고 세계에 대해서는 사실을 직시할 것이 요구되며, 이러한 요구는 우리의 진술 행위에 그대로 반영된다.

사실 소통을 한다는 것은 진실된 자기표현과 인간 상호간의 규범적 관계, 그리고 세계와의 객관적 관계에 대해 보편타당한 상호 이해에 도달할 수 있다는 점을 전제로 한다. 이러한 상황의 이해가 불가능할 경우 소통은 무의미하고 단순히 '수다 떨기'가 되어 버린다. 하버마스는 유의미한 소통의 조건들이 충족되어 있는 상황을 '이상적 담화 상황'이라고 부른다. 물론 우리의 일상적 대화 상황은 많은 경우에 그러한 이상적 담화 상황을 충족시키지 못한다. 우리는 자신의 의도를 진실되게 표현하기보다는 위장하는 경우가 많고 자신도 모르게 자신을 기만할 수도 있다. 또한 많은 진술들이 의존할 수밖에 없는 사회적 규범들이 왜곡된 것일 수 있으며, 의도적이든 아니든 세계에 부합되지 않는 사실을 말할 수도 있다. 이와 같이 이상적 언어 상황은 대부분의 경우 '반사실적'이며 그것은 우리가 지향해 가는 유토피아에 불과하다.

그러나 하버마스에게 그것은 단순한 유토피아가 아니며, 우리는 실제로 서구의 근대를 거치면서 그쪽 방향으로 다가갈 역량을 이미 상당히 갖추고 있는 상태에 있다. 그는 이것을 '의사소통적 이성'이라고 하는데, 이러한 합리성이 갖는 잠재적인 능력을 극대화할 때 유토피아적 이상은 현실이 될 수도 있다는 것이다. 여기서 가장 시급한 것이 적합한 정치체제를 구축하는 것인데, 그것을 그는 '참여 민주주의'라고 한다. 시민들의 자발적인 관심과 참여, 그리고 적극적인 대화를 통해서 우리는 근대의 '기술 지배(technocracy)'가 야기한 문제들을 극복해 나갈 수 있고 그 밖의 난제들도 합리적으로 해결해 나갈 수 있다는 것이다.

하버마스에 의하면 자유롭고 평등한 시민들의 연대라는 방식으로 사회적 권력이 광범위하게 형성된 민주적인 모든 영역과 제도들에 적용하고 이것을 통해서 화폐나 행정 권력에 대해서 자신을 주장할 수 있어야 한다. 사실 우리는 기존의 전승된 가치와 문화적 지식을 능동적으로 계승하고 각종 사회집단을 통합하여 청소년들을 사회화해야 한다는 특수한 과제를 가지고 있다. 그러나 여기에 침식되거나 함몰되지 않는 생활세계 시민들의 연대를 구성해야 하며, 이 연대는 세계 시민사회의 구성원들이 받아들이는 도덕적 관점에 입각해 있어야 한다는 것이 그의 입장이다.

물론 이러한 연대를 기대한다는 것은 바람직한 것이기는 하지만 낙관하기는 어려운 일이다. 물론 참여 민주주의를 통해서 소통이 더욱 원활해지고 이상적 담화 상황으로 접근해 갈 수 있지만, 그 내용이 정치적 수준에 머물고 이른바 '포퓰리즘'에 휩쓸리면 플라톤이 염려한 것처럼 우민주의로 전락할 수도 있다. 시민들의 연대가 합의에 이르는 것도 어렵지만, 그 합의의 내용이 '정치적'인 것이 아니라 '도덕적'인 수준으로 고양되기를 기대한다는 것은 지나친 낙관주의의 표시일 수도 있기 때문이다. 인간의 소통이 이상적 담화의 상황으로 근접하려면 한 시대를 긋는 깊은 성찰과 새로운 사유 체계를 창출할 수 있는 학문 간의 유기적 소통과 융합의 시도가 먼저 이루어져야 한다. 여하튼 하버마스의 입장은 과학기술 시대에 소통의 중요성과 이상적 담화의 상황을 제시함으로써 합리적 접근의 전형을 제시해 주었다는 점에서 충분히 검토할 가치가 있다.

3) 정보화와 위험 사회

과학기술 시대의 소통에 관하여 좀 더 심각하게 고려할 점은, 잘 알려진 바와 같이 컴퓨터와 통신 산업의 발달이 현대사회의 급격한 변화를 주도하고 있다는 사실이다. '디지털 혁명'이라고 불리는 엄청난 변화가 산업계뿐만 아니라 생활 전반에 침투해 있는 것이다. 이 혁명의 기술적 및 사회적 효과는 이중적이다. 먼저 긍정적인 측면은 사용자의 위상을 강화하고 정보의 독점을 저지하며, 중앙 집중화된 체제를 붕괴시키는 동시에 다원주의를 확산시킨다는 점 등을 들 수 있다. 특히 소통의 관점에서 볼 때 사용자의 정보 개념과 정보 활용을 활성화하여, 개인을 단순한 정보 소비자가 아니라 정보 발신자 및 생산자의 지위로 끌어올리는 파격적 변혁을 몰고 왔다. 이것은 기존의 단방향적이며 일방적인 형태에서 쌍방향적이고 동시적인 소통 패러다임에의 전환을 의미한다. 이에 따라 정보의 분산화와 탈중심화가 일어나고 민주적인 정보 체계가 확립될 가능성도 커지게 된다.

한편 디지털 혁명의 부정적인 효과는 산업 간 융합 과정에서 거대 미디어 독점이 출현하고 전 지구적 차원에서 그 지배가 가속화될 수 있다는 점이다. 더구나 가속화되는 세계화 현상은 다국적기업의 영향력 강화와 기존의 정보 종속을 더욱 강화하는 결과로 이어질 수도 있다. 특히 국제적 네트워크를 통한 정보의 자유로운 유통이 이루어질 정보 고속도로의 경우 이러한 독점체의 영향력은 막대할 것임에 틀림없다. 그 어떤 경우든 디지털 혁명

이후 소통은 그 내용과 상관없이, 다시 말해서 그것이 긍정적인 것이든 부정적인 것이든 간에, 그 어느 때보다 광범위하고 자유롭게 이루어질 것이다. 그러한 상황은 우리가 잘 인식하고 또 체험하고 있는 사실이다.

여하튼 전통적 사고방식과 생활양식이 근본부터 흔들리고 있고 새로운 인식의 체계가 정립되어 있지 않은 상황에서, 소통의 문제는 그 어느 때보다도 위기의 국면을 맞이하고 있는 양상이다. 그것은 단순히 성별이나 세대의 차이, 혹은 문화의 다양성에 국한된 것은 아니다. 사회과학자들이나 미래학자들이 지적하는 바와 같이 '제3의 물결'이 밀려오는 '후기 산업사회'에서는 전통적인 가치관이나 인간관, 세계관 등이 급격하게 무너져서 과도기적인 혼란을 거칠 수밖에 없고, 세계화와 국제화가 급속하게 진행되어서 그만큼 소통이 더욱 어려워지기 마련이다. 더구나 정보화 현상이 정보의 홍수로 인하여 역설적으로 양질의 정보를 차단하고 필요한 정보를 적합한 시기에 수집할 수 없는 사태도 빚어낸다.

소통이 잘 안 되면 우리가 실감하고 있듯이 위험 인식이 높아진다. 사회학자 울리히 벡(Ulich Beck)에 의하면, 현대인은 일어날 확률이 거의 없는 위험이나 실재하지 않는 위험 때문에 불안을 느낀다고 한다. 불확실하고 유동적인 상황이 불안을 야기한다는 것이다. 그는 이러한 현대사회의 특징을 '위험 사회'라는 말로 정의했다. 여기서 위험은 직접 감지되지 않는 위험, 그래서 예측하기 어려운 위험이다. 그러므로 물론 소통에도 분명히 한계가 있다. 그러나 위험을 예측하고 통제하는 역할을 하는 것이 과학이다. 과학은 현대인의 생활을 놀라울 정도로 발전시키고 편리하게 만들었다. 기상 정보가 그 대표적인 예다.

그러나 여기서 우리는 합리성이나 객관성에 호소하여 소통을 원활하게 하는 데 한계가 있음을 실감하게 된다. 소통의 본질을 이해하려면 어떤 현상에 대한 객관적 사실과 그것을 받아들이는 주관적 인식 사이에는 크나큰 괴리가 있음을 먼저 인정해야 한다. 그리고 소통의 대상은 객관적 사실이 아니라 인식된 내용이라는 점도 동시에 인정해야 한다. 더구나 정치를 비롯한 현실 사회가 직면해야 하는 것은 학문과 달리 객관적 '사실' 그 자체가 아니라 사실에 대한 주관적 '인식'임을 명심해야 한다. 특히 정보화사회에서는 그 파장이 매우 크기 때문에 이러한 현상이 더욱 심각한 문제로 대두된다. 우리가 경험하고 있듯이 무엇보다 정보 매체에 의한 소통은 복잡하고 진지한 대화나 토론이 이루어지기 어렵기 때문에 이 새로운 매체들이 오히려 저해 요소로 작용하는 경우가 많이 있다. 합리성을 부각시키기보다는 즉흥적이고 감성적인 내용의 소통에 더욱 효과적인 도구이기 때문이다. 결과적으로 검증되지 않은 선동적인 흥미 위주의 괴담이 사실로 둔갑하고, 그것을 근거로 경험이나 경륜이 없는 지도자가 선출되기도 하며, 이러한 사태에 대해 아무도 책임지려 하지 않는다. 장난삼아 혹은 호기심 때문에 범죄를 저질러 보았다는 철부지들로 사회를 가득 채우고 있는 형국이다.

그렇다면 지금까지 고찰해 온 것을 근거로 하여 어떻게 우리 한국 사회에서 소통을 좀 더 원활하게 할 수 있을 것인가? 그것을 우리는 다음과 같이 정리해 볼 수 있을 것이다.

첫째, 주관적 신념이나 감정을 약화시키거나 보류하고, 객관적 사실에 근접하여 과학적 합리성을 극대화하려고 노력하지 않으면 안 된다. 그렇게 하려면 그것을 비판적으로 수용하려는 사회적 합리성이 작동해야 하고, 무엇보다 여기에도 한계가 있다는 엄연한 사실을 인식함으로써 비판적 및 반성적 자세를 지니는 것이 중요하다. 그것은 우리가 전근대적인 농경사회가 아니라 과학기술 시대에 살고 있으며, 이 시대에 걸맞은 사고방식과 생활 태도를 갖추어야 하기 때문이다.

둘째, 담론의 틀을 확대할 필요가 있다. '제로섬' 게임을 피하기 위하여 양측이 설정한 전제를 다시 검토하는 지혜가 필요하다. 어떤 논의의 전제를 재검토할 때 우리는 좀 더 차원 높은 결론에 도달할 수 있을 것이다. 이것은 문명적으로나 문화적으로 새로운 국면에 접어들었을 때 더욱 절박한 사항이다. 서로가 구태의연한 개념의 틀에 갇혀 있을 수도 있기 때문이다. 더구나 우리는 수난과 질곡의 근현대사를 경험하고 이것을 너무 급진적으로 극복하기 위하여 지나치게 경쟁적이고 전투적인 자세로 삶에 임해 왔기 때문에 더욱 심화된 경향이 있다.

셋째, 상대방의 입장에서 사물의 본질과 구조를 재조명할 수 있는 지혜가 필요하다. 객관적이고 절대적인 진리가 그 누구의 전유물이 아니라면, 상호 주관성에 호소하여 공통분모를 확대하는 차선의 방법을 채택하는 것이 좋을 것이다. 그렇게 함으로써 일단 갈등과 충돌의 요소를 제거하고 소통의 실마리를 찾아 갈 수 있기 때문이다. 가령 남북문제에 있어서 민족을 먼저 고려하고 진보와 보수의 정책적 대결에서 국가를 먼저 생각하며, 성장과 함께 복지를 염두에 둔다면, 문제를 근원적으로 해결하지는 못한다고 하더라도 대화의 광장은 그만큼 더 넓어질 것이기 때문이다.

넷째, 소통에는 자연적이고 자율적인 측면이 있다. 소통을 원활하게 하기 위해서 인위적 장치를 지나치게 동원하거나 강제력을 발동하면 이것이 오히려 저해 요소가 될 수도 있다. 그러므로 지도자는 자기가 의도하는 것을 주입식으로 강요할 것이 아니라, 그것이 국가든 작은 공동체든 그 구성원이 진정으로 원하는 것을 실현할 수 있도록 돕는 역할에 주력해야 한다. 이와 같이 소통은 어떤 집단이 추구해야 할 목표가 아니라 그 목표에 도달하는 과정이다. 어느 정도 자동적인 흐름에 맡겨 둘 때 충돌과 갈등을 통해 상상력과 창의력이 창발되고 한층 더 차원 높은 문화의 형태를 창출하게 될 수도 있다. 여기서 우리는 대화의 중요성을 다시 음미할 필요가 있다. 소통의 부재를 인식하면 할수록 대화만이 최선의, 그리고 최고의 소통 방식임을 실감할 수 있기 때문이다.

4. 맺는 말

코끼리와 장님에 관한 우화가 있다. 불교의 경전인 『열반경』에 나오는 이야기다. 옛날 인도의 경면왕이 장님 여러 명을 불러 놓고 손으로 코끼리를 만져 본 후 자기가 알고 있는 것에 대해 말해 보라고 하였다. 제일 먼저 상아를 만져 본 장님이 "폐하, 코끼리는 열무같이 생긴 동물입니다"라고 하자, 귀를 만졌던 장님은 "아닙니다, 폐하. 코끼리는 곡식을 까불 때 사용하는 키와 같습니다"라고 말하였다. 옆에서 다리를 만진 장님은 이를 듣고 큰 소리로 "둘 다 틀렸습니다. 제가 보기에 코끼리는 마치 커다란 절굿공이같이 생긴 동물입니다"라고 주장하였다. 이번에는 꼬리를 만져 본 장님이 "새끼줄 같습니다"라고 말했다는 이야기다.

이 이야기에서 우리는 흔히 어떤 사물이나 현상에 대해서 한 측면만 알고 전체를 다 이해한 것처럼 착각해서는 안 된다는 교훈을 얻는다. 그러나 이러한 교훈이 의미를 지니려면 누군가가 실체를 온전하게 알고 있어야 한다. 말하자면 코끼리가 어떻게 생겼는지 알고 있는 사람만 다른 사람들의 지식이 부분적이거나 편견에 사로잡혀 있다고 말할 자격이 있는 것이다. 제한된 지식을 가진 사람들끼리 끝없는 논쟁을 벌인다는 것은 성과 없는 소모전에 불과한 것이기 때문이다. 그렇다면 이러한 한계를 극복할 수 있는 방법은 무엇인가?

우선 우리는 존재의 진리를 온전히 깨달은 사람이나 완전한 존재인 신으로부터 계시를 받은 사람으로부터 가르침을 얻을 수 있다. 그러나 대부분의 경우 그들의 가르침은 너무 깊어서 이해하기 어렵고 모호한 점도 있어서 여러 가지로 해석되는 경우가 많으며, 더구나 오해되는 경우도 적지 않다. 그야말로 장님이 코끼리 만지듯이 가르침들을 자기의 관점에 따라 편의대로 해석하는 경향이 있다는 것이다. 특히 여기서 문제가 되는 것은 각자 자기가 이해한 것이야말로 완전한 진리라고 생각하기 때문에 다른 사람들과 타협의 여지를 두지 않는다는 점이다. 이러한 경우에는 오류를 범할 뿐 아니라 독선에 빠질 이중의 위험을 안고 있다는 사실을 의식할 필요가 있다. 이와 같이 깨달음이나 계시가 진상에 다가가는 가장 좋은 방법임에도 불구하고 이러한 한계가 있기 때문에 그것이 누구에게나 열려 있는 것은 아니라는 문제점이 있다. 그러므로 비록 최선의 방법은 아니지만 진상으로 가까이 다가가는 방법으로 대화라는 방법을 택하게 된다.

대화는 우리 중에 아무도 코끼리에 대해서 완전히 알 수 없기 때문에 차선으로 채택된 소통의 한 방법이다. 말하자면 장님들끼리 서로 자신이 이미 알고 있는 부분적인 정보를 나눔으로써 코끼리에 대해서 좀 더 객관적인 지식을 얻어 보려는 노력의 한 형태인 것이다. 그러므로 참여자들 중에 어떤 사람이 자기가 '경면왕'이나 된 것처럼 다른 사람들을 '장님'으로 취급한다면 진상으로 다가갈 수 없을 뿐만 아니라, 대화를 중단시킴으로써 그 가능성조차 원천적으로 차단하게 될 수도 있다.

사실 장님에 관한 이 이야기의 진정한 의미는 우리 중에 '장님'이 있다는 것을 우화적으로 전하는 데 있는 것이 아니라, 우리가 어떤 의미로는 모두 장님들이라는 사실을 깨닫게 하는 데 있을 것이다. 그리고 그 깨달음은 코끼리에 관한 정보를 좀 더 많이 확보함으로써 얻어질 수 있는 것이 아니다. 여기에는 우리가 아무리 많은 지식과 정보를 가지고 있다고 해도 사물과 현상의 실상을 파악할 수는 없다는 사실, 즉 소크라테스적 '무지'를 깨닫게 하는 데 그 참뜻이 있는지도 모른다. 사실 소크라테스는 플라톤과 달리 대화를 통한 변증술에 의해서 우리가 반드시 진리에 도달할 수 있다고 믿지는 않았다. 그렇다고 해서 소피스트들처럼 객관적 진리는 없고 다만 각자의 견해가 있을 뿐이라고 주장하지도 않았다. 그러나 대화에 성실하게 임할수록 그만큼 우리는 '로고스(Logos, 이성, 사유, 논리)'를 더욱 선명하게 드러내고 사물의 본질과 현상의 구조를 좀 더 심도 있게 파악할 수 있으며, 따라서 도덕성을 함양할 수 있을 뿐만 아니라 영혼의 정화를 도모할 수도 있다고 그는 믿은 것이다.

중국의 고전인 『열자(列子)』와 『한비자(韓非子)』에는 코끼리에 관한 또 하나의 이야기가 있다. 사람들이 땅을 파 보니 거대한 동물의 뼈 조각들이 발굴되었는데, 그것이 어떤 동물의 뼈인지 알 수 있는 사람이 아무도 없었다. 그 뼈들을 조립해 보아도 여전히 답은 나오지 않았다. 그러한 형태의 뼈를 가진 동물을 보았거나 지식을 가진 사람이 없었기 때문이다. 결국 사람들의 의견을 모아서 한 마리의 동물을 상상해 보았는데 그것이 바로 나중에 '코끼리'로 알려진 것이었다. 그것이 '상상(想像)'이란 단어 속에 코끼리 '상(象)' 자가 들어가게 된 이유라고 한다.

우리는 제한된 감각적 경험과 이에 근거한 대화와 추론, 그리고 어느 정도의 상상력을 동원하여 결국 사물에 관한 실체에 접근한다. 그러나 우리가 지닌 인식의 한계 때문에 이러한 방법을 모두 동원한다고 하더라도 실체 그 자체를 파악하는 것은 아니다. 그런데 이들 중에서 어떠한 방법에 더 큰 비중을 두는지에 따라 진상은 그 코끼리처럼 다른 모습을 드러낸다. 가령 과학과 종교, 도덕과 예술 등이 그 좋은 예가 될 것이다. 그러나 어떠한 경우든 우리가 성실하게 대화에 임하면 소통과 사회의 통합에 도움이 될 뿐만 아니라 객관적 진리와 존재의 실상으로 좀 더 가까이 인도할 것임에 틀림없다. 동서와 고금이 만나서 격렬하게 부딪치는 이 격동의 시대에, 그 중에서도 폭풍의 언덕인 이 한반도에서 삶을 영위하는 우리들에게 대화와 소통과 화합은 이제 그 어느 때보다도 중요한 가치가 되었다. 이러한 가치를 획득하기 위해서는 무모한 경쟁과 전투적인 도전의 자세보다 좀 더 진지하게 자기 성찰에 임하고 과정을 더 중시하는 개방적이고 비판적이며 합리적인 삶의 태도가 필요할 것이다.

참고문헌

Wittgenstein, L., *Philosophical Investigations*, eds. G. E. M. Anscombe and R. Rhees, Macmillan, 1953.

Austin, J. L., *How to Do Things with Works*, Harvard University Press, 1962.

Habermas, J., *The Theory of Communicative Action*, vol. I, Boston: Beacon Press, 1984.

Popper, K., *The Open Society and It's Enemies*, vol. I, London: PKP, 1966.

Feynman, R., *What Do You Care, What other people Think?*, 홍승우 옮김, 『남이야 뭐라 하건!』, 사이언스북스, 2004.

Beck, Ulich, *Risikogesellschaft: Auf dem Weg in eine andere Moderne*, 1986.

엄정식, 『자아와 자유』, 길, 1999.

이효재, 『분단시대의 사회학』, 한길사, 1985.

이덕환 편, 『소통』, 서강대학교 출판부, 2010.

한국과학문화재단 편, 『새로 보는 과학기술』, 2007.

아산사회복지사업재단, 『정보사회와 사회윤리』, 1996.

_____, 『사이버시대의 삶의 질』, 2000.

■ 엄정식 ■

서강대학교 철학과를 졸업하고 서울대학교에서 언론학 석사, 미국 웨인주립대학에서 인문학 석사, 미시간주립대학에서 철학 박사 학위를 받았다. 서강대 대학원장, 한국철학회 회장, 한국아메리카학회 회장, 하버드 대학 철학과 교환 교수를 역임했으며, 현재 서강대학교 명예교수다. 주요 저서로 『지혜의 윤리학』, 『비트겐슈타인의 사상』, 『분석과 신비』, 『확실성의 추구』, 『자아와 자유』, 『길을 묻는 철학자』 등이 있다.

신문고를 통해 본 소통과 언로(言路)

윤 경 로

1. '소통' 통로로서의 신문고

이 글은 소통의 문제를 역사적 입장에서 접근해 보려 한다. 그것도 조선시대에 일반 백성들의 원통하고 억울한 일을 임금에게 직접 전달할 수 있는 '소통(communication)'의 한 방법으로 운영된 신문고(申聞鼓)를 소개하는 데 목적을 두고자 한다.

현재 사이버 공간에는 '신문고'라는 이름이 넘쳐 난다. 이것만으로 보면, 온고이지신(溫故而知新)의 전통을 오늘에 맞추어 적절하게 활용하고 있는 듯한 느낌이다. 정부기관뿐 아니라 지방자치단체, 시민단체, 기업체, 교육기관, 개인의 홈페이지 등에서도 '신문고 사이트'는 적잖이 발견할 수 있다. 이 외에 인터넷 뉴스 신문고도 있고, 신문고라는 이름을 직접 사용하지는 않지만 여론수렴의 장이나 신고 센터를 둔 사이트는 그 수를 헤아릴 수 없을 정도로 많다. 이 사이트를 만든 목적은 대부분 고발이나 건의 사항, 애로 사항을 공론화하고 이를 해결하려는 데 있으니, 조선시대 신문고의 설치 목적과 크게 다르지 않다. 이 밖에 이번 지방선거에서도 그 위력을 크게 과시했다는 트위터, 페이스북 등 소셜 네트워크 시스템(SNS)이 향후 우리 사회를 무서운 속도로 변화, 개혁시켜 나갈 도구로 사용될 것으로 보인다.

이렇듯 급변하는 작금에 600여 년 전에 있었던 '소통 도구'로서 신문고는 매우 진부해 보일지 모른다. 그러나 지난 역사를 오늘의 '거울'이라 생각하면서, 우리 선조들은 '소통'의 문제를 어떻게 인식했고, 당시 '소통'의 내용은 무엇이었으며, 그것을 어떻게 처리해 나갔는지 등을 진솔하게 살펴보기로 한다.

2. 소통은 위민 정치의 출발

조선왕조는 500여 년간을 유지한 흔치 않은 역사성을 지니고 있다. 그것도 서구 사회가 중세 봉건사회를 마감하고 근대사회로 이행되던 15세기부터 20세기까지 한 왕조가 500여 년을 지속한 사례는 세계 역사에서도 찾아보기 힘들다. 이 점을 들어 일부 학자들은 한국 역사 발전에 있어서의 특수성과 정체성(停滯性)으로 지적하지만, 꼭 그런 것만은 아니다. 한 왕조의 장기 지속성은 그럴 만한 역사적 배경과 요인이 없지 않은데, 조선왕조는 서구 역사에 등장하는 절대 왕조와 달리, 왕권(王權)과 신권(臣權), 신권과 신권 사이의 상호 견제와 균형(check and balance of power)이 조화를 이룬 사회였기 때문에 가능했다.

이러한 군신 간 혹은 신하 상호간의 견제와 균형은 중앙정부기관인 소위 언론 삼사(三司, 사헌부, 사간원, 홍문관)의 설치와 언로 개방을 배경으로 했다. 삼사의 언론 활동은 매우 활발하여 공론(公論) 혹은 여론(輿論) 정치를 주도했다. 그리고 상소 등의 여론 매체를 통해 개인이나 집단의 의사를 전달하는 소통 구조도 확립되어 있었다. 그러나 조선 말기로 내려갈수록 언론 활동은 위축되어 견제와 균형의 원칙이 무너짐으로써 결국 왕조의 쇠퇴를 가져오고 말았다. 아무튼 조선왕조의 500여 년 역사가 유지될 수 있었던 것은 이러한 전근대사회 속의 '근대적 시스템'인 견제와 균형이라는 정치사회적 도구가 작동했기 때문이었다는 점을 간과해서는 안 된다.

이 글에서 소개하려는 신문고 역시 이러한 역사적 맥락에서 이해할 필요가 있다. 조선왕조는 지배층에 국한된 언로 개방뿐 아니라 천인들의 의사도 국왕에게 전달될 수 있도록 하는 제도적 장치를 만들었는데 그것이 신문고다. 말하자면, 조선은 봉건사회였지만 왕조를 유지, 발전시키기 위해서는 인적 기반과 물적 토대를 제공해 주는 일반 백성을 무시하고는 불가능하다는 판단에서 백성들과의 '소통'을 절대적 가치로 삼았던 것이다. 이러한 점에서 조선왕조는 백성을 위한 정치, 곧 위민 정치(爲民政治)를 근본으로 삼았다고 할 수 있으며, 그 통치 이념은 바로 조선의 국가 이념이었던 성리학(性理學)에 토대를 두었다.

그러면 공론 혹은 여론 정치라는 유교 정치의 이념의 배경은 무엇일까? 그것은 첫째, 공론과 여론의 장(場)과 범위를 서인(庶人)으로 확대하여 그들의 의견을 청취하는 시스템을 적극 가동하고 활용했기 때문이다. 즉 나라의 정사(政事)는 공경대부(公卿大夫)로부터 사서인(士庶人)에 이르기까지 물어서 행해야 한다고 했다. 말하자면 오늘날의 국민에 의한 정치를 지향했던 것이다.

실록(實錄) 기사를 보면, “『서경(書經)』에 이르기를, 모책(謀策)은 서인에게까지 미치게 하라고 하였다”거나, “예전에는 언관이 따로 없고 공경으로부터 일반 백성에 이르기까지 진언하지 않는 이가 없었습니다”, “예전의 성왕(聖王)은 무릇 하는 일이 있으면 반드시 경사서인에게 모의하였다”, “경대부로부터 사서인에게 이르기까지 규탄하지 않음이 없어 조정의 기강을 엄숙히 하였다”라고 했다. 국사(國事)에 서인을 참여시켜 백성의 정치적 의사가 임금에게 상달되어 이를 실현토록 백성의 ‘참정권’을 용인한 것이다.

둘째, 백성의 신임, 즉 인심을 얻는 것을 가장 중요한 정치 가치로 보았다. 이는 맹자가 말한 것처럼, 국민을 위한 정치다. 따라서 조선시대의 위정자들은 백성의 인심을 얻는 정책을 입안하고 시행했으며, 인심을 잃는 정책은 수행하기를 두려워했다. 이것이 맹자의 정치사상인데, 『맹자(孟子)』를 통해 그 의미를 살펴보자.

양혜왕이 맹자에게 국가를 이롭게(利) 하는 방법을 물었다. 그러자 맹자는 “인의(仁義)가 있을 뿐이다”라고 하였다. 국가를 이롭게 한다는 것은 부국강병을 가리킨다. 그러나 맹자는 부국강병이 아니라 인의로 나라를 다스려야 위태롭지 않다고 주장했다. 주자는 이 인의를 “인심(人心)의 고유한 것에서 근원하였으니, 천리(天理)의 공(公)이다”라 하여, 천리가 공적으로 발현된 인심의 고유한 것이라 하였다. 사사로운 사람의 욕심을 따라 이익을 구하면, 오히려 국가가 위태롭다는 논리다. 따라서 천하를 획득하는 유일한 방법은 백성의 신임을 얻는 것이며, 이것이 국가와 군주를 안정되게 하는 가장 중요한 정치 행위로 보았다.

그렇다면 왕도(王道)는 무엇에서 출발해야 하는가? 산 사람을 봉양하고 죽은 이를 장사 지내 보냄에 유감이 없게 하는 것이 왕도의 시작이라 하였다. 음식과 주거, 제사와 관곽(棺槨)은 백성들에게 가장 절박한 것으로, 이를 안정되게 해주어 민심을 얻는 것이 왕도의 근본이라 여겼던 것이다.

국왕은 이러한 왕도의 근본을 깊이 인식하고 이를 실현할 수 있는 방법과 백성들의 삶에 지대한 관심을 가졌다. 오히려 국왕은 이를 실천하지 못할까 염려하는 우환 의식(憂患意識) 속에서 여러 가지 실천 방법을 모색했다. 천재지변이 생기면 이를 두려워하면서 자신을 반성한다거나, 동시에 정치의 잘잘못을 비판하고 올바른 방향을 제시해 달라는 구언 교서(求言敎書)를 내리는 것은 그 일환이었다. 일반 서인(庶人)이 간접적으로 정치에 참여하고 언로(言路)를 개방하는 것은 국왕의 우환을 덜어 주고 덕치의 실현 가능성을 최대화하는 의사 결정 과정이었다. 따라서 유교의 정치의식은 국가와 백성의 원활한 소통을 전제로 했다. 그 소통의 매개는 백성의 의사와 고충을 알기 위한 수단이며, 이러한 상향식 언론으로서 대표적인 제도가 신문고였다.

'신문(申聞)'이라는 말은 소송하는 자가 사건의 전말을 밝혀서 임금에게까지 들리게 한다는 뜻이다. 따라서 신문고는 임금이 직접 백성과 소통할 수 있는 언론제도라고 할 수 있다. 신문고를 울린 백성은 누구나 임금과 만나 정치사회의 현안과 개인의 고충, 원통하고 억울한 일 등을 청원, 상소, 고발하여 솔직하게 털어놓고 논의하여 처리해 나가는 개방적인 소통 체계를 갖추고 있었다. 따라서 조선왕조는 중세적 봉건 체제였으나 그 체제 유지를 위해 민본(民本), 곧 위민 정치라는 '근대성'을 지니고 있었으며 치자와 피치자의 '소통 도구'로 신문고를 적극 활용했다 할 수 있다.

신문고를 매개로 한 전통 시대의 소통 구조는 오늘날에도 계승되어 더욱 확장되고 세련된 형태로 나타난다. 그러나 간혹 이익집단이나 특권층의 이해를 대변하는 왜곡된 소통 구조가 정치와 사회 및 문화 발전의 장해물이 되기도 하는 듯하다. 이 글에서는 현재의 소통 구조상의 폐해를 돌아보고 개선한다는 의미에서 조선시대의 신문고 제도를 통해 선조들이 백성의 뜻을 얼마나 중시했는가를 돌아보고 이를 교훈으로 삼고자 한다.

3. 백성과 소통하는 신문고의 설치

1) 신문고의 설치 배경

조선 건국 직후에는 『실록』에서 쉽게 찾아볼 수 있는 것처럼, 자연재해와 변괴가 자주 일어났다. 게다가 왕자의 난을 거쳐 즉위한 태종(太宗, 1400-1418)은 왕권과 왕실의 불안정으로 정치적 불안감을 감출 수 없었다. 그리하여 그는 왕권을 강화하고 왕실을 안정시키기 위해 위협 세력인 공신과 친인척을 제거하는 한편, 사병을 혁파하고, 재상 중심제(宰相中心制)를 육조 직계제(六曹直啓制)로 전환하였으며, 신문고를 설치하였다.

신문고는 태종의 왕권 강화와 왕실의 안정이라는 정치적 목적을 배경으로 설치되었다. 처음 설치된 시기는 지금으로부터 610년 전인 태종 원년(1401)이다. 이때 태종은 "고(告)할 데가 없는 백성으로 원통하고 억울한 일을 품은 자는 나와서 등문고(登聞鼓)를 치라"고 명했다. 의정부에서 상소하기를, "서울과 외방의 고할 데 없는 백성이 원억(冤抑)한 일을 소재지의 관사(官司)에 고하여도, 소재지의 관사에서 이를 다스려 주지 않는 자는 나와서 등문고를 치도록 허락하고, 등문(登聞)한 일은 헌사(憲司)로 하여금 추궁해 밝혀서 아뢰어 처결하여 원억한 것을 펴게 하고, 그 중에 사(私)를 끼고 원망을 품어서 감히 무고(誣告)를 행하는 자는 반좌율(反坐律)을 적용하여 참소하고 간사한 것을 막으소서"라고 하여 이를 따른 것이다. 이것은 국왕의 권위와 정치적 역량을 강화하여 국왕 중심의 위민 혹은 민본 정치를 구현하겠다는 의지의 표현이었다. 명칭은 처음에 등문고라고 했다가 바로 신문고로 고쳤다.

등문고의 유래는 중국 송나라 때부터 시작되었다고 하지만, 그 이전 하은주 삼대(三代) 때에도 그와 유사한 제도가 있었다. 송나라 때에는 997년에 고사(鼓司)가 설치되고, 1007년에 등문고원(登聞鼓院)으로 고쳤다고 한다. 이 기관은 북을 두드려 봉서를 바쳐서 만인(萬人)의 정(情)이 황제에게 상달되도록 하는 목적에서 만들어졌다.

이러한 송나라 제도를 수용한 조선의 신문고도 '아랫사람들의 실정(實情)이 상달(上達)되게 하기 위한 것'이었다. 백성들의 억울함이 임금에게 들리도록 하는 이 제도는 왕권이 불안한 태종에게 매우 긴요했다. 하늘은 백성이 보고 듣는 것에 따라 보고 듣는다고 했다. 민심의 향방에 따라 천명이 바뀔 수 있다는 역성혁명을 말하는 것이다. 따라서 국왕도 민심에 귀를 기울여야 하며, 이를 위해서는 그들과의 소통의 길을 열어 놓아야 한다. 그래야만 덕성과 능력을 갖춘 군주로서 책임과 의무를 다하여 민심을 얻고, 이를 기반으로 왕권과 왕실을 안정시킬 수가 있는 것이다. 그리하여 태종은 동왕 2년(1402) 정월에 신문고를 설치하는 데 따른 교서를 반포했다. 이미 시범적으로 운영해 본 결과가 만족스러웠으며, 이를 지속적으로 운영하기 위해서는 관련 법규가 필요했다. 그 교서의 내용을 살펴보면 다음과 같다.

"내 부덕한 사람으로 대통을 이어받았으니, 밤낮으로 두려워하면서 태평에 이르기를 기약하여 쉴 겨를도 없었다. 그러나 이목(耳目)이 샅샅이 미치지 못하여 옹폐(壅蔽)의 환(患)에 이르지 않을까 두려워하여 이제 옛 법을 상고하여 신문고를 설치한다. 온갖 정치의 득실(得失)과 민생(民生)의 휴척(休戚)을 아뢰고자 하는 자는, 의정부에 글을 올려도 위에 아뢰지 않는 경우, 즉시 와서 북을 치라. 말이 쓸 만하면 바로 채택하여 받아들이고, 비록 말이 맞지 않는다 하더라도 또한 용서하여 주리라. 대체로 억울함을 펴지 못하여 호소하고자 하는 사람으로, 서울 안에서는 주무 관청에, 외방에서는 수령(守令), 감사(監司)에게 글을 올리되, 따져서 다스리지 아니하면 사헌부에 올리고, 사헌부에서도 따져 다스리지 아니한다면, 바로 와서 북을 치라. 원통하고 억울함이 명확하게 밝혀질 것이다. 상항(上項)의 관사(官司)에서 따져 다스리지 아니한 자는 율(律)에 따라 죄를 줄 것이요, 월소(越訴)한 자도 또한 율에 따라 논죄(論罪)할 것이다. 혹시 반역을 은밀히 도모하여 나라를 위태롭게 하거나, 종친(宗親)과 훈구(勳舊)를 모해(謀害)하여 화란(禍亂)의 계제(階梯)를 만드는 자가 있다면 여러 사람이 직접 와서 북치는 것을 허용한다. 말한 바가 사실이면 밭 2백 결(結)과 노비 20명을 상으로 주고 유직자(有職者)는 3등을 띄워 올려 녹용(錄用)하고, 무직자(無職者)는 곧 6품직에 임명할 것이며, 공사 천구(公私賤口)도 양민(良民)이 되게 하는 동시에 곧 7품직에 임명하고, 따라서 범인의 집과 재물과 종과 우마(牛馬)를 주되 다소(多少)를 관계하지 않을 것이며, 무고(誣告)한 자가 있다면 반좌(反坐)의 율로써 죄줄 것이다. 아! 아랫사람의 정(情)을 상달(上達)케 하고자 함에 금조(禁條)를 마련한 것은 범죄가 없기를 기약함이니, 오직 중외(中外)의 대소 신료(臣僚)와 군민(軍民)들은 더욱 조심하여 함께 태평한 즐거움을 누리게 하라."[1)]

이 교서에서 태종은 우선 "이목(耳目)이 샅샅이 미치지 못하여 막아서 가리는 근심에 이르지 않을까 두려워하여"라고 했다. 임금의 이목이 일반 백성들의 삶에 구석구석 미치지 못할까 두려워서 이 제도를 시행하게 되었다는 배경을 설명하고 있다. 이것은 곧 임금이 일반 백성들과 소통할 수 있는 길을 이 제도를 통해 열어 놓겠다는 말과 다름 아니다. 신문고는 임금이 국민들과 소통하겠다는 의지를 반영한 제도였던 것이다. 이러한 태종의 뜻은 그 뒤에도 천변재이로 구언 교서를 내리면서 다시 한 번 천명한 바 있다. "항상 아랫사람들의 정(情)이 상달(上達)되지 못할까 근심하여 신문고를 설치하고, 원통하고 억울한 사정을 펴게 하였다"고 한 것이 그것이다.

신문(申聞)은 그 대상과 방법을 세 가지로 구분했다. 첫째, "온갖 정치의 득실(得失)과 민생(民生)의 휴척(休戚, 기쁨과 슬픔)"에 대한 청원이다. 이는 정치와 사회의 모든 문제에 대한 자유로운 비판을 허용한다는 것으로, 조선의 여론 정치와 일맥상통한다. 의정부에 글을 올려도 임금에 아뢰지 않는 경우라 했으니, 태종은 여론이 의정부에 막혀 자신에게 전달되지 않아 임금답지 못한 상황이 전개되는 것을 용납하지 않겠다는 것이다.

---

1) 『太宗實錄』 권3, 태종 2년 정월 26일(己酉).

둘째, 억울한 일에 관한 상소다. 이 억울함을 펴지 못하여 호소하고자 하는 사람은 먼저 서울 안에서는 주무 관청에, 지방에서는 수령(守令)이나 감사(監司)에게 글을 올리고, 따져서 다스리지 아니하면 그 다음에는 사헌부(司憲府)에 올리고, 사헌부에서도 따져 다스리지 아니하면, 바로 와서 북을 치라는 것이다. 이러한 절차는 당시 사법제도인 삼복심제(三覆審制)와 유사하다. 백성들에게 적체된 억울함을 신문고를 통해 해소시켜 주겠다는 것이다. 그런데 이런 억울함을 따져 다스리지 않은 관사(官司)는 율(律)에 따라 죄를 주고, 이런 절차를 거치지 않고 월소(越訴, 절차를 뛰어넘어 행하는 소송)한 자도 또한 율(律)에 따라 논죄(論罪)하도록 했다. 신문된 사안에 대해서는 철저한 조사가 뒷받침되어야 하며, 그를 통한 판결에는 승복해야 한다. 불복하고 항소할 상급 단계는 더 이상 마련되어 있지 않았으니, 신문고 제도는 이 당시 사법의 최고 심판 단계라고 할 수 있다.

셋째, 반역을 도모하여 사직(社稷)을 위태롭게 하거나, 종친(宗親)과 훈구(勳舊)를 모해(謀害)하여 화란(禍亂)을 일으키는 반역과 변란에 대한 고발이다. 이 경우에는 절차 없이 "여러 사람이 직접 와서 북을 치라"고 했다. 국가와 왕실의 안위를 위협하는 어떤 세력이든 이들에 대해 온 국민들은 관심을 갖고 경계를 늦추지 말 것이며, 고발 또한 신속하게 이루어질 수 있도록 절차를 모두 철폐한 것이다.

신고자에게는 포상 제도가 동시에 마련되었다. 반역이나 변란이 사실로 밝혀졌을 경우에 포상금은 밭 2백 결(結)과 노비 20명이었다. 그리고 신분에 따라 차등적으로 관직을 제수했는데, 관직이 있는 자는 3등(等)을 뛰워 올려 임용하고, 관직이 없는 자는 6

품직에 임명하며, 공사 천구(公私賤口, 공노비와 사노비)는 양민(良民)이 되게 하는 동시에 7품직에 임명하도록 했다. 범인이 소유한 집과 재물, 종, 우마(牛馬)도 모두 포상하되 다소(多少)를 관계하지 않도록 규정했다. 반역과 변란 신고자는 신분과 지위가 한순간에 바뀌어 인생의 전환점을 맞게 되는 것이다. 반면에, 무고(誣告)한 자는 반좌율(反坐律)로 죄를 주었다. 반좌율은 고발당한 사람이 받는 처벌과 같은 형벌을 무고자에게 가하는 형률이다.

신문고는 이렇게 처음에는 청원과 상소, 고발을 모두 포괄하는 최고의 언론제도였다. 이 제도는 궁극적으로 국가와 사회의 기강 확립과 안정을 목적으로 한 공론의 장으로 손색이 없었다. 이 교서가 전국 방방곡곡에 선포됨으로써, 전국의 백성들은 신분에 관계없이 이 공론의 장에 참여할 기회와 권리를 갖게 되었다.

신문고의 수호와 관리는 순군(巡軍)의 영사(令史)와 나장(螺匠) 각 한 명이 담당했다. 북을 치는 격고(擊鼓)와 사유를 호소하는 소원(訴冤)의 방식은, 격고하려는 사람이 있으면 영사가 달려가 관리에게 알려서 그 북을 치려는 사유를 묻도록 했다. 역적의 음모에 관한 일이면 바로 치게 했다. 또 정치의 득실과 원통하고 억울함을 펴지 못한 일 등은 월소(越訴)가 아니면 실정을 자세히 묻고 북을 치게 한 뒤에, 즉시 나장에게 그의 주소를 알아 두도록 했다.

태종연간에 신문고를 친 사례를 살펴보면, 총 41건 가운데 상소 28건(67퍼센트), 청원 12건(30퍼센트), 고발 1건(3퍼센트)이었다. 상소 사건 중에는 노비 문제가 15건(53.6퍼센트)으로 절반 이상을 차지하였는데, 이는 신문고 제도 시행 직후에 주로 발생했다. 그 외에는 형옥 사건 9건(32.1퍼센트), 재산 사건 2건(7.1퍼센트), 기타 2건(7.1퍼센트)이었다. 노비 송사에 관한 사례 일부를 소개해 보면 다음과 같다.

[사례 1] 노비와 신분 문제에 관한 사례

[사례 1-1] 노비를 다투다가 무고죄로 처벌된 주옥룡

처음에 대호군(大護軍) 주옥룡(周玉龍)이 전 장군(將軍) 송사민(宋斯敏)과 노비를 다투었으나 얻지 못하자, 사헌부에 호소하였다. 그러나 또 이기지 못하매, 신문고를 쳐서 아뢰었다. 승정원에 내려 보내 따지게 하였는데, 송사민의 행위가 바른 것으로 판결났다. 사헌부에서는 주옥룡의 무고죄를 청하여, 직첩을 거두고 먼 외방으로 귀양 보내도록 건의하였다. 그러나 태종은 "주옥룡이 실로 죄가 있으나 일찍이 군공(軍功)이 있으니, 차마 법대로 다하지 못하겠다." 하고, 수군(水軍)에 붙이라고 명하였다.

[사례 1-2] 빼앗은 노비를 다시 변정하여 속공(屬公)하다.

대간(臺諫)에 명하여 송씨(宋氏)의 노비와 조부녀(趙夫女)의 노비에 대한 득실(得失)을 변정(辨定)하게 하였다. 송씨는 전조(前朝) 판삼사사(判三司事) 전보문(全普門)의 아내이다. 자손 없이 죽고 노비가 매우 많았는데, 전 전의소감(典醫少監) 허기(許愭) 등이 수양(收養)이기 때문에 전해 받아서 부리었다. 송씨의 내외족(內外族) 사람인 여흥부원군(驪興府院君) 민제(閔霽), 좌정승(左政丞) 하윤(河崙), 판사평부사(判司平府事) 이직(李稷) 등이 변정도감(辨定都監)에 소송하여 이를 다 빼앗았다. 이때에 이르러 기(愭)가 신문고를 쳐서 원통함을 호소하였다. 임금이 양쪽

의 문권(文券)을 가져오라 하여 보고, 그 장(狀)을 대간(臺諫)에 내리고 명하기를, "양쪽의 시비(是非)는 내가 이미 알았다. 그러나 대신(大臣)도 작은 일을 친히 하지 않는데, 하물며 인군(人君)이겠느냐? 너희들은 3일 안에 그 시비를 분변하여 갖추 아뢰라." 하였다. 대간이 기(愭)는 문자(文字)를 위조하였고, 제(霽) 등은 비록 송씨의 일가이기는 하나 사촌이 아니고 또 전계(傳係)가 없다고 하였기 때문에, 모두 속공(屬公)시켰다.[2)]

[사례 1-3] 신분 차별로 평민이 양반에게 보복한 사건

처음에 봉상주부(奉常注簿) 하연(河演)이 갑사 양결(梁潔), 김출(金出) 등에게 희롱 삼아 말하기를, "갑사의 직책이 낮고 천하니, 어찌 세음자제(世蔭子弟)가 할 것이냐?" 하였다. 두 사람이 깊이 감정을 품고 동료들에게 말하니, 갑사들이 원망하고 노하여 그 까닭을 하연에게 묻고, 협박하여 욕보이려고 하였다. 이날 백관들이 조회를 파하고 흩어지는데, 갑사 이천생(李天生) 등 10여 인이 감찰(監察) 신계삼(辛繼參)을 하연으로 잘못 알고 달려가서 때렸다. 대리(臺吏)가 이를 힐난(詰難)하니, 주먹을 불끈 쥐고 구타하였다. 계삼이 본부(本府)에 고하니, 장령(掌令) 이관(李灌)이 갑사를 잡아 소사(所司)를 촉범(觸犯)하고 수행 아전[從吏]을 구타한 까닭을 힐문(詰問)하여 그 공장(供狀)을 받았다. 이에 갑사 500여 인이 대궐 뜰에 나와서 하소하기를, "지금 갑사가 감찰을 촉범한 이유로 구박(拘縛)이 너무 심하니, 궁물을 지키는 조아(爪牙)의 갑사를 어찌 이렇게 할 수가 있습니까? 끝까지 힐문하여

2) 『太宗實錄』 권7, 태종 4년 정월 12일(甲寅).

죄를 주소서." 하였다. 임금이 사헌부 도리(都吏)와 붙잡힌 갑사를 불러 그 실상을 묻고 명령하기를, "갑사가 소사(所司)를 능욕한 죄는 내가 친히 묻겠으니, 다시 신청하지 말라." 하고, 그 갑사를 내치었다. 갑사들이 드디어 신문고를 치니, 임금이 내관(內官) 노희봉(盧希鳳)에게 명하여 다시 묻고, 승추부경력(承樞府經歷) 황희(黃喜)를 불러 여러 갑사들에게 이르게 하기를, "지금 헌부(憲府)에서 갑사를 구박한 것이 너무 심하기는 하나, 작은 일을 가지고 소사를 견책(譴責)할 수 없기 때문에 묻지 않은 것이니, 너희들은 다시 말하지 말라." 하고, 이관(李灌)을 불러 명하기를, "네가 갑사가 감찰을 범한 까닭으로 하여 구박하기를 너무 심하게 하였으니, 금후로는 임의로 구박하지 말라." 하였다. 조금 뒤에 조영무(趙英茂)가 아뢰기를, "갑사가 대사헌(大司憲)의 종리(從吏)와 서로 싸워서 모두 헌부(憲府)를 원망하고 있습니다." 하였다. 임금이 말하기를, "전일에 갑사가 감찰과 서로 싸우고, 며칠 뒤에 또 서리(書吏)와 싸웠는데, 어찌 갑사들의 작은 일을 가지고 소사(所司)를 책(責)할 수 있는가?" 하였다. 영무가 말하기를, "갑사들이 떼를 지어 고소하였습니다." 하니, 임금이 말하기를, "경이 어째서 이런 말을 하는가? 만일 갑사가 떼를 짓는 것을 두려워한다면, 나도 역시 두려워할 것이다. 그렇다면 갑사가 도움이 되지 않을 뿐만 아니라, 도리어 해가 되는 것이다. 갑사가 사헌부의 아전과 싸웠다면, 마땅히 모두 순금사(巡禁司)에 가두어 시비를 분변해야 할 것이다. 내가 들으니, 전일에 갑사들이 하연의 집을 파괴하려고 하였다 하니, 비록 한 칸 집이라도 어찌 파괴할 수 있는가? 갑사의 잘못이 크다." 하니, 영무가 감히 다시 말하지 못하였다.3)

이상의 사례는 노비를 차지하려는 소송 사건과 신분 차별을 불만으로 평민이 양반을 폭행해 소송에 휘말린 사건이다. 교서가 반포된 직후, 신문고를 통한 상언은 주로 노비 소유권과 양천(良賤)의 분변에 관한 사건들이었다. 태종이 "오늘날 신문고를 치는 사람은 모두 노비에 대한 잘못된 판결과 양인임을 호소하는 등의 일뿐이다"라고 한 바와 같다. 이 당시에는 노비 변정과 호구법, 호패법의 실시로 국가에서 인민을 통제하는 정책을 적극 펼치고 있었다. 그리하여 권문세가 혹은 양반 지배층은 이 사안들에 대해 매우 민감한 반응을 보여 그를 둘러싼 송사가 그치질 않았다.

노비 변정은 고려 후기에 토지제도 문란으로 성행한 압량위천(壓良爲賤, 양인을 노비로 만듦)과 투탁(投託) 등으로 심각해진 양천의 지나친 불균형을 위한 정책이었다. 양인은 국가에 대해 의무를 부담할 공민(公民)으로서 국가의 기틀이었으므로 충분한 자원의 확보가 필요했다. 그리하여 정부에서는 노비의 쟁송을 바로잡고 신분 쟁송 정비를 위한 노비 변정도감을 설치하여 운영했다. 이로 인해 신문고의 이용도 노비 쟁송과 신분 간의 갈등 관련 사안이 대다수를 차지했다. 반면에, 일반 백성들은 억울하고 원통한 일이 있어도 신문고 제도에 대한 인식 부족과 문맹으로 인한 문서 작성의 어려움 등으로 소송 참여에 매우 소극적이었다.

2) 신문 개방의 재천명

신문고의 개방은 사리사욕에 따른 남용으로 많은 폐해를 야기

3) 『太宗實錄』 권6, 태종 3년 11월 22일(丙申).

하였다. 태종 4년(1404) 9월에 천변재이로 인한 구언(求言)에 응하여 올린 상소를 보면, 이를 비판하는 내용이 들어 있다. 곧 간사하고 포악한 무리가 탐욕스러운 사리(私利)를 좇아서 자기의 뜻에 맞지 않으면 오결(誤決, 잘못된 판결)이라 하고는 와서 북을 친다는 것이다. 그리고 무고(誣告)한 것이 드러나더라도 극형을 가하지 않아, 사람들이 법을 두려워하지 않고서 북을 치고자 하고, 이로써 관리를 위협한다는 것이다. 이러한 비판은 태종 7년(1407) 5월에 가뭄이 심하여 내린 구언에 응하여 올린 상소 중에도 엿보인다.

그리하여 태종 6년(1406)에 의정부에서는 '노비 결절(決折, 판결) 조건' 4조항을 제정하여, 오결과 망령된 고발에 대해 논죄하겠다고 밝혔다. 이러한 비판과 법적 제재에도 불구하고 그 폐해는 날이 갈수록 증가하는 양상을 보였다.

그러나 태종의 신문고에 대한 생각은 전향적이었다. 백성의 뜻을 널리 듣고자 한 그는 오히려 순금사(巡禁司)에 명하여, 신문고를 쳐서 호소하는 자를 금하지 말도록 했다. 이를 위반하여 막거나 지체하는 자는 사헌부에서 규찰(糾察)해서 논죄하도록 했다. 신문고의 자유로운 이용으로 백성과의 소통을 계속해서 원활히 하겠다는 의지의 재천명이었다. 백성들이 자신의 견해를 밝히는 데 주저함이 없도록 배려함으로써, 국왕과 백성 사이의 상호 신뢰를 확산시키겠다는 것이다.

격고(擊鼓, 북을 침)를 제지하거나 방해하고 무고죄를 무리하게 적용할 경우에는 자유로운 신문 활동에 제약을 받을 수밖에 없다. 태종은 스스로 이러한 제약을 걸러 내고 백성과 직접 소통함으로써, 그들의 삶과 고충을 이해하고 그들의 더 나은 삶을 위한 친민(親民) 정치를 행하고자 한 것이다. 이것은 앞서 언급하였듯이, 왕권의 안정을 도모하는 길이기도 했다. 재상 중심의 정치에서 벗어나 육조의 직계(直啓)를 통해 정치의 득실을 알고 왕권과 중앙집권을 강화하고자 한 것도 같은 맥락에서 파악할 수 있다.

신문의 개방이 재천명되고 정국이 안정되어 나가자, 신문의 사안과 양상도 크게 변화해 갔다. 그전에는 노비를 서로 차지하고자 하는 다툼이 주요 사건이었다면, 이제는 노비를 포함한 재산권 다툼뿐 아니라 개인이나 이익집단의 권리와 처우 개선 요구 등 정부를 상대로 한 쟁송들이 나타났다. 그리고 신문고 제도 시행 반포교서(頒布敎書)에서 "이런 억울함을 따져 다스리지 않은 관사(官司)는 율(律)에 따라 죄를 준다"고 한 바와 같이, 이에 대한 처분이 강력하게 시행되었다.

[사례 2] 이익집단의 처우 개선 요구와 근무 태만 관사(官司) 처벌 사례

[사례 2-1] 각도 군영 색장의 처우를 개선하다.

병조에서 각도(各道) 군영(軍營)의 색장(色掌) 천전법(遷轉法)을 상정(詳定)하였다. 각도 절제사도(節制使道) 색장 139명이 신문고를 쳐서 서용해 주기를 청하니, 병조에 내려서 액수(額數) 및 직품(職品)의 고하(高下)와 천전(遷轉)의 품차(品次)를 상정하게 하였다. 병조에서 아뢰기를, "각도 군영이 모두 11개소인데, 매(每) 한 도(道)의 색장을 15인으로 액수를 정해서 5품 이하가 입속(入屬)하는 것을 허락하고, 11도(道)를 합하여 한 도목(都目)으로 해서, 그 중에 도(到)가 많은 자 한 사람은 4품 행사직(行司直)으로 거관(去官)하게 하고, 사직(司直) 둘, 부사직(副司直) 둘, 사정(司正) 셋, 부사정(副司正) 넷은 모두 도(到)가 많은 자의 차례로 서용하소서." 하니, 그대로 따랐다.4)

[사례 2-2] 고소장을 접수하지 않은 담당 관리를 처벌하다.

지평(持平) 유박(柳博)을 금주(錦州)로, 집의(執義) 민설(閔渫)을 상주(尙州)로 유배시키고, 장령(掌令) 김익정(金益精)을 파직시켰다. 처음에 오상미(吳尙美)의 손자 오금록(吳金祿) 등이 헌부(憲府)에서 소량장(訴良狀)을 접수하지 아니한다고 신문고를 쳐서 하소연하니, 사간원에 내려 이것을 핵실(覈實)하게 하였다. 사간원에서 상언(上言)하였다. "헌사(憲司)는 이목(耳目)의 관원입니다. 모든 민간의 억울한 일을 공평한 마음으로 듣고 살펴서, 옳고 그른 것을 분별하여 아뢰는 것이 직책입니다. 이제 오금록과 장금(長金)이 억울하다고 고소한 고장(告狀)을 마땅히 곧 수리하여, 그 억울함을 풀어 주어, 전하의 근심하고 부지런히 힘쓰는 정치를 도와야 할 것인데, 지평 유박은 사헌부의 장무(掌務)로 있으면서 번거로운 것을 싫어하여 심복(審覆)하지 아니하고, 공공연히 고장을 물리쳐서, 억울함을 품고도 호소하지 못하도록 하여, 마침내 예궐(詣闕)하여 신문고를 쳐서 신청(宸聽)을 번거롭게 하는 데까지 이르게 하였으니, 원하건대, 유사(攸司)에 내려 그 죄를 다스리소서." 임금이 의정부에 내려 그 죄를 의논하여 유배시키고, 김익정은 다만 원의(圓議)에 참석한 까닭에 파직시켰다.

4) 『太宗實錄』 권15, 태종 8년 3월 1일(庚戌).

[사례 2-3] 신문고 신정을 저지한 의금부 부진무를 파면하다.

의금부 부진무(副鎭撫) 최선(崔宣)을 파면하라고 명하였다. 처음에 한정(韓靖)의 후손 한월(韓鉞) 등이 노비의 사건 때문에 신문고를 쳐서, 도관원리(都官員吏)가 시일을 오래 끌고 결절(決折)하지 않는 것을 호소하고자 하니, 최선과 도사(都事) 김고(金顧) 등이 저지하였다. 임금이 듣고 사헌부에 내려 사실을 조사하여 아뢰라고 명하였는데, 이때에 이르러 죄를 청하였다. 최선은 파면하고 김고는 논하지 말라고 명하니, 김고는 사정을 알지 못하였기 때문이었다.[5)]

이러한 가운데 오결(誤決)이라 주장하면서 신문고를 두드리는 행위는 여전하였다. 이는 사법의 권위를 약화시키고 원만한 소송의 진행을 왜곡시키는 역현상을 초래할 수 있어 적절한 조치가 필요하였다. 그리하여 형조에서는 태종 14년(1414) 7월에 소송(訴訟)을 결단(決斷)하는 사의(事宜)를 발표하였다. 그 중 신문고와 관련된 사항은 역시 오결의 문제였다.

"이제 간사한 무리가 도리어 정결(正決)을 오결(誤決)이라 하여 바로 신문고를 치기에 이르니, 심히 부당합니다. 이제부터 각방(各房)의 오결을 소송하도록 허락하는 경우에는 도청(都廳)에 소송하여 제조(提調)가 대간과 더불어 분간하되, 만약 오결한 관리와 정결을 오결이라고 강변(强辨)하는 자는 교지(敎旨)에 의하여 아울러 죄주며, 신문고를 치는 것도 일체 금지하소서. 만약 본조와 도관(都官)에서 오결하는 사건은 헌부로 하여금 고장(告狀)을 접수하여 분

5) 『太宗實錄』 권34, 태종 17년 7월 19일(壬申).

간하게 하되, 오결한 관리와 망령되게 오결이라고 고하는 자도 또한 교지(敎旨)에 의해서 논죄하소서."[6)]

이 건의는 재결을 받고 난 넉 달 뒤에 확정했다. 각사(各司)에서 오결한 사건은 사헌부에서 분간(分揀)하여, 오결한 자와 망령되게 고(告)한 자는 교지(敎旨)에 의하여 논죄하고, 오결 사건은 신문고를 쳐서 신정(申呈, 소장을 제출함)하는 것을 금지하도록 한 것이다.

[사례 3] 오결된 사건의 소송 사례

[사례 3-1] 오결을 주장한 수백 명이 법을 경시하는 죄를 묻다.

신문고를 친 사람 430여 인을 순금사에 내렸다. 지난달 18일에 오결(誤決)이라고 하여 북을 친 사람이 300여 인이 있었고, 27일이 되어 병술년에 친히 착명(着名)할 때 미치지 못하였다고 하여 북을 친 사람이 130여 인이었다. 임금이 전지(傳旨)하였다. "중분(中分)의 법이 이미 이루어졌는데, 이 사람들은 이룩된 법을 얕잡아 보고 파훼(破毁)하고자 하였으니 징계하지 않을 수 없다. 법률을 안핵(按覈)하여 시행하는 것이 마땅하다."[7)]

신문고의 자유 이용이 활성화된 가운데, 어가(御駕) 앞의 신문도 확대되었다. 어가 앞의 신문은 가전(駕前) 신문으로서, 임금이 어가를 타고 궁궐 밖으로 거둥하였을 때 어가 앞에서 호소하는

---

6) 『太宗實錄』 권28, 태종 14년 7월 4일(乙亥).

7) 『太宗實錄』 권26, 태종 13년 12월 2일(丁未).

백성의 억울함을 들어주는 제도다. 이 가전 신문은 태종 원년(1401)에 이미 그 폐단을 방지하기 위하여 신문고 제도를 마련한 것이라고 하였으나, 이를 막을 방도는 없었다.

태종 14년(1414) 11월에 태종은 인덕궁(仁德宮)에 나아가서 술자리를 마련하고 격구(擊毬)를 즐겼다. 너무 즐거운 나머지 모두 일어나 춤을 추었고, 세자와 종친도 참여하였다. 그런데 환궁할 때 가전(駕前)에서 신정(申呈)한 것이 무려 60여 건이었다. 그런데 이 사건들은 모두 변정(辨正)하여 이미 판결한 것들이었다. 태종은 그래도 이를 육조에 내려 분간(分揀)하라고 명하고, 다음과 같이 말하였다.

> "이제 육조에 나누어 보낸 신정고장(申呈告狀) 안에 변정도감(辨正都監)에서 문서를 태워 버려 빙고(憑考)할 길이 없는 사건은 논죄를 없애고 아울러 모두 퇴장(退狀)하라. 또 이와 같은 사건을 어가 앞이나 격고(擊鼓)하여 신정하는 것은 모두 이를 금지하도록 하라."8)

이미 변정을 끝낸 사건은 근거할 만한 관련 문서들을 소각한 경우가 많았다. 그리하여 이러한 사건은 소장을 모두 돌려주고 논죄하지 말도록 했다. 그리고 이 같은 사건은 어가 앞이나 신문고를 통해 신정하는 것을 금지하도록 했다. 이러한 조치는 곧 신문고로 일원화하고 가전 신정(駕前申呈)을 일절 금지하는 것으로 귀결되었다.

가전 신정 외에 국왕에게 직접 올리는 상언의 종류로서 실봉

---

8) 『太宗實錄』 권28, 태종 14년 11월 12일(辛亥).

(實封)이라는 것이 또 있었다. 태종의 말을 빌리면, 생민(生民)의 이해(利害)와 사직(社稷)의 안위(安危) 같은 것은 실봉하는 것이 가하며, 옛날의 실봉은 비밀스러운 일이 있을 경우에 황후와 태자의 일까지도 말하지 않는 것이 없었으니, 국가의 계책을 위한 것이라 했다. 이것은 신문고를 통해 신정할 대상인 "온갖 정치의 득실(得失)과 민생(民生)의 휴척(休戚)"에 관한 사항이다. 그런데 이를 자신의 죄를 면하는 수단으로 삼는 일이 발생했다. 전 지양산군사(知梁山郡事) 조유인(曹由仁)이 노비의 일로 상서(上書)하여 자기 죄를 면하기를 구하였으니, 이 상서가 곧 실봉이었다. 이에 대해 태종은 "근자에 매양 죄를 면하는 것 때문에 상서한다. 이것은 격고(擊鼓)하여 일이 사실이 아니면 그 죄가 가볍지 않기 때문에 간사한 사람이 자기의 죄를 면하고자 하는 계책이다"라고 하면서 이러한 글을 아뢰지 말고, 그 법을 엄하게 세우도록 했다. 원통하고 억울한 것을 변명하고자 하는 자는 신문고를 치고, 민생과 사직에 관계되는 일이 있으면 모두 실봉(實封)하여 아뢰고 진언(陳言)하는 것도 이것과 같이 하라고 한 것이다.

이러한 태종의 명에 따라 이후로는 국가에 대해 말할 일이 있으면 전례(前例)에 의하여 혹은 격고(擊鼓)하거나 혹 실봉(實封)하여 모두 신문하게 하고, 자기 소송의 일은 실봉하는 것을 없애고 격고 신정(申呈)하되, 어기는 자는 사헌부로 하여금 규찰하여 다스리게 하였다. 국가의 일에 관한 사항은 신문고든 실봉이든 관계없으나, 개인의 소송은 실봉을 금하고 신문고를 이용하라는 것이다.

이처럼 태종대에는 국왕과 백성이 소통하는 전달 매체로서 신문고와 가전 신정, 실봉 등이 있었다. 이 매체들은 각자의 편의대로 이용하는 경향 때문에, 사법 체계의 혼선을 빚기 일쑤였다. 게다가 각 매체의 본래의 취지를 망각하여 국왕과 백성의 소통과 그 구조를 왜곡시키는 폐단을 야기했다. 이에 태종은 신문고를 중심으로 개방된 언로의 허용을 꾸준하게 견지하면서, 한편으로는 왜곡된 소통 구조를 바로잡고 체계화해 나가고자 노력했다.

4. 억울한 자와 소통하는 신문고

1) 개방적인 언로(言路), 신문고

세종이 즉위한 후, 태종대의 신문고 제도가 그대로 유지되는 듯했다. 『속전절해(續典節該)』와 『경제육전(經濟六典)』에 규정된 신문고 제도를 근거로 운영하겠다는 언급이 있었기 때문이다. 그런데 세종 2년(1420)에 부민고소금지법(部民告訴禁止法)이 신설되면서, 신문의 대상 범위는 크게 축소되었다.

부민고소금지법은 부민이 관원을 고소하는 것을 금지하고 고소자를 엄하게 처벌하는 법안이다. 이 법안은 나중에 『경국대전(經國大典)』에 수록되었는데, 그 내용을 살펴보자.

첫째, 이서(吏胥, 아전과 서리)와 복례(僕隷, 종)로서 종묘와 사직 및 비법 살인(非法殺人)에 관계된 것 외에 그 관원을 고소하는 자, 그리고 품관, 아전, 백성으로서 그 관찰사나 수령을 고소하는 자는 모두 받아들이지 않고 장 1백, 도(徒) 3년에 처하고, 품관, 향리, 백성은 향리에서 내쫓는다.

둘째, 타인을 몰래 사주하여 소장을 제출하게 한 자도 죄가 위와 같다.

셋째, 자기의 원통함을 호소하는 자는 모두 들어 주어 심리하되, 무고한 자는 장 1백, 유(流) 삼천리에 처하고 품관, 아전, 백성은 향리에서 내쫓는다.

이 법안은 상하의 명분을 분명히 하여 국가의 기본 질서를 바로잡으려는 목적에서 제정되었다. 부민이 관원을 고소하는 일은 국가의 풍속과 기강을 해쳐 국가 질서를 어지럽힌다는 것이다. 이러한 논의는 신문고 제도의 남용과 폐해에서 비롯되었다. 다른 사람을 무고하거나 백성이 수령을, 혹은 하급 관리가 상관을 고발하는 일까지 벌어지기에 이른 상황에서, 신문고 제도의 재검토는 불가피했던 것이다. 이로써 성안된 법이 부민고소금지법이었다.

이 법안의 발효로 신문고를 이용한 신원의 범위와 대상은 축소되었다. 정치의 득실과 민생의 휴척에 관한 청원은 대상에서 제외되고, 반역과 변란의 고발은 극히 예외적인 사건임을 감안하면, 남는 대상은 억울한 일에 관한 상소뿐이다. 국가적, 사회적 차원에서 논의되어 온 신문 대상이 국가의 보호 아래 지배 정치집단의 권리로 제한된 것이다. 그럼으로써 신문고를 통한 소통의 범위는 개인이나 집단의 고충 처리와 이기적 권리를 행사하는 정도로 전락하고 말았다.

이렇게 되자, 이 법안으로 인해 국가의 기강을 세우는 데는 일정 정도 효과를 보았으나, 이제는 관리들의 부정부패와 풍기 문란이 도를 넘어서는 문제점을 드러냈다. 그리하여 관리들의 기강 또한 바로잡아야 할 필요성이 있었다. 세종 4년(1422) 정월에 형조에서는 “근래에는 무고한 자와 절차를 거치지 않고 호소하는 자는 모두 죄를 다스리면서도, 살펴서 다스리지 않는 서울과 지방의 관리는 모두 죄를 다스리지 않는다"고 하면서, 이로 인해 신문고를 난잡하게 두드리는 일이 벌어지고 있음을 보고했다. 그리하여 세종은 북을 두드리는 사람은 담당 기관에 내려 보내 이를 분간(分揀)하게 해서, 만약 마땅히 받아서 다스려야 될 것인데도 소장을 물리친 관리는 처벌하도록 했다. 부민고소금지에 대한 일종의 타협책으로서, 관리들이 나태와 불성실로 본연의 업무를 태만히 하는 것을 좌시하지 않고 처벌함으로써, 관리들의 기강을 바로 세워 신문에 대한 적극적인 자세로 임하도록 한 것이다

무고와 월소에 대한 치죄와 부민고소금지로 인한 제약에도 불구하고, 자기의 억울함에 대한 의견 개진을 남용하는 경향은 쉽사리 개선되지 않았다. 그리하여 세종은 동왕 12년(1430) 10월에 "신문고를 함부로 치는 자에게는 죄를 주라"고 했다. 그 뒤 세종은 바로 이를 철회했는데, 그 이유는 품은 생각을 아뢰고 싶어도 법이 두려워 말하지 못할 것이요, 또 어리석은 사람은 이것을 모르고 치게 될 것이 우려되었기 때문이다.

이처럼 세종은 품고 있는 생각을 누구나 자유롭게 신문고를 통해 임금에게 개진할 수 있도록 허용했다. 언제나 임금과 소통할 수 있는 언로 개방의 길을 열어 놓은 것이다. 세종의 언로 개방에 대한 의지는 공법(貢法, 토지에 대한 세법)의 시행을 놓고 약 17만 명을 대상으로 여론조사를 벌인 데서 여과 없이 잘 드러났다. 부민고소금지로 인한 언론 제약에 대해서도 세종은 "자기의 억울함을 호소하는 것도 받지 못하게 하는 논의는 내 마음에 합당치 못하다"고 했다. 자기의 억울한 바를 다 수리하지 못하게 한다면, 가령 수령이 백성의 노비를 빼앗아 다른 사람에게 주어도 다시 수리하지 않는 것이 가하겠느냐고 반문하고, 억울함을 호소하는

것을 받지 않는 것은 임금이 나라를 세워 다스리는 도리가 아니라고 생각했다.

이처럼 언론에 대한 세종의 뜻은 당시 신하들의 생각과는 사뭇 달랐다. 신하들은 신문고의 남용과 폐해로 인한 송사의 장기화도 우려하고 있었다. 그들은 오결이라면서 신문고를 함부로 치는 것을 금하지 못한다면 송사의 판결에 기한이 없을 것이므로 마땅히 형률에 의거하여 치죄할 것을 건의했다. 이에 대해 세종은 무지한 사람이 물정 모르고 이익을 좇는 소치를 이해해야 한다고 타일렀다. 사리를 아는 사람도 송사의 판결이 정당함을 잃기도 하는데, 하물며 그 무지한 사람이야 오죽하겠느냐는 것이다. 그리하여 세종은 신하들에게 그러한 생각은 밖에 두고 그 죄를 다스리지 말아야 할 것이라고 일렀다. 다만, 근래에는 함부로 고소하는 사람이 지나치게 많으니, 지금부터 두 번씩이나 함부로 고소하고 북을 치는 자는 1등(等)을 감하여 죄를 다스리라고 명하였다.

이 당시에는 한 사람이 수차례 북을 치는 사례가 비일비재했다. 사헌부에서 아뢴 내용을 보면, 그 폐해가 사회의 기강과 질서를 해치는 정도로까지 진전되었음을 알 수 있다. 근래에 신문고를 치는 자는 정치의 잘잘못과 민생의 편안 및 근심은 말하지 아니하고 오직 자기들 일만 호소한다고 했지만, 부민고소금지로 인해 어쩔 수 없는 현상이었다. 그러나 자신의 이익을 좇아 습관적으로 신문고를 치는 풍조가 생겨남으로써, 관과 민 양쪽에 언론의 책임과 의무를 방임하는 현상이 나타났다.

그리하여 원통하고 억울한 일이 아니면서 무고(誣告)하는 자, 망령되이 아뢰는 자, 월소(越訴)하는 자가 많음에도 불구하고 관에서는 이들을 모두 그대로 두고 논죄하지 않는다는 것이다. 그렇기 때문에, 완악(頑惡)한 무리들은 조금만 마음에 불평이 있으면 관리를 대면하여 "신문고를 치겠다"고 욕설을 하고, 웃어른과 다투어 이기지 못하면 "신문고를 치겠다"고 하면서 꾸짖는다고 하니, 백성이 관리를 모욕하고 아랫사람이 웃어른을 업신여기는 폐해가 심각하다는 것이다. 또 올바른 판결을 그르다고 하고, 미결을 기결이라고 하며, 월소(越訴)하거나 혹은 작고 더러운 일을 신소(申訴)하는 자도 있다고 한다. 이로 인하여 소송(訴訟)은 복잡하게 불어나고, 풍속은 야박해진다는 염려가 있었다.

정부에서는 이러한 풍조를 묵과할 수 없어 징계하는 조치를 취했다. 세종은 억울한 일이 아니면서 난잡하게 신정(申呈)하여 옳고 그름이 명백한 것은 신소부실률(申訴不實律)로 징계하도록 한 것이다.

세종 16년(1434) 정월에는 신문고를 승문고(升聞鼓)로 개칭(改稱)하였다. '신(申)' 자는 신하들끼리 서로 상대방을 높여서 쓰는 말이며, 임금에게 아뢰는 데 쓰는 말이 아니기 때문이었다. 그 이전에 이 '신' 자로 쓰던 것을 모두 개칭하였는데 유독 이 신문고만을 고치지 않고 있다가 이때에 드디어 개칭한 것이다. 이후 승문고와 등문고, 신문고라는 명칭은 혼용되다가 『경국대전』에서 신문고를 공식 명칭으로 채택했다. 그렇더라도 등문고라는 명칭은 종종 사용되었다.

가전 신정은 태종대에 이미 금지시킨 바 있다. 그런데 세종대에 다시 이 방식이 고개를 들었다. 본래 이에 관한 법규는 『대명률(大明律)』 월소조(越訴條)에 수록되어 있다. "만약에 거가(車駕)를 맞아 상소(上訴)하였다가 실상이 아니라면 장 1백 대요, 사실이라면 면죄한다"고 한 것이다. 조선에서는 형률을 『대명률』을 따르도록 하고 있어 이 제도는 허용된 것이나 마찬가지였다. 그러나 태종대에 이를 금지시킨 바 있으나, 무식한 무리들이 어가(御駕)가 거둥할 때에 어가 앞으로 돌입하여 호소하는 자가 있었던 것이다. 이에 세종 21년(1439) 윤2월에 이들에 대해 시비를 묻지 말고 수리하지 않으며 위령률(違令律)로 논죄하도록 했다.

세종 시대에 신문고를 통해 올린 상언의 내용은 태종대와 비교하여 특징을 보이는데, 그 사례를 들어보면 다음과 같다.

[사례 4] 천인의 소송과 사건의 다양화 사례

[사례 4-1] 패전한 장수라도 쉽게 얻을 인재가 아니라며 감형시키다.

전시귀(田時貴)에게 곤장 1백 대를 쳐서 고성(固城)으로 귀양 보냈다. 경원(慶源) 사람이 대궐에 나아 와서 신문고를 치고 말하기를, "전시귀 같은 장수는 쉽사리 얻을 수 없사오니, 한 번 패전한 것으로 그를 죽일 수는 없습니다"라고 하므로, 임금이 한 등(等)을 감형(減刑)시킨 것이었다.9)

[사례 4-2] 연좌죄에 얽힌 자들에게 과거 응시를 허락하다.

전 직장(直長) 장경지(張敬止)가 북을 쳐서 말을 올리기를, "신의 아비 윤화(允和)가 과거 신축년에 전라 감사로 있을 때에 면포와 지차(紙箚)를 옳지 못하게 사용한 죄로 충청도 부여에 정배되었다가 그 해 5월에 사면을 받자왔고, 다만 직첩만 받지 못한

9) 『世宗實錄』 권21, 세종 5년 9월 13일(辛卯).

것뿐이었습니다. 지금 신이 한성에서 실시하는 문과 시험에 응시하려 한 즉, 본부(本府)에서 응시를 허락하지 않사오니 신의 사정이 사실상 곤란하옵니다." 하고, 유학(幼學)인 김양중(金養中)도 북을 쳐서 말을 올리기를, "한성부에서 신의 아내의 아비인 민무휼(閔無恤)이 죄를 받은 적이 있다 하여 응시를 허락하지 않사옵니다." 하니, 명령을 내리어 모두 시험에 응하게 하였다.10)

[사례 4-3] 사비가 신문고 치는 것을 금한 것을 고발하다.

사비(私婢) 자재(自在)가 광화문의 종을 치고 자기의 원억(冤抑)한 일을 호소하므로 승정원에서 그 까닭을 물으니, 대답하기를, "의금부의 당직원(當直員)이 '신문고 치는 것을' 금하기 때문에 종을 쳤습니다." 하였다. 임금이 말하기를, "신문고를 설치한 것은 사람들이 마음대로 칠 수 있게 하여, 아래 백성들의 사정이 위에 통할 수 있게 하려는 것이다. 무슨 까닭에 금하였는가. 만약 진술한 말이 사실이 아니라면 죄는 그 사람에게 있는 것이니, 북을 관리하는 관리에게 무슨 상관이 있겠느냐마는 이와 같이 금지를 당한 사람이 반드시 여러 사람일 것이니, 그 의금부의 당직원을 헌부에 내려 국문하게 하라." 하고, 드디어 김중성(金仲誠), 유미(柳渼)의 의금부 관직을 파면시켰다.11)

세종대에는 천인들이 직접 북을 두드린 사례가 태종대에 비해 확연히 눈에 띈다. 사비(私婢)가 무고와 간통에 대해 사헌부가 허위로 날조하여 문초하는 불공정함을 바로잡아 달라거나, 북을 치

10) 『世宗實錄』 권31, 세종 8년 정월 15일(庚戌).

11) 『世宗實錄』 권40, 세종 10년 5월 24일(乙亥).

는 것을 의금부 당직원이 금하게 한 것을 고발한 것이다. 이러한 천인의 소원(訴冤)이 가능했던 것은 세종과 백성들 사이의 상호 신뢰가 널리 확산되었기 때문이 아닌가 생각된다. 또 연좌죄에 얽힌 자들이나 기한 내에 등록하지 못한 유생들이 과거 응시 허용을 요구하고, 패전한 장수라도 쉽게 얻을 인재가 아니라며 감형을 청한 것을 수락한 사례는 세종이 인재를 얼마나 중시했는지를 엿볼 수 있는 이 시기의 특징이라고 하겠다.

2) 신문고의 남발과 치폐(致斃)

문종은 세종대의 정치를 계승하여 신문고에 대한 인식도 세종을 닮았다. 큰 사건이 아니고는 신문고를 치지 못하게 하고 망령되게 호소해 온 자는 법률에 의하여 죄를 주라는 김종서의 말에, 문종은 작은 일을 가지고 신문고를 치는 것을 금할 수 없다고 단호하게 말했다. 무지한 소민(小民)이 신문고 혹은 어가 앞에 와서 직접 호소하는 자를 차마 죄를 줄 수 없다는 것이다. 이러한 견해는 앞서 세종이 언급한 바와 유사하다. 그러나 신문고의 남용을 막기 위해서는 북을 치는 일을 반드시 사헌부에 내려서 곡직(曲直)을 변별케 하고 반드시 오결(誤決)한 죄를 담당자에게 가해야 한다고 했다. 그렇게 하면, 관원은 거의 스스로 마음을 가다듬어 전력하여 다스릴 것이라는 것이다.

이러한 언로 개방이 세조대에 가서 위축되는 경향을 보였다. 백성들이 어가 앞에서 함부로 호소해 오는 일이 많은데, 어가 앞으로 돌입한 자는 소송한 바를 묻지 않고 영(令)을 위반한 것으로 논단하라는 것이다. 그리고 월소(越訴) 및 신문고를 함부로 치는 자는 먼저 율문(律文)을 근거로 논단(論斷)하고, 신문하는 일을 거론하지 말도록 했다. 가전 신정이야 태종대부터 금지했지만, 월소와 신문고를 함부로 치는 자에 대해서는 이유 불문하고 법대로 처리하겠다는 것이다.

세조대의 신문고 이용의 제한은 어떤 사람이 누고(漏鼓)를 신문고로 오인하고 친 잘못으로 빚어진 일이라고 한다. 누고는 시간을 알리기 위해 치는 북이다. 어쨌든 이후로 신문고를 통한 하의상달(下意上達)은 막히게 되었다. 그러다가 성종 2년(1471)에 가서 다시 신문고의 자유 이용이 재개되었다.

그런데 신문고에 더하여 이미 금지한 가전 신정은 계속해서 유행하였다. 본 고을이나 해당 관사에서 처결될 만한 작은 일까지도 신문고를 통해 상언을 하고도 오히려 만족스럽게 여기지 못하여, 어가(御駕)가 출궁할 때를 만나면 소장을 들고 길을 막으면서 시끄럽게 소를 진달한다는 것이다. 심할 경우에는 의장(儀仗)과 충돌하는 일이 벌어지기도 했다.

성종은 이에 대해서 모든 억울함을 제소(提訴)하는 일들은 사헌부에서 신속하게 분간(分揀)하여 처결하고, 그렇지 못한 것으로서 정리(情理)가 박절(迫切)한 것은 소장을 반려하고서 신문고를 통해 상언하도록 했다. 그리고 가전 신정이 많은 것은 옥사의 처결이 지체되는 데도 원인이 있다고 보고, 사헌부에서 이를 항상 감찰하여 보고하도록 했다.

결국 이러한 여러 논의들은 많은 검토를 거쳐 『경국대전』에 규정되었는데, 그 내용을 알아보자.

첫 번째는 신문고를 치기까지의 절차다. "원통하고 억울한 일을 호소하는 자는, 서울은 주장관(主掌官)에게 올리고, 지방은 관찰사에게 올린다. 그렇게 한 뒤에도 원억(寃抑)이 있으면, 사헌부에 고(告)하고, 그러고서도 원억이 있으면 신문고를 친다"고 했다.

두 번째는 신문고의 설치 장소에 대한 규정이다. 그 장소는 의금부의 당직청(當直廳)이다.

세 번째는 신문고를 친 이후의 절차다. 무릇 상언(上言)은 당직원(當直員)이 사헌부의 퇴장(退狀, 반려된 소장)을 살펴보고 나서 받아서 왕에게 아뢴다. 의금부, 사헌부에서 처리한 것은 퇴장을 살피지 아니한다.

이로써 신문고 제도는 법률로 성문화되었다. 신원의 대상 범위는 '원통하고 억울한 일'로 한정하였다. 바로 다음에는 부민고소금지법을 규정하였는데, 이렇게 나란히 수록한 것으로 보아 이 법은 신문고 제도를 제한하고자 입법된 것임을 알 수 있다.

성종 19년(1488)에도 상언의 문제가 다시 제기되었다. 대소 신료가 시중의 폐단을 조목을 갖추어 진술하는 것과 재상이나 고위직 관료가 변리(辨理)하는 중한 일 외에는 모두 상언(上言)과 소지(所志)를 써서 신원(伸冤)하였는데, 근년에는 위로는 조관(朝官)으로부터 아래로는 천구(賤口)와 향리(鄕吏)에 이르기까지 일의 긴요하고 아니한 것을 가리지 않고서 조금만 호소하려는 일이 있으면 예사로 모두 상서(上書)한다는 것이다. 소장을 반려한 것을 받고 난 뒤 상언하는 것이 아니라, 바로 상달하는 것을 이롭게 여긴다는 것이다. 이는 한편으로는 임금을 놀라게 하고 관리를 협박하려는 것처럼 보였다.

심지어 상언하는 자가 거짓으로 국가의 급한 일이라고 일컬으면서 밤에 문을 지키는 자에게 주어 신문고를 두드려 아뢰게 하기도 했다. 정부에서는 이러한 이들을 다스리고자 해도 징계되지 않는 것이 당시의 현실이었다. 그리하여 성종은 이에 대한 개혁의 필요성을 느끼고, 그 사정 형편이 부득이함으로 인해 상서(上書)하는 절목(節目)과 법으로는 상서할 수 없는데도 법을 무릅쓰고 상서하는 자를 죄로 다스리는 조건을 의논하여 아뢰라고 명하였다. 이처럼 폐해를 바로잡으려는 방안을 다각도로 모색하기는 하였으나, 성종의 신문고 개방에 대한 확고한 생각은 흔들림이 없었다.

연산군 시절은 언론의 암흑기였다. 언론기관의 혁파와 탄압이 자행되고, 신문고와 상소, 상언 등 언론제도를 남김없이 철폐하였다. 이러한 시기가 지나고 중종이 즉위하면서 즉각 언론을 회복시켰다. 그리하여 거짓으로 등문고를 친 자 이외에 격쟁(擊錚, 징을 쳐 억울한 일을 호소함)한 자의 죄를 다스리지 말도록 했다. 이 조치로 격쟁을 허용하였으나, 2년 뒤에는 이를 불허하고 신문고로 일원화하였다. 중종 8년(1513)에는 가전 정소도 받지 말도록 했다.

그러나 금령에도 불구하고 중종연간의 가전 정소는 여전히 행해진 것으로 보인다. 한 번에 많은 경우에는 400여 장(張)에 이르기도 하였다. 그 과정에서 여러 문제점이 드러났으나, 이를 막을 경우에는 신문고를 자주 치게 되어 사람들이 놀라는 일이 벌어지게 될 것이라고 하면서, 그대로 용인하기도 하였다. 이때에는 경복궁의 북문인 신무문(神武門) 밖에서 격쟁하는 자도 있었다. 이처럼 신문고는 그대로 두고 격쟁은 치폐를 거듭하는 가운데, 중종 말기에 이르러서는 "신문고가 설치되었다는 사실과 격고자가 있다는 사실조차 듣지 못했다"는 사관의 평가가 있게 되는데, 아마도 격고 자체가 거의 이루어지지 않은 것으로 이해된다. 그 후 명종연간에 궐문으로 들어와 대내(大內)의 매우 가까운 곳에서 격쟁을 하기도 했다고 한 것으로 보아, 격쟁 제도가 민생 소통의 주요 방식으로 자리 잡았음을 알 수 있다. 두 차례에 걸쳐 격쟁을 금지하는 조치를 내리기도 하였으나, 근절되지는 않았다.

5. 신문고의 재설치와 쇠퇴

임란 이후에 신문고 제도와 격쟁은 그 이전처럼 활발하게 이용되지 않고 명맥만 유지된 것으로 보인다. 그러다가 숙종연간에 이르러 활성화되었으며, 말기에 사건사(四件事) 이외에 신문고 사용을 전면 금지하였다. 사건사는 네 가지 일, 곧 적첩분별(嫡妾分別, 적처와 첩의 분별), 형륙급신(刑戮及身, 형륙이 자신에게 미치는 일), 양천변별(良賤辨別, 양인과 천인의 변별), 부자분별(父子分別)을 말한다.

영조 즉위 후에도 신문고 제도는 계속 유지되었다. 『속대전(續大典)』이 반포되면서 신문고 제도에 대해 개정된 조항이 수록되었다. 그 내용을 살펴보면, 신문고를 치는 자는 사건사와 자손이 부조를 위하고, 처가 남편을 위하며, 아우가 형을 위하고, 종이 주인을 위하는 것, 기타 원통함이 지극한 사정은 예대로 형으로 취초하고 이 외에는 모두 엄히 형벌하고 아뢰지 말라고 했다. 그리고 세주로 "신문고가 지금 없으니, 원통함을 소송하는 자는 차비문(差備門) 밖에 있는 징을 치는 것을 허락하니, 격쟁이라 한다"고 했다. 그 다음에는 격쟁에 관한 조항을 실었다.

따라서 신문고 제도가 유지되었다고 하지만, 북을 설치하지 못하고 차비문 밖에 징을 설치하여 이를 치도록 한 것이다. 그러다가 영조 47년(1771)에 신문고의 북을 다시 설치하였다. 설치 장소는 창덕궁의 진선문(進善門)과 시어소(時御所)의 건명문(建明門) 남쪽이었다. 여기에서 시어소는 임금이 현재 머물고 있는 곳을 말하니, 곧 경희궁의 숭정전을 가리킨다. 따라서 신문고는 두 곳에 설치되었음을 알 수 있다. 신문고를 다시 설치한 목적은 선조의 뜻을 계승하여 만민으로 하여금 아랫사람들의 정(情)이 임금에게 통달하도록 하기 위함이었다.

반면에 영조는 길에서 바라를 치는 자는 비록 사건사에 관계된다 하더라도 장(杖)을 때리도록 했다. 격쟁을 금한 것이다. 그리고 신문고를 통한 상언은 사건사로 제한했다. 이를 위반한 자는 호남의 연해에서 근무하는 군사로 징집하며, 앞으로는 형추(刑推)하여 유배를 보내도록 정식(定式)을 만들어 시행하게 했다. 그러나 그 이튿날 영조는 형추하라는 명을 철회했다. 이것은 국초(國初)에 신문고를 설치한 뜻이 아니기 때문이었다. 그리고 이후로 신문고를 울린 자가 있으면, 병조에서는 그가 어떤 사람인지 해당 기관에 내려서 추문(推問)하게 한 다음, 곧바로 초기(草記)하여 아뢰도록 했다.

영조는 꼭 한 달 만에 신문고의 철거를 명했다. 그러고는 곧바로 다시 설치하도록 앞서의 명을 번복했다. 영조는 신문고를 설치하자 묵은 일도 들추어내어 대부분 격고할 마음을 먹고서 남잡(濫雜)한 일만 아뢴다는 불만에 철거하도록 명했던 것이다. 이처럼 영조 시대의 신문고 제도는 조선 전기와는 달리, 개방적인 자유 언론을 허용하지 않았다. 상언의 제한 범위인 사건사는 죽임을 당할지 모르는 절박한 사건 외에는 모두 가족과 사회의 기강 확립에 관계되는 강상에 얽힌 일들이다. 이는 『경국대전』에서 규정한 "원통하고 억울한 일"보다 더 축소되어 신문고 제도의 본래 취지가 약화되어 가고 있었다.

영조가 북을 다시 설치한 것은 백성이 나라의 근본이라는 철저한 인식 때문이었다. "근본이 튼튼하면 나라도 편안하다(本若固邦亦寧)"는 도를 알아야 임금 노릇을 할 수 있고 그래야 성군(聖君)이라 했다. 그리하여 영조는 궁핍함과 탐리들의 수탈에 시달리는 백성들의 고통은 자신의 허물에서 비롯된 것이라 하여, 그 해소를 위한 부세 감면 및 제도적 장치를 마련하는 데 힘썼다. "원원(元元, 백성)이 장차 어디 가 아뢰리오"[12]라고 한 바와 같이, 직접 대민 접촉을 통해 백성의 고충을 경청하고 더 적극적으로 민의가 상달될 수 있도록 제도적 장치를 마련하기도 하였다.

그러면 사건사가 아니어서 처벌된 사례를 하나 들어 보자. 영조가 건명문(建明門)의 금고(金鼓)로 나아가서 연인손(延仁孫)을 잡아들여 영종진(永宗鎭)에 군사로 보내도록 명하였다. 연인손은 녹봉(祿俸)을 상별감(上別監)에게 빼앗겨서 신문고를 친 사람이었다. 억울한 일을 당한 사건임에도 불구하고 영조는 그에게 죄를 물었다. 이 사건은 사건사가 아니었기 때문이다. 영조는 사건사가 아니면 신문고를 울리지 못하도록 다시금 강조했다. 사건사가 아닌데도 북을 울렸을 경우에는 사서(士庶)를 가리지 말고 엄중히 세 차례 추문(推問)하여 해도(海島)에 충군(充軍)하라고 명했다.

다음의 사건은 더욱 흥미롭다. 평안 용강(龍岡)에 사는 29세의

12) 황문환 외, 『[역주]어제속자성편언해』, 한국학중앙연구원, 2006 참조.

총각 박흥조(朴興祚)가 신문고를 울렸다. 영조가 전정(殿庭)으로 불러들여 그가 하고 싶은 말을 친히 물어보았다. 그랬더니 그가 소령원(昭寧園)을 능으로 봉해 줄 것을 청하는 것이 아닌가. 이에 놀란 영조는 식량을 주어서 쫓아 보내라고 명했다. 영조는 이 말을 듣고서 마음이 철렁 내려앉았다고 했다. 이런 서캐(蟣虱)처럼 미천한 인간이 어찌 감히 이런 발언을 하는지 모르겠다고 하면서 강개한 마음을 토로했다고 한다.

이러한 처벌에도 불구하고 백성들은 억울한 일이 있으면 이를 호소하고자 신문고를 두드렸다. 그 사례를 들어 보면, 산송(山訟)을 한 자가 신문고를 울리고자 했으나 병조에서 금지하여 병조의 입직(入直) 당상과 낭청, 수문장(守門將)을 파직하고 곤형(棍刑)을 집행하게 한 일, 영조가 80세 된 것을 축하하고자 각도에다 올리라고 한 80세 이상자의 명단에 자기 아버지가 누락되었다고 하여 신문고를 친 일로 호서와 북관의 도백을 파직한 일, 종가를 빼앗으려는 계획을 폭로하여 당사자의 사판(仕版)을 깎아 버린 일 등이 있으며, 벌열 가문의 신문고 이용 사례로서 돈녕부도정 조진관이 그의 아비 조엄의 원통함을 호소하였다든지, 고 상신 조재호의 딸이 격고하여 아비의 직첩을 도로 받아 서용하도록 한 일 등도 있었다.

정부에서는 근래 사회의 기강이 해이해져 사건사 이외에, 향곡(鄕曲)에서 은덕을 보고자 희망하는 무리들이 시끄럽게 와서 북을 치는 일이 잦다고 보았다. 그리하여 사건사 이외에 만약 난잡한 폐단이 있을 것 같으면, 해당 당상과 낭관을 견책(譴責)하는 형전(刑典)뿐 아니라 엄중하게 죄를 다스리는 법을 정하도록 했다.

그리고 신문고를 함부로 쳐서 억울함을 호소하는 것을 금하도록 명했다. 이때 근장군(近仗軍)이 뇌물을 요구하며 북을 치는 사람을 조종하는 일이 벌어져 이를 염려한 영조가 병조의 당상과 낭청을 파직하고 병조의 아전을 곤장으로 때려 다스렸다. 이러한 사실을 안 백성들이 임금에게 의지하여 남잡(濫雜)하게 억울함을 호소하는 자가 늘어나 날마다 북을 치니, 그 시끄러운 것을 견디지 못하여 이러한 명이 있게 되었다고 한다.

6. 신문고의 폐지

영조는 신문고를 다시 설치하도록 했으나 격쟁하는 제도는 금했다. 정조는 영조의 이러한 뜻을 계승하여 즉위하자, 위외격쟁추문법(衛外擊錚推問法)을 제정했다. 격쟁은 본래 임금이 궐에 있을 때에는 차비문(差備門)에서, 어가가 출궁한 경우에는 위외(衛外, 국왕의 호위선 밖)에서 하는 것이었다. 그런데 이 법의 제정으로 임금이 궐내에 있을 경우에는 신문고로 하고, 위외에서 격쟁하는 자는 고례(古例)에 의거하여 형조로 옮겨 맡긴 다음 추문(推問)하도록 한 것이다.

신문고는 장소를 바꾸어 의금부의 당직청(當直廳)에 설치하였다. 이 당시에도 신문고를 둘러싼 잡음이 그치질 않았다. 간사한 백성들의 사기가 날로 늘어나 하찮은 일이라도 대뜸 멋대로 위에 알리는 폐단이 있다는 것이다. 이에 안팎의 담당자에게 맡겨 사기 유무를 밝혀내어 처결하도록 하였다. 그리고 격쟁 또한 잇달아서 위외(衛外)에서 징을 치는 일을 막자는 건의가 있었다. 그전에는 대궐 안의 차비문(差備門) 밖에서 징 치는 사람을 병조에 내주면 형조로 이송하여 초기를 하게 되고, 거둥할 때에 위외에서 징을 치는 자는 금훤(禁喧, 의금부) 낭청(郎廳)이 잡아다가 형조에 주었다. 그 후 영조 때에 격쟁을 금했지만, 원통을 호소하는 사람들이 더러는 깃발을 걸고 포(匏, 박)를 치는 짓을 하게 되어, 보기에 놀랍고 괴이했기 때문에, 정조는 즉위하자마자 특별히 위외에서 징을 치는 것을 금지하지 말도록 했다. 그런데 이제 와서 대궐 밖에서도 징 치는 길을 막아 버린다면, 아랫사람들이 사정을 상달(上達)할 수 없게 될 것이라면서 격쟁 금지 건의를 반대했다.

그리고 신문고를 대궐 밖에 두자는 논의도 있었다. 송(宋)나라의 옛일로 말하더라도 등문고원(登聞鼓院)이 대궐 밖에 있었고, 우리나라도 또한 신문고를 대궐 밖에다 두고서 주서(注書)로 하여금 나가서 살피도록 했다. 그런데 지금은 신문고를 의금부 당직청(當直廳)에 두고서 혹시라도 신문고를 치는 사람이 있게 되면, 당직(當直) 도사(都事)가 승정원에 와서 고하고 형방승지(刑房承旨)가 주관하여 등문(登聞)하도록 한다면 안 될 것이 없을 듯하다는 것이 정조의 생각이었다. 이는 당시 시행하고 있던 제도로서, 신문고를 대궐 밖으로 내놓자는 의견을 거부한 것이다.

신문고 제도는 그 후에도 면면히 이어졌으나 정치적, 사회적으로 혼란한 시기가 계속되면서 이용 횟수는 크게 줄어든 것으로 보인다. 그러다가 고종 20년(1883) 10월 이후에는 격고 사례가 발견되지 않는 것으로 보아, 신문고 제도는 공식적인 폐지 선언 없이 사라진 것으로 추정된다.

7. 결론: 역사 속의 소통은 문화 발전의 길

왕권이 불안했던 태종은 즉위하자마자, 일반 백성들의 적극적인 지지를 이끌어 내기 위해 신문고를 설치했다. 신문고는 국왕과 일반 백성 사이의 활발한 소통 통로로서 설치된 제도적 장치였다. 태종은 억울하고 원통한 사람은 얼마든지 북을 쳐서 자신에게 하소연하라고 주문했다. 그러고는 반 년 만에 교서를 반포하여, 억울하고 원통한 일 외에 국가의 일에 대한 청원과 반역, 변란에 대한 고발까지 아우르는 최고의 언론제도로 격상시켰다. 그러나 교서를 반포한 직후의 신문고는 주로 노비 소유권과 양천의 분변에 관한 사건들로서 권문세가나 양반 지배층이 이용하였다.

왕권이 안정되고 일반 백성들의 신뢰도가 높아지면서 신문고의 이용은 차츰 남발되기 시작했다. 특히 오결(誤決)을 원인으로 북을 치고 무고하는 사례가 늘자, 이에 대한 비판과 법적 제재가 뒤따랐다. 그러나 태종은 이로 인한 소통의 위축을 우려하여, 신문고를 쳐서 호소하는 자를 금하지 말라는 신문(申聞) 개방을 재천명하였다. 신문의 사안과 양상도 크게 변하여 노비를 포함한 재산권 다툼뿐 아니라 개인이나 이익집단의 권리와 처우 개선 요구 등으로 확대되었다.

그러나 세종대에 들어서서 동왕 2년에 부민고소금지법이 신설되자, 신문고를 이용한 신원의 범위와 대상은 축소되었다. 청원과 고발은 제외되고, 억울한 일에 대한 상소만 남게 되었다. 부민고소금지법은 관리들의 부정부패와 풍기 문란이라는 역현상을 초래하기는 했으나, 일반 백성들이 원통하고 억울한 일을 자유롭게 개진할 수 있도록 소통 통로를 개방한 것은 이전보다 진일보했다. 세종은 이 호소를 받지 않는 것은 임금이 나라를 세워 다스리는 도리가 아니라고 생각할 정도였다.

세종의 언로 개방에 대한 적극적인 사고방식은 그 이후 성종대로 이어져 결국 『경국대전』에 수록됨으로써 성문법화되었다. 세조대에 누고(漏鼓)를 잘못 친 일로 인해 신문고 이용이 제한되고 연산군의 폭정으로 폐지되기도 했으나, 중종이 바로 회복시킨 이 제도는 조선 후기까지 연면히 이어져 내려갔다. 그러다가 숙종 말에 이르러 신문고의 사용 범위는 사건사(四件事)로 축소되어 『속대전』에 수록되고, 영조 47년에는 징으로 대신하던 것을 다시 두 곳에 북을 설치하였다. 그러나 영조는 신문고를 함부로 쳐서 억울함을 호소하는 것을 금하도록 하는 다소 미온적인 태도를 보이기도 했다. 그 후 정조대에 어느 정도 활성화되어 운영되기도 한 신문고는 19세기에 정치적, 사회적으로 혼란한 시기가 계속되면서 점차 이용 횟수가 줄어들었다. 그러다가 고종 20년 10월 이후에 신문고를 친 사례가 발견되지 않는 것으로 보아, 이때 신문고 제도는 폐지된 것으로 보인다.

이처럼 신문고 제도는 조선왕조 전 기간에 걸쳐 국왕과 일반 백성 사이의 소통의 도구로서 적극 활용되었다. 백성들의 억울하고 원통한 일, 곧 민원(民寃)이 신문고를 통해 국왕에게 직접 전달된 것이다. 현재 이러한 성격을 띤 신문고가 국민권익위원회의 '국민 신문고'다. 이 사이트는 전 행정기관의 민원, 국민 제안, 정책 토론의 관련 창구를 통합한 범정부 국민 포털이다. 참여마당 신문고를 개선한 이 사이트의 세부 기능은 고충 민원 해결, 국민 제안, 정책 참여로 나눌 수 있다. 진정한 민주주의를 실현하겠다는 당찬 포부를 가지고 출발한 이 사이트에는 억울한 일을 호소하고자 하는 사람들의 접속이 끊이지 않는다.

'신문고 사이트'는 직접 대화를 할 수 없는 당사자들 사이에 소통할 수 있는 공간이다. 소통이란, 대화 의사가 있는 당사자가 서로 통하고 그 결과로서 합의점을 공유하는 시스템이다. 과거든 현재든, 개인뿐 아니라 각 집단 사이에는 이해관계로 말미암아 많은 갈등이 상존한다. 이러한 갈등을 직접 대화로 치유할 수 없는 당사자들이 '신문고 사이트'를 통해 조정하고 해결해 나가는 것이다.

태종은 신문고를 처음 설치하면서, "고(告)할 데가 없는 백성으로 원통하고 억울한 일을 품은 자는 나와서 치라"고 했다. 이를 방해하거나 지체시키는 자는 논죄하도록 하는 강력한 언로 개방 정책을 취하였다. 신문고는 국왕과 백성들이 소통하는 매체였다. 국왕은 이 매체를 통해 백성들이 태어나고 살아가는 과정에서의 고충을 몸소 체득하고자 했다. 또한 백성들은 임금의 전횡과 관료들의 권력 남용을 감시하고 고발하여 평화로운 세상을 구현하기를 갈망했다.

이러한 태종의 뜻이 받아들여진 곳이 '신문고 사이트'다. 이곳은 얼마든지 자기의 민원을 올릴 수 있도록 누구에게나 개방되어 있다. 그런데 신문고를 통한 전방위의 소통 구조가 체계화되고 개방적인 자유 언론에 대한 인식이 확고한 현재에도 불구하고, 소통의 부재와 언론 통제에 대한 불평이 쏟아져 나온다.

소통의 부재는 어제오늘의 이야기가 아니다. 개인의 일상까지도 소통의 네트워크에 온전히 노출되는 지금, 소통의 부재는 힘의 논리를 앞세운 강압에서 비롯된 측면이 강하다. 정부를 비롯한 여러 기관이나 정치권에서는 자기의 의사를 관철시키기 위해 소통을 명분으로, 공청회 등 다양한 방식으로 절차적 정당성을 확보하려는 시도를 감행한다. 그들은 소통하고자 하는 진정한 의사에서 출발하지 않고 힘의 논리를 앞세운 강압으로 상대방의 동의를 구하는 방법을 통해 소통의 실현을 기정사실화하고 있다. 이러한 행태로 인한 소통의 왜곡과 부재는 이해 구성원 간의 갈등을 부추겨 오히려 상호 대립과 불신을 양산한다.

옛날의 신문고는 일방통행식 소통을 거부했다. 태종이나 세종, 성종 등은 신문고 남용이라는 폐해가 심각한 정도에 이르렀어도 언로는 항상 개방되어 있어야 한다는 언로 개방 정책에 적극적이었다. 백성들의 억울한 일을 항상 들어 줄 진정한 의사를 가진 국왕은 그 민원을 정책에도 적극 반영했다. 그 결과는 어떠한가?

이들 왕의 시대에는 다른 왕대에 비해 정치와 사회, 문화의 괄목할 만한 발전을 이룩했다. 국왕이 귀를 열어 놓고 열린 사고와 실천으로 백성들과 늘 소통하고자 했던 시대의 과학과 예술, 문학, 종교 등 문화 수준은 매우 뛰어났다. 태종대에는 왕조 초기의 혼란을 극복하고 왕권 강화와 왕실의 안정에 기초를 세웠으며, 국가 의례와 법전의 정비 등 문물제도를 바로 세우기 위한 노력을 활기차게 추진했다. 세종 시대의 문화는 너무나 잘 알고 있는 바와 같이, 역대 가장 찬란한 꽃을 피운 태평성대기였다. 성종대는 『경국대전』의 반포 등 문물제도를 완비한 조선의 중흥기였다.

소통 구조가 체계화되어 상하 간에 활발한 소통이 이루어진 시기에는 문화도 크게 발전했다는 사실은 우리 역사를 통해서 확인할 수 있다. 곧 문화의 발전은 소통의 개방성과 다원성에서 출발하는 것이며, 신문고의 역사가 이를 증명하고 있는 것이다.

세종은 “억울한 일의 호소를 받아 주지 않는 것은 임금이 나라를 세워 다스리는 도리가 아니다”라고 하고, 심지어는 신문고의 남용에 대해 “무지한 사람이 물정 모르고 이익을 좇는 소치를 이해해야 한다”면서 제재를 요구하는 신하들을 타이르기까지 하였다. 여기에 소통의 정신이 내재해 있다. 이해하고 용서하는 정신이다. 백성의 뜻과 고충을 공유하고자 하는 진정한 노력은 소통의 시작이며, 이것은 결국 평화를 낳는다. 반면에 이해하고 용서하는 정신이 해이해지면, 평화는 갈등과 대립으로 전락한다.

따라서 신문고는 이해와 용서, 조화와 융합의 상징이라고 할 수 있다. 평화는 사회 구성원들이 여러 수단으로 소통하여 조화하고 융합하는 가운데 성립한다. 이를 바탕으로 사회 전반의 생활양식이 원활하게 소통될 때, 국가와 사회 혹은 조직 및 사람의 공감 문화가 창출되고 행복한 미래를 만들 수 있다. 이것이 신문고의 소통의 역사가 말하는 문화 발전의 길이다.

참고문헌

『經國大典』

『續大典』

『文獻通考』

『太宗實錄』

『世宗實錄』

『文宗實錄』

『成宗實錄』

『中宗實錄』

『明宗實錄』

『英祖實錄』

『正祖實錄』

韓相權, 『朝鮮後期 社會와 訴冤制度』, 일조각, 1996.

■ 윤경로 ■

고려대학교 인문대학 사학과를 졸업하고, 동대학원에서 석사, 박사 학위를 취득하였다. 미국 워싱턴 대학(시애틀) 객원 교수, 한성대학교 총장, 중국 북경대학교 역사학계 대학원 초빙 교수를 역임하였으며, 1981년부터 현재까지 한성대학교 인문대학 역사문화학부 교수로 재직 중이다. 국사편찬위원회, 보훈처 공훈심사, 문화재 근대사분과 위원 등 역사 관련 위원으로 활동하고 있다. 주요 저서로 『105인 사건과 신민회 연구』, 『한국 근대사의 기독교사적 이해』, 『한국 근현대사의 성찰과 고백』 등이 있다.

한국인의 독특한 의식구조와 소통의 문제

이 원 복

1. 한국인의 특수한 의식구조와 그 형성 배경

19세기 말 이후 가속화된 제국주의 침략은 전 세계를 먹고 먹히는 정글로 변화시켰다. 19세기 중반까지만 해도 유럽 대륙 밖의 세계 최강은 영국과 프랑스로 두 나라가 세계 방방곡곡을 휘젓고 다니고 있었으나, 인도를 비롯한 몇몇 지역을 제외하고는 직접 식민지화하는 대신 보호령이나 우월하고 독점적인 외교와 교역 관계 등 경제, 외교적 이익을 취하는 것이 대세였다. 그러나 1869년 수에즈 운하가 개통되어 거리상 유럽 열강의 세력이 비교적 미치기 어렵던 아프리카 동부와 아시아의 접근이 훨씬 수월해지면서 본격적인 서구 세력의 동진이 시작되었다. 그러나 치열한 식민지 쟁탈의 결정적인 계기가 된 것은 1870년에 이탈리아가, 1871년에 독일이 통일되어 새롭고 강력한 식민 제국주의 세력이 등장하면서, 영국, 프랑스, 그리고 네덜란드가 주도권을 잡고 있던 식민 세력에 커다란 도전으로 대두하였다. 다급해진 영국, 프랑스는 본격적인 식민지화를 노골적으로 추진하였고 뒤이어 다른 유럽 국가들과 미국, 일본까지 식민지 쟁탈전에 뛰어들면서 세계는 거의 모든 나라가 먹거나 먹히는 잔혹한 약육강식의 세계로 변하여, 식민 지배를 하거나 당하거나 하는 역사상 미증유의 상황으로 변모하였다. 20세기 초에 전 세계가 식민 지배자와 피지배자로 완전히 재편된 뒤에 이러한 역학 관계에 속하지 않은 나라는 오직 다섯 나라뿐으로, 스위스, 타이, 네팔, 에티오피아, 그리고 라이베리아가 그 나라들이다.

스위스가 유럽 국가임에도 불구하고 식민 지배자 대열에 뛰어들지 않은 이유는, 내륙국이라는 지리적 조건으로 항공기가 존재하지 않았던 시대에 필수적인 해외 진출 기지인 항구를 확보하지 못한 이유와, 조그만 주들의 연합국가로 중앙집권적 권력을 확립하지 못한 이유, 그리고 13세기부터 영구 중립을 선언한 정치적 입지도 어느 정도 한몫을 했다. 네팔의 경우 또한 히말라야 산맥의 험준한 산악 지방에 자리 잡고 있는 까닭에 군사와 자금을 동원하여 식민지화하여 얻는 이익이 기대에 미치지 못했기 때문이었고, 타이 역시 지리적인 위치로 인하여 인도에서 동진하는 영국 세력과 인도차이나에서 서진하는 프랑스 세력이 충돌하게 되는 타이 지역을 군사적 완충지로 삼자는 합의 아래 식민지화를 포기하였으며, 에티오피아는 수에즈 운하로 한꺼번에 몰려든 영국, 프랑스, 독일, 이탈리아 제국주의 세력이 역시 충돌을 피하여 군사적 완충지로 놓아둔 지역이었다. 라이베리아는 특수한 경우로 1820년대 미국 최대의 문제였던 노예 문제에 대한 하나의 해결책으로 일부 주에서 제시되었던 노예의 아프리카 반송책(返送

策)에 의해 세워진 나라로서, 미국 흑인 노예들을 해방시켜 동아프리카로 보내 만든 인공적(人工的)인 국가였다. 따라서 아무리 식민 제국 열강이라도 해방 노예들의 자유 지역까지 다시 식민지로 만든다는 것은 '기독교적 윤리'에 반하는 것으로 여겨져 침략자 스스로 암묵적으로 놓아두었던 지역이었다.

이러한 시대의 추세를 보아 전 세계는 식민 지배를 하거나 당하는 두 지역으로 나뉘었고, 식민 지배를 하거나 당한 지역은 모두 백인들의 지배 아래 놓였으며, 이는 유럽과 미국, 즉 구미 열강과 그들의 공통적인 믿음인 기독교 문명권의 지배를 받았던 것이다. 여기에 단 두 나라의 예외가 있었으니 비기독교 문명권인 동양에서 제국주의 반열에 오른 일본과 일본의 지배를 받은 조선이 그 예다.

기독교 문명권, 즉 서구의 지배를 받은 식민지의 주민들은 침략자에 대한 본능적 방어 의식으로 민족주의 성향이 강하며 반서양, 반기독교적인 성격도 강하여 오랜 식민 지배에도 불구하고 의식구조적으로 서구의 영향을 거부하고 있다는 공통점을 가진다. 또한 식민 지배자들의 식민지 착취가 본격화되기 시작한 19세기 초중반에는 주로 경제적 이권에 치중하였기 때문에 현지 주민들의 종교, 문화 등에는 거의 관심을 갖지 아니하였다. 그러나 본격적인 식민지화가 진행된 19세기 후반과 제2차 세계대전이 끝나는 20세기 중반까지는 문화적인 동화까지 시도하기 시작하였는데, 이는 정신적으로도 문화적으로도 식민 지배자의 가치를 이식하여 피지배자를 자신들의 문화권에 편입시킴으로써 반발과 저항을 차단하려던 기도였다. 그 대표적인 경우로, 1885년 청불전쟁에서 승리한 프랑스가 청제국의 조공 국가이자 한자 문명권이었던 베트남을 중국 문명권에서 이탈시키기 위하여 한자가 배우기 어렵다는 이유로 로마자 알파벳을 전면 도입한 것이라든지, 일본이 일제 말기 내선일체(內鮮一體)를 주창하며 조선어를 말살하고 일본어 전용을 강요한 것 등이 바로 문화적인 침략과 동화 작업의 일환이었다.

본격적인 식민 지배에 대한 반감은 특히 문화 대륙이었던 아시아에 강하여, 동남아시아의 여러 나라들에서 강압적인 식민 통치에도 불구하고 민족적이며 반서구적인 배타성이 두드러진다. 특히 중국은 전통적인 중화사상(中華思想)이라는 방화벽(防火壁)으로 '굴욕의 세기'를 겪으며 그토록 열강들의 침략에 시달렸음에도 불구하고 서구의 영향을 거의 배척하였고, 특히 의식구조면에서는 중국적인 요소를 원형 보존하고 있다. 즉, 동남아시아나 중국은 서구의 문화나 의식의 원형(原型) 자체의 수용을 거부하고 전통적인 자신들의 의식구조의 원형을 유지하였다고 할 수 있다. 중국이 직접적인 서양 식민 지배를 받지 않았다고는 하지만 실질적으로 서양 세력의 수탈과 간섭을 받았고, 일본을 제외하고는 전체 아시아 국가들이 서양의 영향에서 자유롭지 못하였다. 그러나 서양의 식민 지배는 길게는 400년(필리핀), 짧게는 반세기에 지나지 않았고 워낙 깊은 아시아의 문화적 뿌리는 종교, 언어, 관습 등에서 지대한 서양의 영향을 받았다고 보기는 어려우며, 워낙 다른 문화적 특성으로 강력한 문화적 방화벽을 형성하였던 것이다.

이와는 다른 것이 일본과 한국의 경우다. 일본은 아시아에서 가장 먼저 서구의 모델에 따라 자신을 근대화하고 '아시아를 벗어난(脫亞)', 그리하여 모든 것을 서구식으로 바꾼 나라다. 그러나 일본은 제도, 법률, 체제, 문화를 모두 서구식으로 바꾸었음에도 불구하고, 대부분의 섬나라가 그렇듯이 외부의 것을 자신에게 맞게 변형시키는 특성에 의하여 모든 것을 서구적인 것, 즉 원형(原型)이 아니라 일본형으로 변형하여 소화하였으므로, 일본의 경우에도 서구적 원형을 받아들였으되 원형 그대로 유지하고 있지는 아니하다고 말할 수 있다. 예컨대 포크커틀릿이 일본식 돈가스로, 고기가 들어가지 않는 크로켓이 일본에서는 육류 크로켓으로 바뀐 것을 보아도 모든 서양적인 요소는 일본에 오면 그들에게 적합한 형태로 변형되기 때문에, 일본에 유입된 서양적인 것은 원형이 아닌 일본화된 것이며 이는 일본적 성격이 강한 '일본화된 문화'로 인식해야 한다. 이는 '이이도코토리(좋은 것은 망설이지 아니하고 취한다)'라는 일본의 전통적 인식으로 전통과 정통성에 구애받지 아니하며 필요한 것은 그 출처가 어디든 적극 수용하여 개량, 개선하는 '화혼양재(和魂洋才, 서양의 앞선 학문과 기술을 일본의 정신으로 더욱 발전시킨다)'의 정신을 발휘하여 일본에 맞고 유익한 것으로 개조하는 국가적 전략이기도 했다. 따라서 일본에 도입된 서양적인 요소는 일본적 특성이 가미됨으로써 순수한 서양의 것도, 일본의 것도 아닌 융합형 결과물이 되어 정작 서양인들에겐 이해될 수 없는 이질적인 서양 문물이 되어 버리고 말았다. 반면에 이러한 일본적 특성은 일본의 국민들에게 공통적인 의식구조에 뿌리를 내린 보편성을 지니게 되어, 이처럼 변형된 서양 문화를 이질감이나 거부감을 갖는 것이 아니라 자연스럽게 일본 문화의 한 부분으로 받아들이고 있다. 따라서 일본인들의 의식구조에는 대단히 깊고 다양한 서양의 영향이 뿌리를 내렸으나 일본화되었고, 이는 일본인들이 공유하는 공동의 가치관으로 자리 잡음으로써, 서양 문화의 영향에 의한 일본인들의 의식 차이에 의한 갈등이나 대결 양상은 찾아보기 어렵다.

이에 비하여 한국의 경우는 어떠한가? 한반도는 일본의 식민지가 된 이유로 서구의 영향을 받지 아니한 나라였고 일제 통치 기간 중에야 서구 문명을 접하게 되었는데, 일본이 개혁의 모델로 삼았던 것이 서구였기 때문에 일본을 통해 들어온 서구 문명은 긍정적이고 선진화된 것으로 받아들여졌다. 즉 지구상에서 가장 늦게, 그리고 긍정적으로, 선망의 대상으로 받아들여졌다는 것이다. 이러한 경향은 해방과 함께 더욱 적극적이고 능동적인 서구 문명의 수용으로 이어지는데, 그것은 우리를 침략했던 일본을 패망시키고 해방시켜 준 존재가 바로 서양 세력이었기 때문이다.

이로 인해 서구 문명과 제도는 거의 무비판적으로 적극적이고 긍정적이며 자발적이고 보편화된 가치로서 한반도에 수용되었다. 그 대표적인 사례가 바로 서양의 종교인 기독교가 한국에 급속도로 광범위하게 전파된 사실이다. 비기독교 대륙인 아시아에서 400년 가까이 기독교 문명의 식민 지배를 받아 온 필리핀을 제외하고는 국민의 1퍼센트 이상이 기독교화된 나라는 없다. 다만 한국만이 예외적으로 기독교가 본격적으로 전파되기 시작한 해방 이후 불과 반세기도 안 되어 전 국민의 3분의 1 이상이 기독교인이 된 것이다. 만약 한국인들이 서구 문명에 대해 적극적이고 긍정적이며 선진 문명으로 선망하지 않았다면 결코 가능할 수 없었던 일이다.

남북 분단으로 전혀 이질적인 이데올로기가 남북에 정착되면서 서구 세력이 장악한 남쪽에서는 이런 적극적이고 긍정적인 서구 문명 수용이 가속화된 반면, 반서구 세력이 장악한 북쪽에서는 서구 문명에 대한 극단적인 거부감과 민족주의적 의식이 강화되는 상반되는 현상이 이 한반도에 정착되었다. 그 결과 반도 남쪽의 대한민국에서는 세계에서 유일하게 서구 문명을 가장 적극적이고 긍정적이며 능동적으로 수용하여 서양적 가치를 받아들인 한편, 전통적이고 민족주의적이며 한국적이고 동양적인 의식구조 또한 강조됨으로써 서로 상반되는 의식을 공유하게 되어, 한국인은 세계에 유례를 볼 수 없는 글로벌 복합형 의식구조를 지니게 되었으니, 이를 **'글로벌믹스(Globalmix)형 의식구조'**라고 정의할 수 있고 이것이 **한국인의 정신문화의 가장 큰 특징**이라 할 수 있을 것이다.

개인주의를 바탕으로 한 서구적 자본주의와 민주주의가 궁극적으로 개인의 이익, 자유와 권리의 추구를 그 이상과 목표로 하는 가치임에 비하여, 동양적 특히 한국적 가치는 개인에 앞서 공동체를 중요시하고 공동의 이익과 배려, 자유를 중요시하는 가치관이다. 그런데 한국인의 의식 속에는 개인주의에 바탕을 둔 서구적 자본주의와 민주주의를 중요시하면서도 공동체의 이익과 행복을 중요시하는 인식이 동시에 혼재함으로써, 이 두 가지의 서로 반대되는 가치관이 끊임없이 충돌하고 갈등하고 있으므로 한국인의 사고 체계는 다른 나라 사람들에 비하여 훨씬 복잡하다. 이러한 복합적인 의식구조로 인하여 한국인 사이의 소통과 조화는 더욱 어려워지는 점은 있지만, 일단 국민적인 합의가 이루어진다면 폭발적인 시너지가 분출되어 놀라운 결과를 창출한다. 세계 역사에서 그 유례를 찾아볼 수 없는 경제의 비약적 발전의 저변에는 서구적 자본주의를 잘 적용한 정책적인 성공과 더불어 "잘살아보세"라든지 조국 근대화라는 공동체주의를 전제로 한 전 국민의 합의를 도출해 냈던 시너지가 작동하여 전 국민을 하나로 단결시킬 수 있었던 데에서 찾을 수 있다. 반대로 이러한 국민적 컨센서스가 이루어지지 않으면 심각한 국가적 에너지의 낭비와 비용의 지출로 연결된다. 바로 근래에 더욱 심각해지는 정치와 사회에서 보는 불통(不通), 갈등과 반목(反目)의 요인도 여기에 있다고 할 수 있을 것이다.

2. 선진적이며 보편적인 가치로 수용되어 온 서구적 가치

식민 지배를 종식시키고 한반도를 해방시킨 서양 세력에 대해 한반도 남북은 극단적으로 상반된 반응을 보였다. 서구 세력의 영향권 아래에 놓인 한국에서 한편으로는 적극적이고 긍정적으로 서구적 가치가 수용된 반면, 다른 한편으로 일부 배타적인 민족주의 세력은 무분별한 수용에 대한 강력한 거부 반응을 보였다. 그러나 남한에서의 일반적인 대세는 서구적 가치야말로 선진적이며 근대화의 필수 선결 조건으로 여겨졌고 인류 보편적인 가치로 인정되어 왔다. 이와는 반대로 반제국주의, 반자본주의 세력인 소련의 영향권에 놓인 북한에서는 극단적인 민족주의적 성향을 바탕으로 개인주의를 바탕으로 한 서구적 자본주의와 민주주의가 철저히 부정되었고 서구적 가치조차 부르주아 반동적인 것으로 거부되어, 남북의 이데올로기적 성향뿐 아니라 가치관 자체가 바로 상극으로 대립하게 되었다.

남한의 경우는 서구적 가치에 대한 맹목에 가까운 신봉과 자발적이고 적극적인 수용으로 이를 쟁취, 확립하는 과정에서 봉건적이고 수구적인 가치관과 치열한 투쟁이 불가피하였고, 그 투쟁은 아시아에서 비교할 만한 사례가 없는 격렬한 민주 투쟁과 경제 발전으로 귀결되었다. 무엇보다 서구적 민주주의를 확립하기 위하여 4·19 혁명, 유신 치하에서의 격렬한 민주화 투쟁, 광주민주화운동과 6·29 선언에 이르기까지 다른 아시아 국가에서 볼 수 없는 끈질긴 민주화 투쟁을 거쳐, 드디어 대한민국은 아시아에서 유일하게 가장 서구적인 민주주의를 실현한 나라가 되었다. 거의 모든 아시아 국가들은 자신들의 형편과 조건에 맞추어 변형된 민주주의 형태를 구현하였고, 한국 외에는 어느 나라도, 심지어 일본조차도 한국과 같은 국민이 쟁취해 낸 서구형 민주주의를 실현하지 못하고 있다. 한국이 서구와 같이 투쟁을 통하여 국가로부터 국민이 권력을 이양 받은 과정을 겪은 데 반해, 일본의 경우 통치 집단—메이지유신, 다이쇼 데모크라티, 맥아더 군정 주도하의 신헌법 제정 등—에 의해 '분양(分讓)'된 자유와 민주주의라고 할 수 있다. 즉, 국민이 누리는 자유와 권리가 투쟁의 결과로 쟁취한 것이기보다는 시대와 환경의 변화에 따라 지배층의 의지에 따라 제공된 것이므로, 국민은 민주주의의 주체라기보다는 지도 계층의 보호 지도의 대상이었다는 것이 정확한 표현일 것이다. 다만 서구적인 제도와 가치가 한계점에 이른 현재에 이르러서 과연 서구적 가치가 인류 보편적인 가치인가 하는 회의와 도전에 봉착하였지만 말이다.

결과적으로 한국이 후진국, 개발도상국이었던 20세기 후반에는 선진국들의 서구적 가치관이 선진화, 근대화의 전제 조건으로 인정되었고 무비판적으로 수용되었으며, 동양적이고 한국적인 가치는 수구적이고 후진적인 것으로 인식되어 왔기 때문에, 한국이 경제 발전과 민주 발전을 진행하던 과정에서 동양적 가치보다 서양적 가치가 우위에 자리 잡아 왔다고 할 수 있다. 그러나 동양적 가치는 소멸되거나 평가절하된 것이 아니라 내면적인 가치관으로 잠재되어 왔는데, 우리의 정신문화는 근대화를 진행해 오는 과정에서 서구적 가치를 외향적으로 내세운 반면, 동양적 가치는 내재적인 가치로 동시에 소유해 왔다고 할 수 있을 것이다. 다만 근대화 추진 과정에서 서양적 가치가 외향적인 면에서 동양적 가치에 우선했다는 것도 부정할 수 없는 사실이다. 외향적으로는 서구적 가치를 지향하면서 동시에 동양적 가치를 내재적 '미덕'으로 포용해 오면서 두 가치를 화학적으로 융합, 발전시킴으로써, 한국은 민주화와 경제 발전에 무서울 정도로 엄청난 시너지를 발산할 수 있었다. 서구적 민주주의, 서구적 자본주의를 발전시켜 오면서 개인의 행복과 자유를 최대한 추구하는 한편, 공동체를 우선으로 하는 집단정신을 발휘하여 단결, 협력하여 목적을 향해 매진해 온 결과로 민주화와 산업화를 동시에 이룩할 수 있었던 것이다. 글로벌믹스형 의식구조 속에서의 서구적 가치와 동양적 가치의 조화와 협동은 엄청난 시너지 효과를 발휘하여, 한국전쟁이 멈추었던 당시 세계에서 가장 못사는 10개 나라의 하나였던 대한민국이 세계 13위의 경제 대국이며 세계 9위의 무역 국가로 발전하였고, 다른 나라의 도움을 받던 나라에서 도움을 주는 나라로 변신한 최초의 국가가 되었으며, G20 정상회의 회장국까지 역임하는 등 국가 위상의 격상은 물론, 그 누구도 한국의 민주주의를 의심할 수 없는 자유와 인권의 나라가 되었다.

한국의 특수성인 글로벌믹스형 의식구조의 시너지 파워는 케이팝(K-pop)이나 한류와 같은 문화적인 면에서도 두드러진다. 세계를 제패하는 대중문화의 대세는 메이드 인 USA다. 이는 콘텐츠의 우수함에서 비롯되었다기보다는 제2차 세계대전 이후 서방 세계 유일의 초강대국으로 부상한 미국의 힘이라는 표현이 옳다. 막강한 미국의 군사력과 경제력을 바탕으로 한 막대한 물량의 미국의 대중문화, 특히 할리우드 영화와 아메리칸 팝송은 세계를 제패하였다. 그러나 보잘것없는 약소국가였던 한국에서 불기 시작한 한류 열풍은 전혀 그 성격이 다르다. 세계 제2의 경제 대국이었던 일본의 대중문화나 미국과 G2를 이루고 있는 중국의 대중문화가 세계에 미치는 영향은 미미하고, 일류(日流)나 중류(中流)는 전혀 존재하지 않으나 오직 한류(韓流)만이 세계를 강타하고 있다는 것은 무엇을 의미하는가? 일본의 의식구조가 서양적인 것을 일본화하여 수용함으로써 세계적인 호환성이 결여되었고, 중국의 문화 역시 세계와 호환성이 없는 중국적인 것이어서 세계 무대에서 호응을 받지 못하는 데 비하여, 한국인이 지닌 글로벌 믹스형 의식구조 — 변형되지 않은 서양적인 면과 역시 변형되지 않은 한국적, 동양적인 면의 조화 — 는 세계와의 호환성을 지니고 있기 때문이다. 즉, 이색적인 한국의 콘텐츠를 서구적 스타일과 결합하고 서구적 콘텐츠를 동양적 스타일과 접목할 수 있는 글로벌성이 바로 한류의 핵심 원인이며, 한국인의 특수한 글로벌 믹스형 의식구조가 바로 글로벌 시대에 그 위력을 발휘하는 것으로 해석할 수 있다. 한국인들이 서양 클래식 음악계, 서양 스포츠에서 동양인으로서 단연 두각을 나타내는 것은, 바로 서양적인 요소를 적극적으로 수용하여 자신의 것으로 소화해 낼 수 있으며 그 저변에 글로벌믹스형 사고가 자리 잡고 있기 때문이다.

3. 복합적 의식구조의 장점과 시너지 효과: 경제와 문화

한국의 경제가 비약적인 발전을 한 것은 동서양의 장점을 절묘하게 결합한 글로벌믹스형 발전 모델의 가장 훌륭한 예의 하나다. 해방 후의 혼란기를 거쳐 6 · 25라는 민족상잔 비극을 겪으면서 한국의 경제는 그야말로 완전 초토화되었고, 1953년 휴전 당시의 한국인의 GNP는 67달러로 세계 최빈국 10개 국 가운데 하나에 속하였다. 전쟁의 잿더미 속에서 한국은 오직 기아와 절망만이 남아 있었던 '내일이 없는 나라'에 지나지 않았다. 그러나 절망하지 아니하고 한국인은 생존을 위한 투쟁을 재개하였다. 5 · 16 군사 쿠데타로 집권한 군부 세력은 이른바 경제 발전을 최우선 과제로 하여 민주주의를 유보하고 제1차 경제개발 5개년 계획 등 개발 독재를 강행, 추진해 나아갔다.

1960-70년대의 경제 발전 과정을 살펴보면 대단히 흥미로운 사실이 발견되는데, 이는 산업계, 즉 기업 등 실제 경제 현장에서 뛰는 기업들은 절대적으로 일본을 모델로 하여 모방 내지는 복사하듯이 본받아갔다는 점이다. 지리적으로 가까운 것이 가장 중요한 원인이었겠지만, 원하든 원하지 않든 일본은 식민 지배를 통하여 한국의 산업을 일본식으로 정착시켰고, 한국인들은 기술이나 지식, 또는 시장구조 등 모든 면에서 일본으로부터, 비록 해방은 되었으나, 완전히 자유로울 수는 없었다. 그래서 과거 이승만 전대통령은 철저한 반일주의자였음에도 불구하고, 정부 관료 조직이나 특히 산업계에서는 일제강점기에 경험을 축적했던 사람들을 다시 등용하지 않을 수 없었던 것이다. 따라서 한국의 산업구조는 일본으로부터 큰 영향을 받아, 일본의 종합상사(總合商社)

를 본떠 한국에서는 종합상사(綜合商社)라는 기업군을 형성하게 되었고, 전문 업종에 총력을 집중하는 서양의 기업과 달리 '라면부터 로켓까지'라는 거대한 기업 군단을 거느린 대형 기업 그룹으로 한국의 산업계가 재편되었다. 또한 중소기업, 소기업 등 모든 기업이 일본식에서 완전히 자유로운 입장이 못 되었고, 결국 지금까지 최대 무역 적자 대상국이 일본이라는 사실에서도 우리 경제의 뿌리가 얼마나 일본과 밀접히 닿아 있는지를 알 수 있다.

다른 한편, 내일을 꿈꾸는 젊은 세대들은 유학의 목적지로 거의 대부분 서양을 택하였다. 1960-70년대 당시, 나아가 1980년대까지도 신분 상승의 기회는 세 가지 조건의 하나를 충족시켜야 했는데, 그것은 돈, 인맥, 아니면 외국 유학과 그 학위였다. 따라서 부유한 가정 출신이건 빈곤한 가정 출신이건 신분 상승과 더 나은 미래를 위하여 밀물처럼 해외로 유학을 떠났는데 그 대부분의 목적지가 바로 미국이었다. 당시 미국은 세계대전을 승리로 이끌고 세계를 소련과 함께 좌지우지하는 초강대국이었으며, 풍요롭고 부강한 나라로서, 전쟁으로 폐허가 된 나라들에게는 선망의 대상이던 '꿈의 나라'였다. 따라서 그렇지 않아도 일제를 몰아내고 우리를 해방시켜 준 나라, 공산주의로부터 우리나라를 지켜 준 나라라는 인식과 함께, 세계 최강국이며 최첨단 과학 문명국이었던 미국이야말로 가장 바람직한 유학의 목적지가 아닐 수 없었다.

이처럼 기성 산업 세대가 아닌 미래의 주역들이 대거 미국이나 유럽 등지로 유학을 떠났고 학업을 마치고 귀국하면서 우리나라 지식인, 관료 사회에서 미국 출신들이 중요한 비중을 차지해 나가기 시작하였다. 더욱이 박정희 정권이 들어서 경제개발에 박차를 가하기 시작하면서 해외 고급 인력을 적극 영입하기 시작하였고, 미국을 중심으로 유럽 등지에서 유학하던 고급 인력이 대거 한국으로 귀환하여 주로 학계와 대기업 경영층에 포진하면서 한국의 경제정책이나 신기술 개발에 주역을 담당하게 되었다. 이처럼 특히 관료층에 서양, 특히 미국 출신 유학생들이 대거 포진하면서 우리나라의 경제는 일본과 달리 글로벌믹스형으로 발전하기 시작하였다. 즉 기업의 형태는 일본형이지만 정책과 실천은 미국형이라는 교묘한 조합은 한국 경제가 일본의 영향을 받으면서도 독자적으로 발전할 수 있는 독특한 구조로 편성되어 갔다.

예컨대 1970년대 강남 개발을 담당한 관료들이 일본 유학생 출신이었다면 오늘날의 강남은 전혀 다른 양상을 보였을 것이다. 일본 도쿄의 경우 워낙 오래된 도시이고 토지 가격이 높아 길을 넓힐 수 없었기 때문에 대로가 4차선 기준이며 이면 도로는 대부분 2차선이다. 6차선 이상 되는 도로는 도시 간선도로들이다. 이렇듯 대부분 일본의 도로는 세계적으로도 좁은 것으로 유명하다. 그러나 강남을 개발한 관료들은 미국 스타일에 따라 8차선 이상의 대로를 설계했고 경우에 따라서는 12, 14, 16차선까지 낼 수 있는 도로 기획을 하였다. 미국의 도로 사정에 익숙했던 미국 유학파 관료들이었기에 이러한 발상이 가능했고, 그러한 넓은 도로가 닦인 까닭에 자동차 산업이 본격적으로 발전할 수 있었다. 오늘날 대한민국이 세계 5대 자동차 생산 국가가 된 것도 바로 이러한 글로벌믹스형 산업과 지식계의 조합에 의한 것이다. 일본을 잘 알고 미국 등 서양을 잘 아는 우리의 글로벌믹스형 의식구조는 위기마다 지혜롭게 이를 극복할 수 있게 하였고, 우리는 비약에 비약을 거듭하여 세계 10위권의 경제대국의 반열에 설 수 있게 되었던 것이다.

문화 또한 대한민국의 세계에서 유일한 글로벌믹스형 의식구조가 창조한 분야다. 한국인은 중국인의 중화사상 못지않게 문화적 정체성과 자존심이 강한 국민이다. 심지어는 소중화사상(小中華思想)이라 하여 문화적인 자긍심을 넘어 세계 제일이라는 자신감을 가지고 있는 국민이기도 하다. 이러한 문화적 자존심으로 일제강점기에도 굴하지 아니하고 자주독립을 위해 투쟁했고 우리의 고유문화를 지켜 왔던 것이다. 바로 이러한 문화적 자긍심으로 인해 일본 문화에 예속되지 아니하고 민족문화를 지켜 왔으며 해방 후 일본 문화의 잔재를 대부분 제거할 수 있었다. 반면에 서양의 문화는 해방을 전후하여 매우 적극적이고 열성적으로 받아들이기 시작하였다. 서양의 문화는 실질적으로 일제강점기부터 우리나라에 도입되기 시작했는데, 일제는 모든 것을 서양을 모델로 자신을 개혁하였기 때문에 서양의 모든 것은 그들에게 선망의 대상인 동시에 인류 보편적인 가치로 비판 없이 받아들여졌다. 여기에는 자연히 정통 서양 문화에 대한 모방 문화라는 일본인들의 보이지 않는 열등감이 작용한다. 이처럼 찬탄과 경외(敬畏)와 함께 도입된 서양의 문화 — 학문, 철학, 음악, 미술, 예술 등 — 는 한국인들에게도 선진 문화로서, 서양의 가치야말로 인류 보편적인 가치라는 데 어떠한 의구심도 비판도 없이 받아들여져 왔던 것이다.

이러한 현상은 서양에 의하여 한반도가 해방되면서 가속화되었다. 선진 문화로 인식된 서양의 것을 한국은 적극적이고 능동적이며 자발적으로 급속히 수용해, 우리와 비교할 수 있는 나라가 전혀 없다고 해도 과언이 아닐 정도로, 서양에 치중한 문화를 받아들인 것이다. 대중문화는 물론 클래식 문화도 무엇이든 서양을 우선으로 인정하여 받아들였다. 대학생이라면 당연히 미국 팝송이나 프랑스 샹송을 선호하였고 우리 가요는 '뽕짝'이라 하여 폄하하고 배척하였으며, 영화는 할리우드 영화를 보아야 했고 국산 영화는 울고 짜는 저질 신파로 간주되었다. 이처럼 한국은 세계 그 어느 나라보다 훨씬 더 미국과 유럽 등 서양 문화에 탐닉, 서양적인 것은 고급스럽고 우수하며 선진적인 것으로 받아들였다. 이러한 경향은 문화뿐 아니라 모든 분야에 일반적 현상으로 자리 잡아 서양의 학문과 문화를 여과 없이 받아들이고 그 분야에 집중하여, 드디어는 서양이 아닌 지역에 속하면서도 서양적인 것을 자기 고유의 것보다 더욱 열심히 연마하여 가장 잘하는 나라가 된 것이다.

서양의 문화, 예술에서도 서양이 아닌 지역으로 단연 발군의 실력을 발휘하여 세계적인 피아니스트, 바이올리니스트, 첼리스트, 성악가 등은 물론이고 발레의 세계적인 프리마돈나를 배출하기도 하였다. 서양 스포츠에서도 놀라운 실력을 과시하여 박세리를 비롯한 여성 프로 골퍼들의 LPGA 100승 달성이라는 대기록은 물론 남성 프로 골퍼들도 세계를 제패하는가 하면, 김연아 같은 피겨스케이팅 여왕을 탄생시키기도 하였다. 이처럼 동양인으로서 서양에서 비롯한 문화, 예술과 스포츠 면에서 다른 동양 국가들과는 확연하게 놀라운 성과를 거두고 있는 이면에는 확고한 의지와 집념, 그리고 포기하지 않는 한국인 고유의 국민성과 개개인의 우수성도 중요하지만, 한국인의 의식구조 속에 자리 잡은 글로벌믹스형 사고방식과 서양 문물에 대한 적극적인 수용 자세를 빼고는 설명이 잘 되지 않는다. 이러한 의식구조와 사고방식은 글로벌화 시대에 대단한 시너지를 발휘하는데, 특히 한국의 글로벌화는 다른 나라들과 확연하게 다른 독창적인 면모를 지닌다.

서양, 즉 기독교 문명을 기초로 하는 유럽과 미국의 글로벌화는 궁극적으로 무한대 경쟁에서 생존하기 위해서는 미국화되어 가지 않을 수 없다. PIGS 국가들(포르투갈, 이탈리아, 그리스, 스페인)로 대변되는 남유럽 국가들은 자신들의 고유하고 느슨한 라이프스타일(시에스타 문화, 페스티벌, 여유로운 삶의 방식)을 고집하고 미국적인 무한대 경쟁에 동참하지 않은 까닭에 금융 위기, 재정 위기에 몰리고 있다. 미국 연방준비제도이사회 전 위원장 앨런 그린스펀이 2011년 10월 6일자 인터뷰에서 "남유럽의 경제위기는 남북 유럽의 문화적 차이에 기인한다"고 에둘러 말한 것은 결국 미국식으로 글로벌화하지 않은 남유럽의 라이프스타일에서 위기가 비롯된 것이라는 의미로, 글로벌화는 어쩔 수 없이 미국화로 간다는 사실을 의미한다고 할 수 있다. 바로 이런 이유로 서양에서 격렬한 반세계화 시위가 벌어지고, 다보스 포럼이나 G20 정상회의에 세계 각국에서 반세계화 운동 세력이 몰려와 시위를 벌이는 것이다.

그러나 동양, 특히 한국의 글로벌화는 미국화한다기보다는, 한국적인 것은 글로벌화하고 세계적인 것은 한국화한다는 점에서 대단히 독특하다 할 것이다. 예컨대 서양의 글로벌화가 모든 면에서 미국화를 가속화하는 데 비하여 한국의 글로벌화는 한국적인 특성을 세계화시키는 글로컬라이즈(glocalize: globalize + localize)적 성격이 강하다는 특성을 지닌다. 다시 말해 서양적인 것은 한국에 들어와 한국인의 기호에 맞는 한국화가 이루어지고,

한국의 것은 세계인의 입맛에 맞도록 글로벌화를 통한 호환성(互換性)을 지녀 가는 특성을 지닌다는 의미다. 문화적인 면에서도 이 성향은 두드러져 전 세계에서 유일하게 팝송을 누르고 한국 가요가 석권하는 유일한 나라가 한국이며 세계를 장악하고 있는 할리우드 영화를 누르고 관객 1천만 명을 돌파한 최초의 영화가 국산인 나라도 한국밖에 없다. 한 발 더 나아가 세계적으로 케이팝이 급속도로 전파되고 드라마 등 한류가 세계적인 호응을 얻는 이유는 바로 한국이 지닌 글로벌믹스형 문화와 사고방식이 세계적으로 호환성을 갖추고 있어 막강하고 폭발적인 시너지 효과를 발휘하기 때문이라고 할 수 있을 것이다.

이 점은 일본이 세계 제2의 경제 대국으로 올라서기까지의 국가 전략이었던 탈아입구(脫亞入歐, 아시아를 벗어나 유럽에 편입한다), 화혼양재(和魂洋才, 일본의 정신으로 서양의 문물을 더욱 갈고 다듬는다)와는 근본적인 차이를 지닌다. 즉 한국의 경우 글로벌믹스라는 것은 탈아입구가 아니라 재아용구(在亞容歐, 아시아에 있으며 유럽을 수용한다)이며, 한혼양재(韓魂洋才, 한국의 정신/콘텐츠로 서양의 문물을 더욱 갈고 다듬는다)뿐만 아니라 양혼한재(洋魂韓才, 서양의 정신/사고방식으로 한국의 정신/콘텐츠를 더욱 갈고 다듬는다)라 할 수 있다. 이러한 동서양을 모두 아우르는 문화는 한국은 물론이고 전 세계적인 호환성을 지니므로 우리나라는 물론, 일본 등 아시아, 그리고 유럽과 미국에도 거부감 없이 받아들여질 수 있으며 이것이야말로 대한민국 한류의 가장 큰 확산 동력이라고 볼 수 있다.

해방 후 적극적이고 자발적이며 능동적으로 서양의 문문을 받아들이는 한편 민족적 자존심으로 한국 고유의 문화와 콘텐츠를 간직해 온 결과로 한국은 글로벌믹스형 국가가 되었고, 동서양 두 가지의 이질적인 요소가 잘 조화, 융합하여 폭발적인 시너지를 발휘해 왔다. 그 대표적인 분야가 바로 한강의 기적이라 일컬어지는 경제 발전과 한류로 상징되는 문화이며, 다른 분야도 국민적인 동의가 이루어진 분야에서는 글로벌믹스형 의식구조가 커다란 성과를 거두고 있다고 할 수 있다. 즉, 개인적 이익이 걸려 있지 않고 한국인 공동의 선(善)과 공동의 이익이라는 동의가 이루어지면 한국인들은 상상을 초월하는 엄청난 에너지를 발산하고 상상을 초월하는 대성과를 거두곤 한다. 예컨대 1988년 서울 올림픽이라든지 2002년 월드컵의 성공적인 개최가 그러하고, 또 두 번의 좌절 끝에 결국 이루어 낸 2018년 평창 동계올림픽 유치 또한 틀림없이 대단한 성공을 거둘 것으로 기대된다.

4. 복합적 의식구조의 단점이 야기한 혼란

글로벌믹스형 의식구조, 즉 동서양 복합적 의식구조는 개인이나 집단의 이해가 걸려 있을 때에는 합의를 도출하기가 훨씬 어렵고 소통이 되지 않으며 갈등이 고조될 뿐만 아니라, 이로 인해 엄청난 사회비용이 발생된다는 문제점을 지닌다. 즉 공동체를 중시하는 가치관과 개인의 이익과 행복을 우선시하는 가치관이 혼재하여 우리 사회의 공통의 가치관을 형성하지 못하고 있기 때문에, 이 두 개의 가치관은 우리 사회에서, 그리고 정치에서 항상 충돌하고 갈등한다. 대의명분이나 공동선(共同善)으로 항상 공동체와 '우리 모두'가 강조되지만 실제로는 개인의 이해가 깊이 개재하므로, 이 두 가지 가치는 흔히 조화를 이루지 못하고 갈등하며 혼란을 야기하고 있는 것이다.

대한민국은 국민국가(國民國家)다. 국민국가는 국민 개개인의 행복과 권리를 최우선으로 추구하는 국민이 주권을 지닌 국가를 의미한다. 이 점이 국민국가가 군주국가나 전제국가와 구별되는 가장 중요한 요소다. 국민국가는 (유럽 대륙 내로 한정되었지만) 최초의 세계대전이라고 할 수 있는 30년 전쟁의 결과인 베스트팔렌조약에서 비롯되어 형성된 베스트팔렌 체제를 시발점으로 나폴레옹 전쟁으로 확산된 내셔널리즘(Nationalism, 국가주의, 민족주의)의 폭풍과 함께 세계적으로 번지기 시작하여, 이제는 거의 모든 지구상의 국가들이 국민국가의 형태를 유지하고 있다.

그러나 이러한 국민국가, 즉 국민 개개인이 국가의 주인이 되는 국가는 그리스에서 출발한 서양 민주주의를 기본으로 하는 것이며 서양철학의 뿌리인 인본위주의(人本位主義), 즉 휴머니즘과 데카르트 이후의 개인주의를 정신적 뿌리로 하는 제도인 것이다. 이러한 서구적인 민주주의가 과연 모든 인류에게 고르게 적용되는 보편적 가치인가 하는 문제를 차치하고서라도, 이 제도가 서구에 제대로 자리 잡은 것은 제2차 세계대전 이후로 불과 반세기를 조금 넘겼을 뿐이다. 그런 만큼 국민 개개인의 자유과 권리가 절대 우선인 서구적 민주주의가 제대로 정착한 곳은 서유럽과 미국 및 몇몇 앵글로색슨 문화권에 지나지 않는다. 그 외의 세계 전 지역에서는 아직도 이 제도가 정착 과정에 있거나, 또는 현지에 적합한 변형된 형태로 운용되고 있는 현실이다.

특히 철저한 개인주의보다는 공동체를 중요시하는 아시아 지역에서 서구적 민주주의를 가장 근접하게 적용하고 있는 나라는 한국과 일본에 지나지 않는다. 서구의 민주주의 역사에서 보듯이 국민 개개인이 국가의 주인이 되기 위해서는 오래 피 흘려 싸워야만 했다. 수많은 혁명과 희생이 잇따랐고 고귀한 생명이 희생되었으며, "민주주의는 피를 먹고 자란다"는 말처럼 민주주의는 유혈의 역사 위에 세워진 것이다. 이 점에서 본다면 아시아에서는 오직 대한민국만이 가장 서구적인 민주주의를 실현했다고 할 수 있다.

그러나 문제는 과연 서구적 민주주의가 대한민국에도 적용되는 인류 보편적 가치이며 진리인가 하는 것이다. 민주주의가 우리에게 인류 최고의 가치이자 절대 양보할 수 없는 국민적 합의 사항이라는 점에서는 이제 더 이상의 논의의 여지가 없다. 한 번 누리게 된 개인의 자유와 권리는 절대 포기할 수 없는 것이다. 우리는 해방과 함께 이 제도를 절대선(絶對善)이자 선진 제도이며 반드시 쟁취해야 할 가치로 받아들이고 이를 위해 피 흘려 싸워 왔다. 그러나 이 제도의 전제 조건이 철저한 개인 중심주의라는 사실을 간과한 채 아름답고 탐스러운 과실만 바라보고 동경해 왔으며 또 드디어는 쟁취하는 데 성공하였다. 바로 여기에서 서양의 개인주의적 가치와 동양의 공동체주의적 가치가 충돌, 갈등하는 것이다. 그 위에 세계에서 가장 복잡한 형태의 분단국이라는 한반도의 불운한 현실이 이 갈등의 해결을 더욱 어렵게 하고 있다. 즉 동서양 가치의 철저한 이념적, 계층적, 세대적, 지역적인 갈등과 대립이 해소되지 않고 분야별로는 더욱 격화일로에 있기도 하다. 우리의 의식구조에 자리 잡고 있는 이중적 구조야말로 개개인의 가치와 견해에 따라 어느 가치관이 더 비중을 차지하느냐에 의해 지향점이 다르기 때문에 그만큼 소통이 어렵고 통합과 합의를 이끌어 내기가 몇 배나 더 어려워지는 것이다.

우선 한반도의 분단만 하더라도 **세계 유일의 분단국**으로 남아 있다는 것 자체가 바로 남북 분단의 복잡성을 증명하고 있다. 독일은 세계를 상대로 두 번에 걸친 전쟁을 벌일 만큼 강대국이었던 관계로 외세가 강제로 동서로 갈라놓은 **외세형**(外勢形) **분단**이었지만, 동서독은 서로 싸울 이유가 없었기에 **평화형**(平和形) **분단**이었다. 따라서 독일이 다시는 전쟁을 일으키거나 이웃을 침범할 가능성이 없다는 신뢰만 주변국에 준다면 통일을 반대할 이유가 없었기 때문에 독일의 통일은 어느 날 갑자기 이루어질 수 있었다. 이에 반하여 한반도는 외세형 분단과 남북이 좌우 이데올로기로 분열된 **내분형**(內紛形) **분단**에, 전쟁까지 치르고 첨예한 군사 대립이 이어지는 **내쟁형**(內爭形) **분단**이라는 복잡한 형태를 띠고 있는데다가, 지정학적으로 미국, 중국, 러시아, 일본 등 강대국들의 이해가 예민하게 얽혀 있어 어느 강대국도 선뜻 한반도의 통일에 동조한다기보다는 자국의 이해득실 계산부터 하고 있다는 것부터가 한반도의 통일이 어려운 가장 큰 이유 중의 하나다. 더욱이 북한은 세계에서 유례를 볼 수 없는 **왕조형**(王朝形) **공산주의 국가**로 권력을 세습하는 기형적이고 극단적인 형태의 사회주의 독재국가인 한편, 한국 또한 기업을 세습하는 기형적이고 극단적인 **왕조형 자본주의 국가**이자 아시아에서 가장 앞선 자유민주주의를 시행하고 있기 때문에 두 체제는 전혀 이질적이고 소통할 수 없으며 통합하기 어렵다는 점에서 갈등의 골이 깊을 수밖에 없다.

이러한 갈등과 대립은 남북관계만이 아니다. 대한민국 내에서의 이념적 대립도 날로 심각해져 가고 있다. 과거 민주화 이전에는 반공 이데올로기에 묶여 친북, 종북적인 견해는 언제나 색깔

론에 휘말렸고 이러한 견해는 이적 행위이자 국론 분열 행위로 간주되어 배척, 응징되어 왔다. 그러나 민주화가 진행되며 표현의 자유가 극대화되자 반자본주의적이며 사회주의적인 성향이 강한 견해도 봇물처럼 터져 나왔고, 세계적으로 공산주의, 사회주의 체제가 붕괴되는 시대적 상황에도 불구하고 한국에서만은 날이 갈수록 오히려 그 세가 강해지는 '기이한' 현상을 보이고 있다. 이는 분단 상황이라는 한반도의 특수 조건과 이런 상황 아래서 자생적으로 발생한 친북 좌경 세력의 확대라는 측면도 있지만 우리가 해방 뒤 무조건적으로 수용한 상황이라는 자본주의에 개인 중심적인 사리(私利) 추구에 대한 동양적 공동체주의의 강력한 반발의 면도 큰 부분을 차지한다. 또한 자본주의 체제에서 반드시 발생하게 되는 빈부 차이는 계층 간의 갈등을 불가피하게 한다. 개인적인 사리와 행복을 추구하며 빈부의 차이를 당연시하는 부유층과 이에 반하는 빈곤 계층은 언제나 이해가 상충하면서 갈등하게 되는데, 1990년대 이후 세계적으로 확산되어 온 신자유주의에 의해 빈부의 격차가 더욱 커지면서 빈곤층의 불만과 분노는 더욱 누적되어 왔고 결과적으로 1퍼센트 대 99퍼센트의 극한적인 대립이 "월가를 점령하라"는 슬로건과 함께 하나의 대중운동으로 확대되기도 하였다.

한편 첨단 통신, 교통 기술의 발달과 IT 기술의 발달로 디지털 세대와 아날로그 세대라는 새로운 단층을 형성하게 되었고 두 세대 간의 불통과 단절 또한 새로운 시대적인 갈등의 거대한 요소로 대두되기 시작하였다. 최근 몇 번의 선거를 통해 나타난 젊은 SNS 세대의 파워는 이제 2040 젊은 디지털 세대가 정치의 흐름까지도 좌우할 수 있으며 대부분이 아날로그 세대인 5070 세대를 정치적으로 완전 무장해제시킬 수 있음을 증명하였다. 이러한 분열과 갈등은 소통과 관용을 통하여 봉합된다기보다 그 균열이 더욱 커져 갈 가능성이 높아 사회통합적 차원에서 시급한 해결책을 심각하게 고려해야 할 문제다. 거의 모든 분야에 걸친 갈등과 충돌이 특히 우리 사회와 정치에서 더욱 심한 근본적인 원인은 **우리 사회에 혼재한 개인 중심의 서양적 가치관과 공동체 우선의 동양적 가치관의 충돌**로 비롯되었다. 비교적 통일된 가치관을 공유하는 대부분의 다른 국가들과 달리, 우리는 활력과 다양성을 지니는 반면 사회통합과 조화를 도출해 내는 것이 어렵고, 불필요한 갈등과 충돌로 엄청난 국력과 사회적 비용을 지불하고 있다는 문제를 안고 있다. 이러한 우리 사회의 문제는 지금까지 우위를 차지하고 있던 서양 중심적인 가치관의 배경인 서양 세계의 정체 내지는 쇠락과 함께 더욱 심화, 증폭되고 있음을 주목해야 할 것이다.

5. 서양적 가치의 한계 노출

일반적으로 사학자들은 서양이 동양을 추월하게 된 시점을 1776년으로 보고 있다. 1776년은 공교롭게도 애덤 스미스의 『국부론(國富論)』이 발표되고 미국의 독립이 선언된 해다. 『국부론』은 서양 자본주의의 이론이 확립된 것이며 미국 독립선언은 서양의 시민 민주주의가 정착된 계기로 본다. 즉 서양이 세계를 선도하는 계기가 되는 서구적 자본주의와 시민 민주주의의 정착으로 산업과 사회가 동시에 균형, 발전해 나가 오랜 정체에 빠져 있던 동양을 추월하고 드디어는 전 세계에서 주도권을 장악하게 된 것이다. 산업혁명과 시민혁명 이후 생산의 폭발적인 증가는 안정적인 해외시장과 독점적인 원료 공급원을 필요로 했고 이를 해결해주는 존재가 바로 식민지였기 때문에 서양의 식민지 쟁탈이 더욱 가속화하여 드디어는 전 세계가 식민 제국의 희생이 되는 결과에 이르게 된다. 그러나 이러한 침략과 착취는 지리적인 정복이 가능하던 제2차 세계대전 전까지만 가능하였고, 두 번에 걸친 세계대전의 재앙이 지나간 뒤 패전국은 물론 승전국들도 그들이 차지하고 있던 식민지를 독립시켜 주지 않을 수 없었다.

전쟁 직후 1940년대에는 아시아가 해방과 독립을 맞았고 1960년대 이후에는 아프리카의 해방과 독립이 봇물을 이루었다. 신흥국가들 가운데 상당수의 나라들이 과거 식민 지배에 반발하고 착취 구조에 혁명 저항으로 전향함으로써 식민 지배국들의 영향력은 급속도로 위축되었다. 착취와 수탈로 이루어 오던 부(富)의 축적이 교역으로 전환하며 더욱 어려워짐으로써 과거 서양 식민 지배 세력이었던 영국과 프랑스 등 유럽 국가의 영향력은 급속도로 감소하고 세계 질서는 미국과 소련, 두 강대국의 세력권으로 급격히 재편되었는데, 이러한 현상은 서양 세력의 점차적인 침체의 시작이었다.

미국과 소련의 군사적 대립과 체제 경쟁이 치열해지면서 군비의 지출로 천문학적인 비용이 투입되고 결국 과도한 경쟁으로 자체 모순에 빠진 소련을 비롯한 동구권이 몰락하였으며, 드디어 세계는 미국이라는 초강대국의 일극 체제로 전환되었다. 공산권의 몰락은 미국의 승리(?)로 오인되어 이후 전 세계적으로 확산된 신자본주의는 전 세계를 휩쓸었고 이는 빈익빈 부익부 현상을 가중시켜 결국 파탄에 이르게 되었으며, 드디어는 자본주의의 모순이 폭발하고 말았다. 이는 궁극적으로 철저한 개인주의를 바탕으로 한 사리사욕 추구의 정글로 변한 차가운 자본주의 시장에 대한 저항과 반발이었다.

2007년 서브프라임 모기지 사태, 2008년 리먼 브라더스의 파산으로 야기되기 시작한 자본주의의 위기는 서서히 전 세계 경제를 불안 속으로 몰아가더니 드디어는 자본주의 국가들의 총체적인 경기 불안, 재정 위기를 가져왔고, 특히 글로벌 경쟁을 외면하고 나름대로 '인간다운 삶'을 유지한다던 남유럽 국가들의 경제를 뿌리부터 뒤흔들어 놓았다. 이들 국가들은 강력한 노조를 중심으로 국민 개개인의 안전과 안정을 위한 복지를 요구하였고 정치인들은 이러한 요구에 편승한 포퓰리즘 정책으로 일관하였다. 그 결과 생산성을 앞서는 과다한 복지와 능력을 넘는 국가 지출은 국가 경쟁력을 더욱 급속히 하락시켜 결국 이 모든 비용이 국가 부채로 축적되는 악순환을 거듭하여, 그리스가 디폴트 위기에 직면하고 유로존이 붕괴 위기에 처하게 된 것이다. 그럼에도 불구하고 개인 중심적인 서양, 특히 인본위주의(휴머니즘)의 발상지인 그리스에서는 국가적 경제 위기를 공동체적인 협력과 노력으로 타개하기보다는 개인의 이익을 지키기 위해 공무원부터 파업에 돌입하고 돌을 던지는 모습을 보였다. 이는 서양의 개인주의를 상징하는 대단히 의미 있는 현상으로, 아시아의 모습과 극명한 대조를 이룬다.

과거 IMF 경제 위기 시에 한국인들은 개인이 자신의 몫부터 챙기기보다는 아이들 돌잔치 때 받은 금반지를 가져와서 금 모으기 운동에 앞다투어 참여하는 모습을 보였고 예상보다 빠르게 IMF 경제 위기의 늪을 빠져나오는 데 성공한 바 있다. 그리스나 유럽 여러 나라의 경제 위기에 처한 현실과 장기적인 침체, 특히 무역 적자와 재정 적자라는 쌍둥이 적자의 악순환, 고용 부진이라는 악몽에 끝없이 고통 받고 있는 미국의 현실, 그리고 밥그릇을 줄이고 허리를 졸라매자는 긴축 경제 정책에 공무원들부터 앞장서서 정부에 돌을 던지는 모습은, 이제 서양적 가치가 한계에 도달하였음을 보여주며 우리가 지금까지 보편적 가치로 믿어 왔던 서양적인 가치와 체제에 대하여 다시 심각하게 생각해 보아야 한다는 교훈을 던지고 있다.

6. 중국 등 아시아의 부상과 동양적 가치의 재발견

이와는 극명하게 다르게 중국과 한국 등의 동아시아 경제는 빠르게 성장해 왔다. 서구적 가치를 받아들여 1868년 메이지유신 이래 서구화한 일본은 서양의 침체와 함께 1990년대 거품경제가 무너지면서 20년의 극심한 불황을 겪고 있으며, 이는 개선될 뚜렷한 조짐을 보이지 않고 있다. 일본이 지닌 문제점은 서양이 지닌 문제점과 유사하여, 무엇보다 국가 채무가 150퍼센트를 넘는 최악의 채무국이 되었다. 다만 서양 국가들과 다른 점이라면, 서양 국가들의 채무가 글로벌한 것으로 외국인이 가진 채권이 대부분인 데 비하여, 저축의 국가인 일본의 경우 국가의 채권 구입자가 거의 모두 일본 국민이라는 점이다. 그러나 채무는 어디까지나 채무이고 언젠가는 갚아야 할 빚이므로, 결국 오늘의 세대가 끌어다 쓴 돈을 내일의 세대가 갚아야 한다는 점에서 심각한 문제는 결코 해결되지 않는 것이다. 더구나 일본의 지도층이 새로운 시대 변화를 정확히 읽어 내지 못하고 과거 상명 하달식 관료

체제에서 벗어나지 못하여 시대적 위기에 리더십을 발휘하지 못하고 우왕좌왕하고 있으며, 여기에 대지진, 원전 사고 등의 재앙까지 덮쳐 국가적인 비상사태가 발생함으로써 미래에 대한 전망은 더욱 암울한 현실이다. 이런 상황에서 중국은 놀라운 경제 발전과 고도성장을 계속하였고, 2010년에는 일본을 따돌리고 세계 제2의 경제 대국으로 부상하였다.

한 나라가 경제적으로 막강한 힘을 보유하게 되면 그 영향력을 정치, 외교, 문화 등 전방위에 걸쳐 구사하려고 하는 것이 당연한 순리다. 중국은 지금까지 '굴욕의 세기'를 거치면서 19세기 이래 동양의 환자이자 동양의 문제아처럼 인식되어 온 바 있지만, 이제 과거 세계 최강의 경제 대국과 가장 강력했던 대제국의 위상을 복귀해 나아가고 있다. 이는 비단 중국의 국가적 위상의 격상이 아니라 중국적, 나아가 아시아적 가치의 재발견을 의미한다. 동아시아의 경제 부상과 서양을 따라했던 일본의 침체는 아시아에 새로운 정신적인 기류를 형성하고 있다. 즉 서양 사회의 극심한 침체와 정체로 지금까지 서양을 보아 오던 동양, 특히 동아시아의 시각에 서서히 변화가 일고 있는 것이다. 극렬한 서양의 침략을 받아 왔으면서도 지배는 받지 않은 중국은 이러한 역사로 인하여 아시아에서 서양적인 영향을 가장 적게 받은 나라의 하나이고 특히 중화사상이라는 문화적 주체성이 방화벽의 역할을 하여 서구적 개인주의에 입각한 자본주의, 시민 민주주의를 받아들이지 아니하였다.

한반도는 남북이 극명하게 다른 길을 택하였다. 북한은 해방과 동시에 공산주의와 민족주의 이데올로기를 보편적 가치로 받아들인 폐쇄 사회의 길을 걸어 북한 주민 간의 이념적, 사회적, 문화적 갈등이 없는 획일적 사회가 되었다. 이에 비하여 남한은 해방과 동시에 서양의 개인주의에 입각한 자본주의와 시민 민주주의를 보편적 가치로 수용하였으되, 동양적 공동체 중시 사상과 개인의 이익과 행복의 극대화보다는 고르게 분배해야 한다는 균점(均霑) 사상이 의식의 저변에 확고히 자리 잡아 서로 상충되는 두 개의 가치관이 우리 사회에서 끊임없이 충돌하고 갈등해 왔으며, 기득권층과 빈곤층으로 사회가 양분되는 균열과 반목이 지속되어 왔던 것이다. 21세기 들어 그동안 한국 사회에서 보편적 가치로 '강요'되다시피 하던 서양적 가치가 의문시되고 실제 그 이유로 서양이 경제, 사회, 정치 등 모든 면에서 한계를 드러내자, 우리 사회에서는 지금까지 서양적 가치에 억눌려 왔던 동양적 가치의 요구가 무서운 힘으로 분출하고 있다.

7 서양적 가치에 눌려 왔던 한국적 가치의 분출

지금 한국 사회에서 뿜어져 나오는 사회 변화의 함성은 과거 그 어느 때보다 격렬하다. 과거부터 자본주의 체제 아래에서 어쩔 수 없이 존재할 수밖에 없는 빈부의 차이는 체제의 속성이라 하더라도, 신자유주의 물결 이후 그 차이는 더욱 벌어져 드디어는 사회적 안정을 위협할 수준으로까지 확대되었다. 이러한 현상은 한국에만 해당하는 것이 아니라 전 세계적인 현상으로 번져 심각한 현대 자본주의의 시급한 과제로 급격히 대두되었다.

기술과 교통의 발달로 기업의 다국적화가 수십 년 전부터 일반화되었고 인건비를 줄이기 위하여 인력을 기계로 대체하는 것이 대세가 되었다. 본국의 고임금을 회피하기 위하여 임금이 저렴한

제3국으로 생산 기지를 옮기는 산업 공동화(空洞化)가 빠르게 추진되어 일자리는 날이 갈수록 줄어들기만 하고 대신 임금은 상승하여, 일자리를 가진 자와 못 가진 자의 사회적 괴리가 확대되었다. 고용이 축소되니 일자리 얻기는 더욱 어려워지고 자연 고학력 지향적이 되어 고등교육을 받은 젊은이의 수는 급격히 늘어나는데 일자리 수는 늘어나지 않고 줄어드는 현상이 일반화되었으며, 전 세계적으로 청년 실업자가 양산되는 심각한 사태를 야기하였다.

더욱이 선거로 정권을 잡아야 하는 이른바 민주국가들에서는 표를 얻기 위한 복지 포퓰리즘이 극성을 이루어 국가가 감당하지 못할 각종 복지 혜택이 확산된 것에 비해, 이 비용을 세금으로 충당해야 할 젊은이는 줄어들고 반면 평균수명의 연장으로 고령화 사회가 확산되고 있다. 그러다 보니 앞으로 젊은이 한 명이 부양해야 하는 고령자가 과거의 몇 배에 이르는 과부하가 필연적이 되어 버리는 등, 젊은이들이 바라보는 미래는 희망과 포부에 가득 찬 것이기보다는 암울하고 절망적이기에 그동안 쌓이고 쌓여온 불만과 분노가 용암처럼 분출되고 있는 것이다. 이러한 분노의 분출이 최근 미국에서 벌어지고 있는 "월가를 점령하라"라든지, 전 세계적인 반세계화 시위, 그리고 우리나라의 '반값 등록금 요구' 등이다. 이렇듯 과거에는 사회 모순과 빈부의 격차에 반발하고 저항하던 계층이 빈곤층이었던 것에 비하여, 현재는 고학력층, 청년층이라는 점에서 판이하게 다른 양상을 보이고 있으며 그 심각성이 더욱 부각되고 있는 것이다.

그러나 자유민주주의 체제 아래서의 개인의 이익과 행복의 추구는 헌법이 보장하고 있는 사항이다. 이를 무시하고 공동체 전체의 행복과 이익을 동시에 추진하려면 헌법을 고쳐 사회민주주의나 공산주의로 사회체제를 바꾸는 수밖에 없다. 이 방법이 아니면 모든 사회 구성원들에게 '인간의 얼굴을 한 자본주의'를 요구하여야 하는데, 이는 도덕적인 것이지 제도적인 요구를 하거나 장치를 만들기에는 어려운 현실이다. 인간은 또 본능적으로 개인의 행복과 이익을 우선시하는 속성을 지니고 있는데 양심과 도덕에 기대어 이러한 사회 건설을 요구할 수도 없다. 결국 대한민국은 사회소통과 통합에 본질적인 문제를 지니고 있으니, 그것은 우리가 이미 해방과 동시에 보편적 가치로 받아들인 자본주의, 민주주의와 우리의 전통적인 고귀한 가치이자 역시 보편적 가치로 인식되고 있는 공동체 중심주의의 모순적 공존과 충돌이다. 더욱 심각한 문제는 우리는 이 두 가지 가치 중 어느 것도 포기할 수 없다는 점이다.

지금까지 우리는 민주주의와 국민 개개인의 자유와 인권을 위해 피 흘려 싸워 왔고 전쟁을 치르면서까지 자유민주주의 체제, 즉 자본주의 체제를 지켜 왔다. 이제 와서 우리가 누리고 있는 개인의 자유와 권리를 결코 축소하거나 박탈할 수 없으며 더욱 확대시켜 나가야 한다는 데 국민적인 공감대를 형성하고 있다. 그렇다고 우리의 공동체 중심주의, 나보다 우리를 앞세우는 고귀한 가치 또한 축소하거나 포기할 수 없다는 모순에 봉착하고 있는 것이다.

이 모순과 갈등은 앞으로 더욱 격렬하게 충돌하고 대립하고 투쟁하게 될 것이다. 왜냐하면 지금까지 우위적 위치를 점하고 있던 개인 중심적인 서양적 가치가 서양 세계의 침체와 더불어 한계점에 봉착한 데 비하여, 중국 등 동아시아의 부상으로 동양적 가치가 재발견되고 그 중요성이 새롭게 부각되어 서양적 가치의 대안으로 떠오르고 있기 때문이다. 이 과정이 진행되면 될수록 대한민국은 더욱더 소통과 통합의 어려움을 피하지 못하게 될 것이며, 지금까지의 갈등과 반목, 그리고 계층 간 대립과 불통은 오히려 시작에 지나지 않았다고 볼 수 있다. 따라서 이제야말로 우리가 현명한 대안과 해결책을 찾지 아니한다면 한국 사회는 파탄의 길로 접어들게 될지 모르며, 이것이 바로 대한민국이 선진국으로 도약하고 더 훌륭한 국가로 비상하는 것을 가로막는 가장 큰 걸림돌이 될 것이다.

8. 해결 과제: 소통과 화합 이전에 분노와 증오부터 줄여야

지금까지 보편적 가치의 우위를 점하고 있던 서양적 가치관이 심각한 회의에 빠지고 도전받고 있는 상황에서 동양적 가치관의 급격한 부상은 특히 글로벌믹스형 의식구조를 지닌 우리나라에서 심각한 사태를 야기하고 있다. 현 한국의 상황은 신호등이 꺼져버린 도심 교차로와 유사하다. 모든 차량이 뒤엉켜 대혼란이 벌어졌는데 모두 서로 먼저 가겠다고 들이미는 카오스와 같은 사태라고도 할 수 있다. 서양적 가치관 우선이라는 신호등이 깜박거리고 동양적 가치관의 확신과 확립이라는 신호등도 아직은 명멸하는 상황에서 벌어지는 대혼잡이 바로 한국적 현실이다. 그렇다면 어떻게 이 교통대란을 정리하고 질서를 되찾을 것이며 우리의 정치, 사회가 정상적으로 소통되게 할 수 있을 것인가? 누가 과연 이 얽히고설킨 혼잡에서 질서를 바로잡아 줄 수 있을 것인가?

오늘의 혼란 현상은 국민정부, 참여정부가 들어서 10년 정권을 유지하면서 그동안 억제되었던 진보적 정책의 수행 과정에서 이념적인 혼란과 충격을 보수 진영에 안겨 주며 격화되기 시작하였다. 그 뒤를 이은 보수 세력의 집권으로 진보 진영은 커다란 좌절감과 증오심을 품게 되었고, 그 후 몇 년간 진행된 보수 정권의 친기업 정책과 국민과의 소통의 단절은 거대한 저항에 직면하였다. 우리 사회에서 가장 심각한 문제는 글로벌믹스형 의식구조를 지니고 있음에도 불구하고 이 두 의식구조 간에 소통과 조화보다는 갈등과 불신이 누적되어 왔고 드디어는 서로 간의 증오심으로 증폭되어 왔다는 점이다. 예컨대 2008년의 미국산 수입 쇠고기를 둘러싼 촛불 시위는 괴담(怪談) 수준에 지나지 않던 여러 부정확한 정보가 국민들을 자극하여 유례없는 100여 일이 넘는 대규모 시위로 번졌고, 이로 인해 서울의 도심이 마치 해방 지구처럼 혼란의 도가니가 된 것은 이성적인 사고나 설득이 통하지 않는 증오와 불신의 결과라고 밖에 달리 표현할 수 없다.

한국인은 격렬한 에너지를 안고 있는 보기 드문 국민이다. 이 에너지가 국민적 합의 아래 결집될 때 폭발적인 시너지로 발산된다. 올림픽에서의 좋은 성적이나 월드컵 4강 진입이라는 우리가 상상도 못하던 놀라운 성적을 거둔 것은 우리 국민이 지닌 무서운 에너지가 긍정적인 방향으로 폭발한 예라고 할 수 있다. 그러나 지금의 현실은 정치, 사회면에서 유감스럽게도 부정적으로 이 에너지가 분출하고 있다. 자신과 다른 대상에 대한 분노와 증오로 분출하고 있다. 직장인은 고용자를 증오하고, 빈자는 부자를 증오하며, 세대 간의 불신과 증오도 그 위험수위에 도달했음은 과거 몇 번의 선거로 확인한 바 있다. 진보 진영은 이유 불문하고 이른바 '좌빨'로 몰리기 일쑤고 나이가 많다는 단순한 이유로 '수구 꼴통'으로 낙인찍히기도 한다. 이성과 설득이 통하지 않는 단절과 불신이 위험수위를 넘은 지 오래다. 더욱이 자본주의의 위기가 닥치면서 이러한 분열과 대립은 더욱 극렬한 양상으로 치닫고 있어 한치 앞을 내다보기 어려운 혼돈의 세계로 빨려들어 가고 있는 양상이다.

지금 한국의 가장 큰 과제는 글로벌믹스형의 의식구조에서 유래하는 갈등과 대립의 구조를 화합과 소통의 길로 이끌어 가는 것이다. 그에 앞서 무엇보다 중요한 것은 바로 증오를 가라앉히는 노력이다. 이러한 노력 없이는 사회 갈등과 대립은 더욱 격렬해질 것이며, 어떠한 이성적인 해결책도 도출되지 않을 것이다. 바로 이 문제를 우리는 머리를 맞대고 풀어 나가야 한다. 여기에는 어떤 선문답이나 이상적인 수사는 도움이 되지 않는다. 현실에 근거한 냉정한 판단과 방향 제시가 요구된다. 이 증오를 어떻게 해소해야 할지 그 대답은 아직 존재하지 않는다. 그러나 그 증오의 뿌리가 글로벌믹스형 의식구조에 있고, 이 의식구조는 합의와 동의를 이끌어 내면 한류나 경제 발전을 일구어 낸 것처럼 무서운 잠재력을 지니고 있음도 안다. 이 놀라운 시너지가 왜 정치, 사회에서는 분출되지 않는 것일까? 분명히 그 해답은 있을 것이고 이 해답을 찾는 것이 바로 21세기 대한민국의 미래를 결정짓는 열쇠가 될 것임이 분명하다. 소통과 화합을 이야기하기 전에 우리 사회의 분노와 증오부터 줄여 나가는 노력이 시급하다. 어떻게 해야 우리들 가슴에 넘치는 분노와 증오를 진정시킬 수 있을 것인가? 이것이 바로 우리들의 지도자가 가장 먼저 끼워야 할 첫 단추다.

"정치는 엄마의 마음으로 해야 한다." 87퍼센트의 지지율 속에

물러난 브라질의 룰라 대통령의 말이다. 사회적 지도자들이 가슴 깊이 명심해야 할 한마디다. 이 말 속에 우리 사회에 팽배해 있는 증오와 불신을 해결할 해답이 들어 있다.

■ 이원복 ■

서울대학교 공과대학 건축공학과를 졸업하고 독일 뮌스터 대학 디자인학부에서 공부하였다. 한국 만화애니메이션 학회 회장을 역임하였으며, 현재 덕성여자대학교 시각디자인과 교수이자 예술대학장으로 재직 중이다. 주요 작품으로 『먼 나라 이웃나라』, 『신의 나라 인간 나라』, 『가로세로 세계사』 등이 있다.

인문적 가치의 공유를 통한 사회통합의 기반 조성

손 동 현

1. 사회통합 논의의 배경

인간은 일차적으로 각기 개체적 존재로서 살아가는 인격적 개인이지만, 동시에 한 공동체 속에서 그 구성원으로 살아갈 수밖에 없는 사회적 존재이기도 하다. 프랑스의 철학자 베르그송(H. Bergson)은 이를 '개인적 자아(moi persoanle)'와 '사회적 자아(moi sociale)'로 대비시켜 표현하기도 한다. 이 명제의 참뜻은, 인간은 단독적 존재로서도 살아갈 수 있는데 그의 삶을 더 유리한 여건에서 더 만족스럽게 영위하기 위해 추후적으로 함께 모여 공동체를 구성해 살고 있는 그런 존재가 아니라는 것이다. 인간은 홀로 독자적으로는 생존조차 할 수 없는 존재로서 공동체 속에서 그 구성원으로서 살지 않고서는 인간이 될 수 없는, 그런 본원적 의미에서 사회적 존재다. 아니, 더 구체적으로 말하면, 인간은 특정 공동체 속에 태어나 그 속에서 성장함으로써 인간이 되어 가는 존재이지, 개체적 인간으로 태어나 추후에 공동체 속에 편입되는 그런 존재가 아니다.

인간이 각기 독립적 개체이면서 동시에 공동체에 소속된 구성원이라는 이 사실은 인간의 숙명으로서 인간에게 주어지는 원초적 문제 상황이다. 개인과 사회의 관계에 대해 수많은 사회철학적, 정치철학적 논의가 있어 온 것은 바로 이 때문이다. 개인이 그 독자적 자율성을 잃는다면 사회도 유지, 발전하지 못하겠지만, 사회가 존속, 번영하지 못한다면 개인도 그 속에서 독자적으로 살아갈 수 없을 것이다. 따라서 독립적 개체로서의 개인들이 어느 정도 사회적으로 통합될 수 있느냐, 아니, 통합되어야 하느냐 하는 것은 사회적 존재로서의 인간에게 주어지는 근본적 문제다.

자연 발생적으로 형성된 아주 작은 규모의 공동체라면, 이는 크게 문제가 되지 않는다. 가정에서 가족의 통합이 당연한 것으로 수용되고 또 자연스럽게 이루어지는 것이 대표적이다. 가정을 넘어서서라도 혈연(血緣), 지연(地緣), 학연(學緣) 등 자연스러운 정의적(情意的) 연고(緣故)가 중심 매개로 이루어지는 공동체에서는 그 공동체의 사회적 통합이 크게 문제되지 않는다. 그 통합성을 전제로 형성된 사회가 바로 이러한 공동체이기 때문이다.

그러나 자연스럽게 형성된 공동체라 하더라도 그 규모가 아주 커져서 자연스러운 연고만으로는 통합된 전체가 형성되기 어려운 경우가 되면, 이를테면 민족국가와 같은 경우 사회적 통합은 자연스럽게 저절로 이루어지는 것이 아니라 의도적으로 기획하여 이루어 내야 할 과제로 주어진다. 자연스러운 연고로 이루어진 작은 공동체들은 그 자체 배타적 폐쇄성을 갖기 쉬우므로 이들 사이의 통합이 더욱 문제가 되기도 하고, 그뿐만 아니라 크고 작은 다양한 이익집단 간의 사회통합은 더더욱 쉽지 않은 문제로 떠오른다.

사회통합이 요구되는 대상이 단순한 개개인들이 아니라 이와 같은 집단이 될 때, 사회통합은 그만큼 더 이루어 내기가 어렵게 되며, 그러나 반드시 이룩해 내야 할 필수 과제가 된다. 왜냐하면 그 집단 간의 갈등이나 알력이 공동체 전체의 존립과 번영을 크게 훼손하기 때문이다.

사회적 통합이 잘 이루어져 공동체 전체가 유기적 통일성을 가질 때, 불필요한 부분 간의 갈등과 반목이 해소되고 유형무형의 사회적 에너지가 낭비 없이 집중됨으로써 그 사회가 발전, 번영하는 모습은 역사 속에서 도처에서 발견된다. 여러 지역의 소제후국들이 로마를 중심으로 하나의 연합체 왕국이 되어 '로마'의 역사를 출범시켰던 사실이나, 중국에서 진(秦)나라의 '평정'을 통해 소위 '춘추전국시대'가 종료됨으로써 '중화사(中華史)'가 시작되었던 사실에서, 혹은 한반도에서 부족국가들이 3개의 왕권 국가로 통합되어 삼국시대를 열면서 본격적인 한국사가 시작된 사실에서도 이를 확인할 수 있다. 가까이로는 근대 독일의 지방 영주국 간의 분열이 국가적 발전을 저해했던 사실이나, 이념 문제로 인한 민족 분단이 현대 한국의 발전을 저해하고 있는 정치적 현실이 또한 이를 증언해 주는 분명한 반례가 될 것이다.

1) 사회통합이 요구되는 한국적 현실

경제적으로 산업화에 어느 수준 이상으로 성공하고 정치적으로 민주적 절차의 정착에 성공하고 있는 한국에서 여전히 눈에 보이지 않는 선진화의 장애물로 지적되는 것이 국가 공동체의 전체적 유기성을 훼손하고 있는 분열상(分裂相)이라면, 이른바 '사회통합'을 위한 노력을 의식적으로 주제로 삼아 기획하는 것은 의미 있는 합당한 일이라고 본다.

국가 공동체의 번영과 발전이라는 '큰 담론'의 지평에서 사회통합을 문제 삼는다면, 사회통합을 위해 극복해야 할 갈등이나 분열상도 '큰 규모'의 것이 될 수밖에 없다. 즉, 개인 간의 갈등이 아니라 집단 간의 대립, 알력, 갈등이 문제된다는 말이다. 그것도 유형화시키고 일반화될 수 있는 형태로 문제 삼아야 할 것이다.

많은 정치인을 비롯한 많은 사회 지도급 인사들의 현실 인식을 토대로 해보더라도, 그리고 많은 사회과학자들이나 사회 평론가들의 현실 진단에 따르더라도, 이러한 관점에서 유형화한 한국 사회의 갈등은 네 가지로 제시된다. 즉, 계층 간, 이념 간, 지역 간, 세대 간 갈등이 그것이다. 대통령 소속 사회통합위원회에서도 이를 고려하여 계층분과위원회, 이념분과위원회, 지역분과위원회, 세대분과위원회 등 4개의 분과위원회를 두어 활동하고 있다.

(1) 계층 간 갈등이란 경제적 빈부의 격차로 인해 구분되는 부유층과 빈곤층 사이의 갈등으로, 그 계층에 주어지는 전반적인 사회생활의 위상 차이가 가져오는 것이라고 볼 수 있다. 사회통합위원회의 계층분과위원회에서 파악하고 있는 바에 따르더라도, 계층 갈등 현상은 "빈부 격차의 증가, 중산층 감소" 등으로 나타나고 있으며, 이를 극복하기 위해서는 "근로 빈곤층 대책 수립, 지도층 제몫하기 프로젝트 추진, 대학 시간강사 제도 개선, 도시 재정비 제도 개선, 사회정책 서비스 전달 체계 개선, 대학 교육

기회의 균등 제공" 등을 실천 핵심 의제로 삼아 그 실행을 모색해야 한다고 인식하고 있다. 급격한 산업화를 통한 경제적 발전의 과정에서 분배의 균형에 불가피하게 문제가 생겼던 것을 시인하고 이의 극복을 위해 힘써야 할 것이다.

(2) 이와는 달리 이념 간 갈등은 국가 공동체의 정치적, 경제적 질서 및 사회구조에 대해 서로 다른 이상적 상을 갖는 두 가지 상반되는 입장의 대립에서 오는 갈등이다. 즉 사상의 차이에서 오는 갈등이다. 두말할 것도 없이, 해방 후 정치적 신질서 위에 새로운 민족국가를 건설함에 있어 국제정치적 역학 관계의 틈바구니에서 이를 능동적, 적극적으로 활용하는 통일적이고 주체적인 민족 역량을 발휘하지 못하고 거기에 수동적으로 끌리어 저질러진 남북 분단과 이어 일어난 한국전쟁이 이 갈등의 연원일 것이다. 명분상으로는 개인의 자유와 인권을 중시하는 자유민주주의와, 공동체의 번영과 개인들 간의 평등을 우선시하는 남북 정치 세력 사이의 격심한 충돌이었다고 말할 수 있겠으나, 아무튼 그 적대 관계가 오늘에 이르기까지 후유증을 남기고 있는바, 그것이 곧 이념 간 갈등이다.

흔히 두 입장을 '보수와 진보'로 표현하지만, 좀 더 정확히 말하자면, 정치사회적 이념에 있어서는 개인의 자유를 우선시하느냐, 전체의 평등을 우선시하느냐에 따라 전자의 입장을 '보수'로, 그리고 후자의 입장을 '진보'로 표현하는 것이 한국의 독특한 현실이다. 보수와 진보라는 말 자체의 의미와는 상당히 거리가 있는 사상적 내용이 이에 담겨 있다고 하겠는데, 특히 한국의 분단과 통일 문제에 관해 북한을 어떤 존재로 보느냐 하는 입장의 차이도 이에 깊이 연계되어 있는 것이 독특한 한국적 상황이다. 대체로 통일 문제에 관련해 북한을 인정하고 북한에 우호적인 입장을 취하려는 쪽은 진보 진영, 즉 좌파로 이해되고, 북한을 인정하지 않고 북한에 적대적인 입장을 취하려는 것은 보수 진영, 즉 우파로 이해된다.

이념분과위원회에서는 최근 이념 갈등 현상에 대해, 그 연원이나 사상적 근원을 캐기보다는 이 대립을 '정의라는 가치와 공정한 사회제도'에 대해 상반된 의견 차에서 오는 갈등으로 이해하려는 전향적인 출구를 찾으려 하고 있으며, 현실적으로 이 갈등의 해소를 위해서도 '정의로운 사회'라는 주제에 대해 집중적 토론을 시도하는 것이 바람직하다고 보고 있다. 이러한 생각에서 이념분과위원회에서는 "'공정한 사회'야말로 한국 사회를 도약케 할 무형의 가치이자, 사회 운영의 원리"라는 인식 아래, 보수와 진보가 함께 '공정 사회의 조건과 과제'에 대해 논의하는 장을 마련했다. 추상적인 이념적 갈등으로 인해 '소모적인 대립과 갈등'을 계속할 것이 아니라, '경쟁과 협력의 공존'을 이끌어 낼 수 있는 새로운 사회통합의 패러다임을 제시한다는 목표 아래, 이 연속 토론회에서 60가지의 구체적 의제를 다루었고 이를 '사회통합 컨센서스 2010'으로 제시하기도 하였다.

(3) 한국에는 오늘날 국가 정책 추진이나 경제 발전 과정에서 지역 간 갈등이 상존하고 있으며, 이는 물론 지역이나 국가 발전에 부정적 요인으로 작용하고 있다. 한국에서의 지역 간 갈등은 크게 세 가지로 나누어 살펴볼 수 있는데, 첫째는 영호남 간의 갈등이고, 둘째는 각 지방자치단체의 권역에 따른 소지역 간의 갈

등이며, 셋째는 수도권과 지방 간의 갈등이다.

특히, 영호남 지역 간의 갈등은 역사적 배경도 길고 깊어 그 상호 오해와 갈등이 정치, 문화, 사회 등 다양한 모든 분야에서 표출되고 있는 것이 현실이다. 더욱이 제3공화국 시기 이래 정치권력의 배분이 영남권 인사들에 치우쳐 정치적으로 큰 불만 요소가 되어 왔고, 이런 점 때문에 이 지역 갈등은 감정적으로 침전되어 정치권에서 정권 취득의 수단으로 악용되기도 하였다.

각 지역 간의 갈등은 지방자치정부의 등장과 더불어 이해관계가 행정적으로 충돌하게 됨으로써 증폭된 것으로 주민들의 구체적인 일상생활에 실제적인 불편과 혹은 감정적인 불화를 빚어내는 일이 허다하다. 사회통합위원회에서는 지역 화합 활동을 하는 사회단체를 발굴하여 네트워크를 구축하고, 이를 통해 상호 자료 및 정보를 교환하고 공동 봉사 활동을 유도함으로써 이 지역 간 갈등을 극복하고자 하는 방안을 기획, 추진하고 있다.

수도권과 지방 간의 갈등도 지방자치제도가 정착하면서 더욱 두드러지게 된 것인데, 수도권과 각 지방의 이해관계가 엇갈릴 경우, 대개는 국가 전체의 공익을 고려하여 수도권에 유리하게 해결책이 제시되는 데 따른 불만이 지방정부나 지방 주민으로부터 나오게 되어 있는 게 현실이다.

최근 수도권 규제 완화, 공공기관의 지방 이전 등에 대한 찬반 논란에서 보듯이 지역 간 사회적, 문화적, 경제적 격차 문제와 관련한 갈등이 우리 사회의 통합을 저해하는 요소가 되고 있음은 부인할 수 없다. 지역 간 격차는 각 지역의 지리적, 경제적 다양성으로 인해 불가피하게 발생하는 허용될 수 있는 것도 있지만, 지금 우리 사회에서 문제되는 것은 대체로 허용되어서는 곤란한 것들인 경우가 많다. 국가 공동체 전체의 발전을 위해서는 정치적 활동, 제도적 개선, 설득적 대화 등을 통해 극복해야 할 것들이다.

(4) 세대 간 갈등 또한 우리 사회의 주요 갈등 중 하나다. 세대 간 갈등은 동서고금을 막론하고 존재해 왔으며, 그 구조적 특성은 역사적 시기에 따라 다르다. 한국 사회는 압축된 산업화의 과정에서 단순히 경제 발전을 이룩한 것만이 아니라 문화적, 사회적 영역 전반에서 문명사적으로 큰 변화를 겪었다. 그 변화의 속도와 진폭이 컸던 만큼, 근대화 과정 이전에 성장한 세대와 그 이후에 태어나 성장한 세대 간에는 여러 가지 점에서 차이가 나게 되었다. 즉, 욕구 내용, 생활 감각, 가치 지향, 의지적 태도 등에서 큰 차이를 보이고 있다. 유교적인 전근대적 사회상은 더 이상 자라나는 세대에게 의미 있는 것으로 다가오지 않는다. 그들은 자유분방하고, 명랑하며, 자기주장이 분명하며, 전통과 기성 권위에 순응하지 않으려 한다. 즉 그들은 서구의 자유주의적, 개인주의적 가치관에 더 경도되어 있다.

그러나 이러한 차이가 곧 갈등을 일으키는 것은 아니다. 갈등은 이러한 세대 간 역사적, 문화적 경험 차이가 다른 세대에 대한 무관심, 오해, 배타적 태도, 나아가 피해의식 등으로 변질, 악화될 때 생겨난다. 이러한 세대 간 갈등을 해소하기 위해서는 세대 간 서로의 차이를 있는 그대로 인정하고 상호 의견을 존중하는 유연한 개방적 태도를 견지하도록 설득해야 하며, 더 적극적으로는 세대 간의 공통분모를 형상해 낼 수 있는 다양한 프로그램을 개발하여 시행하는 일이 중요하다. 한국 사회에서는 출산율은 저하되고 고령화는 심화되어 앞으로 연금 지급이나 노인 부양 문제 등과 관련하여 심각한 사회적 갈등이 생겨날 가능성이 점점 커지고 있다.

2) 갈등의 원인: 욕구 및 욕구 충족의 대립

한국 사회에서 극복되어야 할 네 가지 주요한 갈등을 열거해 보았는데, 이제 그 갈등의 원인을 좀 더 일반화된 이론적 지평에서 살펴보기로 하자.

모든 갈등은 욕구의 충돌에서 온다. 좀 더 정확히 말하자면, 서로 다른 욕구를 충족시키려는 서로 다른 행동이 서로 제지하고 방해하는 데서 생겨난다. 그렇다면 한국 사회에서 크게 문제되는 갈등들은 각기 어떤 욕구들이 충돌하는 가운데서 생겨나는 것들일까?

인본주의 심리학자 매슬로우(Abraham H. Maslow)에 따르면 인간의 욕구는 다섯 단계로 전개되면서 충족되어 가는데, 이를 원용하여 한국 사회의 갈등 구조를 이해해 보기로 하자.

매슬로우에 따르면, 인간의 욕구는 병렬적으로 열거되어 있는 것이 아니라 낮은 단계에서부터 충족도에 따라 높은 단계로 성장해 가는 것이며, 낮은 단계의 욕구가 충족되지 않으면 높은 단계의 욕구는 행동으로 연결되지 않고 이미 충족된 욕구도 행동으로 이어지지 않는다. 그는 이 다섯 단계의 욕구를 가장 기초적인 것에서부터 ① 생리적 욕구(physiological needs), ② 안전 욕구(safety needs), ③ 소속과 애정 욕구(love and belonging needs), ④ 존경에 대한 욕구(esteem needs), 그리고 ⑤ 자아실현 욕구(self-actualization needs)로 성층화시켜 위계적으로 열거한다.

이들 중에서 하위 4개 욕구를 그는 결핍 욕구(deficiency needs: D-Needs)라 불렀고, 상위 1개 욕구는 존재 욕구(being needs: B-Needs)라 불러 질적으로 구분하였다. 그리고 전자가 행동을 유도하는 것을 동기화(motivation)라 부르는 것과 대조적으로 후자가 행동을 유도하는 것을 메타-동기화(meta-motivation)라 불렀다.

(1) 생리적인 욕구에는 일차적으로 물, 공기, 음식물과 같은 신진대사에 필요한 것들, 그리고 의복이나 거처 같은 생존에 필요한 것들에 대한 욕구가 있고, 또 성적 욕구가 있다. 호흡, 영양 섭취, 수면, 섹스, 배설, 생리적 항상성 등이 작동, 또는 유지되도록 하는 요소들이다.

(2) 생리적 욕구가 어느 정도 충족되면 그 다음엔 신체의 안전, 고용의 안정, 자원의 안정, 도덕성, 가정, 건강, 재산 등을 향하는 안전 욕구가 발동한다. 안전 욕구에는 개인적 안전, 재정적 안전, 건강과 복지, 재난이나 질병으로부터의 안전 등이 그 대상에 속한다.

(3) 그 다음에는 사랑과 소속감을 욕구하게 된다. 우정, 가족애, 성적 친밀성 등이 이에 속한다. 가족, 배필, 멘토, 가까운 동료, 친우 등에게서 이런 사랑의 체험이나 소속감을 욕구하게 된다.

(4) 사람은 누구나 타인으로부터 인정받고 존중받고자 하는 욕구를 갖는데, 이것이 사랑의 다음 단계다. 사람들은 타인들에게

뭔가 기여함으로써 이를 구한다. 자긍심이나 자기 존중감이 약한 사람은 타인으로부터 존중받기를 더 원한다. 그러나 밖으로부터 명예나 영광을 얻어도 자기 존중감 없이 열등감을 그대로 가질 수 있다. 사실 타인으로부터 존중받는 것이 자신감, 독립심, 자유 등을 동반하는 자기 존중보다 저급한 것이기도 하다.

(5) 인간의 욕구 중 가장 높은 차원의 것은 자기실현 욕구다. 한 개인이 지니고 있는 잠재적인 것을 충분히 실현하고자 하는 욕구가 그것이다. 자신이 되고자 하는 바대로 충실히 되는 것이 이 욕구의 대상이다. 이 욕구는 앞서의 네 가지 욕구가 충족되고 이들을 마스터할 때 충족 가능한 것이다.

그런데 인간의 삶에 담기는 존재의 층위를 생각해 보면 매슬로우의 욕구 충족 이론은 자연스러운 것으로 수긍이 간다. 인간의 삶은 4개의 존재 층위로 이루어져 있는데, Ⓐ 물질적 삶, Ⓑ 생명적 삶, Ⓒ 심성적 삶, Ⓓ 정신적 삶이 바로 그것이다. 이 각 층위의 삶에서 요구되는 것이 욕구의 형태로 나타날 텐데, 이것이 매슬로우가 언급한 것과 대동소이하기 때문이다.

매슬로우가 제시한 각각의 욕구를 삶의 존재 층위를 염두에 두면서 생각해 보면 다음과 같다.

① 생리적 욕구 : (개인적) 물질적/신체적 욕구 = 생존 욕구 :
Ⓐ 물질적 – Ⓑ 생명적 삶의 차원

② 안전 욕구 : (사회적) 물질적/신체적 욕구 = 생존 욕구 :
Ⓐ 물질적 – Ⓑ 생명적 삶의 차원

③ 소속과 애정 욕구 : (개인적) 정서적 욕구 :
Ⓒ 심성적 삶의 차원

④ 존경에 대한 욕구 : (사회적) 인정 욕구 = 관계 욕구 :
Ⓒ 심성적 – Ⓓ 정신적 삶의 차원

⑤ 자아실현 욕구 : (사회적) 성취 욕구 = 권력 욕구 :
Ⓓ 정신적 삶의 차원

욕구의 유형을 이렇게 인간의 삶이 실려 있는 존재 층위에 따라 피라미드적으로 생각해 보면, 욕구 충족을 위한 활동의 상호적 제지 현상이라 할 수 있는 갈등이라는 것도 같은 사유틀 속에서 정리할 수 있을 것이다. 갈등 치유의 해법을 구함에 있어서도 이 존재 층위에 대한 고려는 큰 도움을 줄 것이다.

3) 갈등 요인의 인간학적 위상

위에서 살펴본 한국 사회의 갈등은 어떤 욕구들의 대립인지, 그리고 어떤 차원의 욕구 대립이 그 발단인지, 역시 위에서 살펴본 매슬로우의 단계적 욕구 유형 구분에 따라 정리해 보면 다음과 같다.

- 계층 간 갈등 : ① + ② + ④ / Ⓐ + Ⓑ + Ⓒ
- 이념 간 갈등 : ④ + ⑤ / Ⓒ + Ⓓ
- 지역 간 갈등 : ① + ② + ③ + ④ / Ⓐ + Ⓑ + Ⓒ
- 세대 간 갈등 : ③ + ④ / Ⓒ + Ⓓ

즉, 계층 간 갈등은 기본적으로 경제생활, 즉 물질적 및 생명적 삶의 차원에서 등장하는 ① 물질적 욕구 및 ② 안전 욕구의 충족에서 일어나는 대립이 원인이고, 이에서 파생되어 심성적 및 정신적 삶의 차원에서 등장하는 ④ (사회적) 인정 욕구, 즉 사회적 관계 욕구의 충족 과정에서 대립으로 발전하는 것이다.

이념 간 갈등은 정신적 삶의 차원에서 등장하는 ④ (사회적) 인정 욕구, 즉 관계 욕구 및 ⑤ (사회적) 성취 욕구, 즉 권력 욕구의 충족 과정에서 빚어지는 갈등이다. 물론 이는 심성적 차원의 적대감으로 발전한 것도 사실이다.

이에 비해 지역 간 갈등은 삶의 거의 모든 차원에서 생겨나는 욕구 충족의 대립이 빚어내는 갈등이라 하겠다. 즉, ① 물질적 차원의 욕구 및 ② 안전 욕구 충족의 대립에서부터 시작하여 ③ 심성 차원의 감정적 이질감으로 발전되고, 나아가 ④ (사회적) 인정 욕구, 즉 사회적 관계 욕구의 충족 과정에서의 대립으로 발전한 갈등이다.

세대 간 갈등은 주로 가치관이나 생활 감각의 차이에서 유래하는 것인 만큼, 심성적, 정신적 삶의 차원에서 (사회적) 인정 욕구, 즉 관계 욕구가 대립하는 데서 오는 것이라 하겠다.

갈등 요인의 인간학적 위상이 위와 같다면, 갈등을 해소할 방안을 탐색함에 있어서도 이 점을 고려하여 그 위상에 걸맞은 기획을 해야 할 것이다. 갈등의 해소는 곧 우리의 주제인 사회통합과 직결되는 것이어야 할 것이므로, 이제 사회통합이라는 주제로 넘어가기로 한다.

2. 사회통합의 현실적 내용

사회적 갈등의 해소가 국가 발전에 긴요한 것이라 해서 모든 갈등 현상을 죄악시한다거나 갈등을 남김없이 없앤다는 집념 아래 사회를 획일화하려는 우를 범해서는 안 될 것이다. 이에 우리는 '사회통합'이라는 말의 의미를 다양한 시각에서 검토하고, 갈등을 해소하고 통합을 기하는 방안을 구상함에 있어서도 영역별 특성을 십분 고려하는 사고의 유연성을 잃지 말아야 할 것이다.

전제되어야 할 것은 첫째, '통합'을 이질적 요소를 없애고 동질화하는 것으로 이해해서는 안 된다는 것과, 둘째, 통합의 방안이 층위별로, 그리고 영역별로 달라질 수밖에 없다는 것이다.

1) 사회통합의 다양한 내용: 갈등 해소의 층위와 통합의 영역

사회생활 가운데서 어떤 층위에서, 어떤 영역에서 갈등이 심해 그것이 국가 전체의 번영과 발전에 장애가 되는지에 따라 이를 극복하는 '통합'의 의미도 달라질 것이다. 그리고 그 통합의 의미 내용은 곧 갈등 해소의 성격 및 그 층위에 따라 달라질 것이요, 결국 '통합의 영역'을 결정하는 것이 될 것이다. 여기서 여러 유형의 갈등 해소가 각기 어떤 영역에서 어떤 유형의 사회통합으로 이어지는지 생각해 보기로 하자.

(1) 경제적 균형 : 앞서 보았듯 계층 간 갈등은 주로 물질적, 생리적 욕구 및 안전 욕구의 충족 노력, 즉 경제활동에서 빚어지는 갈등이다. 따라서 여기서는 주로 물질적 생활에서의 불균형과 이

로 인한 위화감의 극복이 '통합'을 위한 과제로 부각된다. 오늘날 후기 산업사회에서 고용 없는 성장이 현실로 드러나고 이로 인한 실업 사태가 확산되는 마당에 구조적으로 이른바 양극화 현상이 심화된다면, 경제적 생활에서의 계층 간 갈등은 심각한 수준으로 사회통합을 저해할 것이다.

계층 간의 경제적 간극이 그저 현실에 존재하는 사실을 넘어서 어떤 이념적 성격을 띠는 계층 간 적대적 감정을 빚어내기도 쉬운데, 이렇게 되면 이야말로 사회통합을 저해하여 국가 발전을 가로막는 독소가 될 것이다. 감정적 유대는 다수의 지지를 토대로 정치 세력이 형성되는 민주주의 대의정치 체제에서는 갈등을 빚는 사실 자체보다도 이 사실에 대한 다수의 피상적 인식이 영향력을 갖기 마련이어서, 이 점은 특히 더 경계를 요한다. 우리 사회에게 근래 관찰되듯이 노동운동이나 시민운동이 이러한 감정적 요인을 매개 삼아 정치 세력화한다면, 이는 사회통합을 이루는 데 기여하기보다 오히려 분열과 갈등을 조장하는 결과를 나을 것이다.

계층 간 갈등이 해소되기 위해서는 경제적으로 사회통합이 이루어져야 할 것이다.

(2) 이념적 수렴 : 국가와 개인 간의 바람직한 관계, 국가 공동체의 개인에 대한 역할, 개인들 간의 사회적 관계 등 인간의 사회생활에 대한 근본적인 시각에서 개인의 자유를 우선시하는 입장과 개인들 간의 평등을 우선시하는 입장이 구분될 수 있는데, 바로 이 지점에 개인주의적, 자유주의적 사회 이념과 공동체주의적, 평등주의적 이념 간의 대립과 갈등이 시작된다고 하겠다. 이 이

념적 갈등도 특히 한국 사회에서는 지적인 영역에 국한되는 것이 아니라, 혈연, 지연, 학연과 같은, 이념 자체와는 본질적으로 무관한 인간적 유대 관계를 통해 더욱 강화되고 지속되어 온 것으로 이해된다. 한국에서 이념 문제는 한국전쟁의 상흔이 남아 있는 한, 사상적 이념 자체의 문제로 남는 게 아니라 사회심리적, 정서적 문제가 되기도 하고, 그리고 북한 정권이 존립하고 있는 한, 현실 정치적 문제가 되기도 한다.

그러나 향후 이 이념적 갈등은 국가의 정당하고도 건전한 운영 원리, 즉 국가 정체성 및 국정 철학과 관련한 사상적 토론과 대화와 합의를 통해 그 의견 차를 좁혀 나가고 대치되는 입장의 공통 지반을 확장시켜 나가는 노력을 통해, 비본질적인 요소는 멀리한 채, 원론적 컨센서스에 이르는 과정을 거쳐 점차 치유되어야 할 것이다. 단순히 좌편향적이라는 이유만으로, 혹은 우편향적이라는 이유만으로 적대적 대립 관계를 유지하려는 태도는 배격되어야 할 것이다. 국가의 발전과 국민의 더 나은 삶을 위해 자유주의적 정책과 평등주의적 정책 중 어느 것이 더 나은지를 사안별로 냉정하게 따져 밝혀야 할 것이고, 협의를 통해 그 견해차를 좁혀 나가야 할 것이다.

(3) 국민감정의 동질화 : 인간의 사회적 삶은 지리적, 환경적 여건에서 벗어날 수 없다. 그러하기에 모든 문화적 성숙은 지역성을 그 못자리로 한다고 하겠다. 보편성을 갖는 문화적 가치도 그 태생은 지역적 특수성에서부터 출발하는 것이다. 이런 점에서 보면 사회 구성원이 각기 자신의 성장 지역 및 거주 지역에 대한 동일체감과 친숙한 감정을 갖는 것은 자연스럽고도 당연한 일이

다. 향토애 없이 애국심이 추상적으로 우러나올 수 없는 법이다.

문제는 이러한 정감적 태도가 고정적, 폐쇄적이어서 타 지역성에 대한 배타적 태도를 고착시키는 데에 있다. 이는 곧 지역 간의 갈등을 낳고 이것이 역사적으로 누적되면 뿌리 깊은 지역감정이 된다. 한국에서 지역감정은 특히 호남인과 영남인에게 더 뚜렷이 나타나는데, 이는 오랜 역사적 뿌리를 갖는 것이기 때문이다. 이것이 연고주의로 고착되면 불순한 이들은 이를 다른 이득을 취하는 일에 악용하기도 한다. 최근까지도 정권 쟁취에 이를 이용한 사례를 우리는 여실히 본다.

(4) 세대 간의 소통, 문화적 격차의 해소 : 인간의 활동은 단순히 주어진 현실적 여건의 요구에 응하는 것만으로 이루어지는 것이 아니라, 현실 너머의 이상에 대한 동경이 힘이 되어 이루어지는 경우도 많고, 실은 이 후자가 진정 인간다운 활동의 진수다. 흔히 '가치관'이라는 말로 이를 표현하기도 하는데, 세계에 대한 근본 이해인 '세계관'과 나란히 중요한 것이 바로 실현시켜야 할 가치에 대한 안목이자 태도인 이것이다. 현실 파악의 내용에서 큰 차이가 없더라도 행동에서 큰 차이가 나는 것은 바로 이 '가치관'에서 차이가 나기 때문이다. 가치관의 형성도 물론 현실 속에서 이루어지는 것이기는 하지만, 내다보는 미래의 모습이 달라지면 행동도 달라지는 것이다.

오늘날 한국 사회에서 젊은 세대와 기성세대 사이에 생활 감각과 행동 방식에 큰 차이가 나는 것은 지난 반세기 동안 한국 사회가 겪은 문화사회적 변화의 폭과 깊이가 그만큼 컸던 것을 반영하는 것이기도 하다. 산업화의 초기 단계에서 요구되었던 덕목이 이제는 더 이상 후기 산업사회의 변화된 사회적 환경에 그대로 적용되기 어렵게 되었다는 외부적인 요인도 있고, 이런 변화의 와중에서 젊은 세대에 새로운 욕구 체계가 등장하고 자리 잡았다는 내면적인 요인도 있다. 개인적인 욕구는 가급적 억제하고 소속된 크고 작은 공동체의 필요에 부응해 구성원이 희생을 감수할 것을 요구하던 산업화 시대의 에토스는 더 이상 바람직하지 않은 것이 되었고, 오히려 그 자리에 개성적이고 자발적인 창의 정신이 중요한 덕목으로 들어서게 되었다. 구성원 개인 차원에서도, 이제는 내핍, 근면, 복종, 희생 등의 자세보다는 오히려 진취, 모험, 자기 개발, 독창성 등의 덕목이 더 중요한 것으로 이해되고 있다.

이제 세대 갈등은 세대 간의 개방적이고 간격 없는 소통을 통해 이 문화적 격차를 해소하는 일부터 시작되어 점차 그 문화적 동질감을 회복함으로써 '통합'의 길로 나아가는 우회적이고 간접적인, 그러나 근원적인 방책을 통해 극복되어야 할 것이다.

2) 사회통합의 현실적 문제

이상에서 언급된 '통합의 과제'는 사회과학적 접근을 통해 각론적 처방이 내려져야 할 일이긴 하지만, 여기선 다만 그 이슈만을 열거해 보기로 한다.

(1) 경제적 통합: 경제적 균형

계층 간의 갈등을 해소하여 사회적 통합을 이루기 위해서는 경제적 균형을 통한 경제적 통합이 달성되어야 한다. 여기에는 고용, 건강, 주택 문제 등에서 경제적 기회균등이 보장되고, 수입에서도 격차가 너무 크게 벌어지지 않도록 하는 것이 초미의 현실적 문제다. 문제의 핵심은 경제생활에서의 최소한의 안전판이 마련되어야 하고 수입 및 재산 등 부의 편차가 능력과 노력의 차이에서 오는 정당한 것으로 수긍할 수 있는 수준을 유지함으로써 사회적 위화감이 심화되지 않도록 하는 것이다.

(2) 이념적 통합: 이념적 접근 및 수렴

이념 간의 갈등을 극복하여 사회적 통합에 기여하기 위해서는 대립되는 이념의 상호 수렴을 통한 우회적인 사상적, 이념적 통합을 추진해야 한다. 여기에는 사회적 질서의 확립, 상대 집단의 사상에 대한 이해, 이를 통한, 또 이를 위한 개방적 의사소통, 견해가 대립되는 상대 집단에 대한 관용과 존중, 적대 관계를 청산한 상대 집단과의 공존, 지속적이고 광범한 지적·정서적 교류, 상조, 유대, 국가 공동체에 대한 정체성 공유, 공동체 의식(대동) 등이 현실적인 과제가 될 것이다.

(3) 사회적 통합: 국민감정의 동질화

지역 간 갈등은 본래 선입견과 감정으로부터 생겨난 것이지만, 이것이 발단이 되어 정치적, 경제적 사회생활의 전반에 걸쳐 불협화를 빚어 온 것이 한국의 현실이다. 향토애는 그 자체만으로는 나쁜 것이 아니지만, 이것이 배타적 자세로 흐를 때는 공동체 전체의 번영에 큰 장애가 되는 것이다. '우리끼리' 의식은 좁은 '친숙한 관계'를 더 폐쇄적이고 고정적인 것으로 만드는 경향이 크다. 농경 사회의 전통이 뿌리 깊게 이어져 온 한국인들에게 이

지연(地緣) 의식은 상당히 강한 것이어서 그 자체를 불식시키는 일은 무모한 일일 것이다. 그러나 근대화의 과정을 거친 오늘에 와서 이를 여전히 중시하기는 어려운 일이다. 이제는 타 지역의 사람들과도 원활한 의사소통을 하여야 하며, 이를 통해 서로의 지역적 삶의 특성을 이해하고 그것을 존중해야 할 것이다. 설혹 그것이 생활 감각에 비추어 볼 때 낯설고 불편한 것이라 하더라도, 관용으로 그것을 받아들이며, 그 결과 더 넓은 지평 위에서 지역의 고유한 삶이 추구하는 것들이 공존할 수 있는 정서적 토대, 즉 공동의 소속감을 갖게 되도록 하자는 것이다.

(4) 문화적 통합: 문화적 격차의 해소

생활환경에 대응하는 인간의 심적 메커니즘은 기술의 획기적 발달이 가져온 생활양식의 급격한 변화를 미처 따라잡지 못하는 수가 있다. 종래의 환경에 오랫동안 적응해 온 기성세대일수록 이 점에서는 더 괴리가 크기 쉽다. 따라서 기성세대에게는 기술의 혁신이 몰고 오는 생활양식의 변화에 적극 응하는 자세가 더욱 요구된다. 새로운 문물에 친숙하지 못하다는 것은 낡은 질서에 안주하기 쉬움을 말해 주는 것이요, 이는 곧 미래를 향한 전향적 자세를 갖기 어렵다는 사실을 말해 주는 것이다.

젊은 세대가 기성세대로부터 문화적 영향을 전수받아야 함은 당연한 일이나, 그것을 영양원으로 하여 어떤 문화가치를 새로이 창출하느냐 하는 것은 전적으로 젊은 세대에 달려 있다. 미래는 젊은 세대가 감당해야 할 시대이지, 기성세대가 감당해야 할 시대가 아니기 때문이다. 기성세대는 미래에 대비한 준비만 해도 소임을 다하는 것이요, 더 이상은 하려야 할 수 있는 것도 아니다. 이러한 시간의 흐름을 염두에 두고 보면, 세대 간의 갈등을 해소하는 과제는 먼저 기성세대가 더 적극적으로 나서야 할 일이다.

무엇보다도 이러한 문화적 격차는 '생각의 교환'을 통해 줄이고 없앨 수 있는 성격의 것이다. 물론 '생각의 교환'은 의사소통을 통해 이루어지는 것이다. 젊은 세대와의 의사소통을 원활히 하기 위해서는 무엇보다도 그들의 언어로 그들의 문법에 맞는 대화를 해야 할 것이다. 이 과제의 수행은 단순히 좁은 의미의 언어 문제에 멈추는 것이 아니라, 언어에 녹아 있는 그들의 세계상과 가치관을 이해하고 수용하는 문제로 나아간다. 물론 의사소통의 도구인 언어 자체와 언어적 소통의 장치도 중요한 역할을 할 것이다.

오늘날 한국의 젊은 세대와 기성세대 간의 문화적 격차를 실감케 하는 젊은 세대의 생활 감각이나 자세에서 기성세대가 수용하기 힘든 이질적인 것으로 우리는 일반적으로 다음과 같은 점을 열거할 수 있을 것이다.

첫째, 젊은 세대는 그들 자신의 개성과 호오(好惡)에 따른 개인적 욕구를 표출하고 이를 충족시키려 하는 데 있어 전통이나 관습, 기성의 권위와 규범에 억눌리지 않고 자유롭게 생각하고 말하고 행동한다.

둘째, 국가나 민족과 같은 공동체의 번영과 발전에 대한 관심이나 주변의 어려움에 대한 배려심 등은 희박하고, 자신의 개인적인 성공에 대한 관심이 지대하다. 즉 공익 의식은 약하고 사익에 대한 자기주장은 강하다.

셋째, 숙고와 숙의를 통한 의사 결정보다는 감각적, 감정적 직감에 호소하는 의사 결정이 더 우세하다. 따라서 넓고 깊은 통찰에 약하고 감성적 반응이 빠르고 예민하다.

넷째, 자연히 신체적, 심적 고통의 감내에 약하고, 신체적 안락과 심적 즐거움을 추구하는 경향이 강하다.

다섯째, 원대한 이상을 품는 것을 비현실적인 것으로 여기며, 현실적인 이해관계에서 유리한 위치에 서려는 노력을 하는 데에 교육과 체험의 모든 의의를 찾는다.

이상과 같은 젊은 세대의 경향을 현실로 수용하고 이를 감안하여 이에 걸맞은 사회 기획을 수립하는 일이 기성세대의 과제라 할 것이다.

3. 사회통합의 기반: 인문적 가치의 공유

필자는 이상에서 열거한 사회적 통합의 다양한 방책들이 성공을 거두기 위해서는 대립과 갈등에 처한 집단 간에 현실 세계와 인간 가치에 대한 공통된 인식이 숙성해야 한다고 생각한다. 비록 경제적 환경에서 차이가 크더라도, 비록 사회 구성과 운영에 대한 이념이 다르더라도, 지역적, 역사적 문화 환경이 다르더라도, 또 행동 방식과 생활 감각이 다르더라도, 이 모든 차이에도 불구하고 근본적으로 인간다운 삶 그 자체가 지녀야 하고 실현시켜야 할 '인간적 가치'에 대한 공통의 보편타당한 인식이 정신적 공동 자산으로 확보되어 있기만 하다면, 그 모든 다양한 대립과 갈등은 '차이'에 불과한 것으로 일단 수용되고, 점차 이를 근접시키고 수렴시켜 마침내는 통합될 수 있으리라는 기대를 갖게 될 것이다.

1) '인문적 가치'의 가능 근거

과연 모든 사회적, 문화적 차이에도 불구하고 인간이 인간으로서 지향해야 할 '보편 가치'라는 것이 존재하겠는가? 인간이 상대적이고 가변적인 문화사회적 여건 속에서 생을 영위해야 하지만 인간인 한 불가피하게 따라야 할 현실적 삶의 여러 '규정'들, 즉 물질적 삶의 기본 요건들이나 사회적 삶의 기본 요건들을 갖추어야 하듯이, 인간이 인간인 한 인간으로서 지향하고 추구하지 않을 수 없는 '보편적 가치'를 인정하고, 이를 '인간적 가치'라고 부를 수는 없겠는가? 여러 지역에서 발생한 여러 종족들의 여러 가지 '문화들'이 역사가 진행되어 가는 과정에서 삶의 영역을 확장시켜 가면서 점차 근접하고 통합되어 '하나의 인류 문화'로 성숙해 간다고 볼 수 있지 않을까?

이에 대한 답은 논리적, 선험적으로 할 수 있는 것이 아니다. 역사적 현실을 보고 기술적(記述的)으로 답을 찾아야 할 것이다. 생물학적 관점에서 볼 때 인종이 다양함에도 불구하고 인류가 하나의 종(種)이라는 점, 그런 점에서 의식주 등 생물학적 삶의 요건이 근본적으로 동일하다는 점, 이런 '자연적인' 삶의 조건은 이 위에 형성되는 '사회문화적'인 삶의 요건, 즉 인간이 스스로 형성해 낸 제2의 자연으로서의 '삶의 둥지'를 구성하는 데 있어서도 하나의 보편적인 원리가 지켜질 수밖에 없음을 함축한다. 그리고 그 하나의 원리는 무수히 많은 변양을 통해 구체적 문화 현실 속에서 작용하긴 하겠지만, 근본적으로 하나의 방향, 혹은 지향점을 갖는다고 말할 수 있다. 이렇게 볼 때, 그 하나의 보편적인 이상은 실현되어야 '가치'에 다름 아니고, 그것이 최고의 '인간적 가치'임에는 의심의 여지가 없다.

인간이 단적으로 인간이기에 지향하게 되는 보편적 가치, 환경과 여건이 달라 그 구현의 길은 여러 가지의 다양한 모습을 지니게 되겠지만, 그 자체로서는 보편성을 잃지 않는 보편적 가치가 있다는 믿음은 하나의 '인류', 하나의 '세계', 하나의 '인류 문화사'를 가능케 하는 전제다. 이에 대한 인식과 신뢰를 공유할 수 있다면, 문화적 차이에서 대립과 갈등을 해소하고 상이한 집단들 사이에서도 협동과 통합이 가능해질 것이다.

인류 전체가 공유하는 보편적인 인간적 가치를 인정한다면, 그 가치는 마땅히 한국적인 특수 상황에서도 보편적 타당성을 갖는 가치일 것이요, 하물며 한국 내의 다양한 집단들 간의 특수한 이해관계, 즉 욕구 충족의 대립상을 두루 내포할 수 있는 보편 가치가 될 것이다. 우리는 이를 이름하여 '인문적 가치'라 부르고자 한다.

2) 문화적 통합의 근본: 인문적 가치

인문적 가치란 위에서 말했듯 인간이 인간으로서 추구해 마지않는 보편적 가치다. 그것은 따라서 인간을 그 자체 목적으로 삼고 가치의 근원으로 보는 가치관을 전제로 한다. 인문적 가치의 핵심이자 최고봉은 인간적 가치다. 즉 인간이 인간으로서 살아가는 데 있어 반드시 지켜 내야 하고, 이의 실현을 위해 다른 모든 수단들을 그에 복속시켜야 하는 그런 가치다.

인문적 가치란 따라서 그 자체 목적적 가치다. 그것이 수단이 되어 다른 어떤 것에 봉사하게 되는 그런 가치가 아니라, 그 자체가 곧 목적이 되는 그런 가치란 말이다. 수단적 가치와 목적적 가치의 구분은 가치들의 우선순위와 위계 관계에 대한 확고한 인식으로 이루어지는 가치관을 확립하는 데 있어서도 물론 중요하지만, 실제로 가치판단을 하고 그에 따라 행동을 함에 있어 매우 중요한 것이다. 본말이 전도되고 주객이 전도되는 가치 역전 현상은 바로 이 양자의 구분이 확실하지 못한 데서 오는 경우가 많기 때문이다.

인간의 모든 활동은 가치를 창출하려는 노력이든지, 창출된 가치를 소모하는 휴식이나 놀이든지, 둘 중 하나다. 가치 창출의 노력이란 사실의 세계 속에서 그 사실의 세계를 자료로 삼아 가치를 실현시키려는 노력이기도 하다. 그리고 대부분의 가치 창출 노력은 수단적 가치의 증대를 위한 것에 바쳐진다. 사회적 삶의 각 부문에서 이루어지는 활동들이 대개는 바로 이런 가치 증대 활동이라고 볼 수 있다. 그러나 정작 더 중요한 것은, 그렇게 증대된 수단적 가치를 활용하여 실현시켜야 할 궁극적 가치인 '인문적 가치'라는 목적적 가치에 대해 깊이 성찰하는 일이다.

이 인문적 가치란 주관 연관성이 아주 강해 객관적 판단이 어렵고, 또 정량적 평가가 어려울 뿐만 아니라, 그 실현 과정이 장기적이고 우회적이라서 투자에 비해 그 성과를 올리기가 매우 어렵다. 바로 그렇기 때문에 그에 대한 연구나 그것을 실현시키고자 하는 교육적, 실천적 노력에 대한 사회적 보답이 상대적으로 미미하다. 인문적 가치 그 자체가 세인의 관심거리가 되지 못하는 경우가 많다.

그러나 이 인문적 가치야말로 공동체 생활의 각 부문에서 창출하는 모든 가치 영역들에 그 의미를 부여하고 그 위상을 정해 주는 가장 근원적인 가치 기점이다. 이에 대한 근래의 관찰 중 주목할 만한 것은 국내에서도 많은 기업인들이 인문적 통찰에 대한 갈증을 표명하고 있다는 사실이다. CEO를 위한 서울대학교 인문학 강좌에, 고액의 수강료에도 불구하고 많은 CEO들이 수강을 하고 있고, 또 그 학습 성과에 대해 만족하고 있다는 보도나, 몇몇 대기업 부설의 연구소에서 인문학 강좌를 자체 개발하여 회사 구성원들에게 사이버 강의의 형태로 제공하고 있다는 사실 등이 이를 증언해 주고 있다.

유명한 국제정치학자인 조지프 나이(Joseph Nye) 교수가 '소프트 파워' 이론을 제시해 눈길을 끌었는데, 이 또한 인문적 가치의 근본성에 대한 통찰로부터 나온 것으로 이해된다.1)

가장 노골적인 힘의 대결이 일어나는 곳이 바로 국제정치의 영역일 텐데, 여기에서도 물리적인 군사력이나 경제력이 아닌 문화적인 힘이 더 크게 작용한다는 것이 그의 주장의 핵심이다. 그는 "어떤 나라의 가치 체계를 존중하고 그 나라의 본을 따르고자 하며, 또 번영과 개방성의 수준을 동경하는 등 이 나라를 따르고자 한다면, 그 나라는 국제정치 상황에서 원하는 결과를 쉽게 성취할 수 있을 것"임을 지적하면서 '소프트 파워'를 "자신이 지향하는 가치 체계를 다른 사람이 받아들이게끔 하는 능력"이라고 정의한다. 하드 파워가 "무력행사나 경제제재와 같은 위협 수단을

---

1) 이 용어는 하버드 대학의 조지프 나이(Joseph Nye) 교수가 1990년에 펴낸 *Bound to Lead: The Changing Nature of American Power* 에서 처음 썼으며, 2004년에 나온 그의 책 *Soft Power: The Means to Success in World Politics*(홍수원 옮김, 『소프트 파워』, 세종연구원, 2005)에서 더 발전시켰다. 이제 이 용어는 국제정치 영역에서 분석가나 정치인들에 의해 광범하게 사용되고 있다.

동원하거나 … 아니면 경제력을 이용해 타국에 보상함으로써 타국으로 하여금 자신이 원하는 대로 움직이도록" 하는 힘이라면, 소프트 파워란 "매력이나 애착을 느끼는 정서에 호소하거나 상호적 우호 관계를 토대로 하는 책임감에 호소함으로써, 또는 더 나아가 공동의 가치와 목적에 기여하는 것이 옳다는 공동 인식에 어필함으로써" 그렇게 하는 힘이라는 것이다.[2)]

그의 분석에 따르면 이 소프트 파워에는 과학적 지식도 있지만, 그 못지않게 도덕적, 가치 지향적 요인 및 정서적, 예술적 요인이 있다는 것이다. 한 국가가 다른 나라에 영향을 미치는 중요한 요인이 도덕적, 이념적 가치관의 공유에 있다는 것이다. 그에 따르면, 범국가적인 역사적 운동이나 조류의 저변에는 보편적인 이념적 지향이 있기 마련인데, 이 이념적 지향의 근본에 도덕적 보편 가치의 공유가 자리 잡고 있는 경우, 그 힘은 더욱 강한 것이 된다.

지(知), 정(情), 의(意), 이 세 가지는 인간의 정신 활동의 유형이자 양상이며, 동시에 그 영역이기도 하다. 결국 국가나 사회의 역사도 인간의 실천적 행동을 통해 이루어진다는 점에서는 이 세 가지 요인에 의해 추동된다고 보아야 할 것이다. 물리적인 힘과는 본성상 다르다는 점에서 이들은 인간에게만 고유한 생의 의미를 구성하는 요인이다. 이들로 구성되는 힘을 '하드 파워'와 구별되는 '소프트 파워'라고 한다면, 소프트 파워야말로 문화적, 사회적, 역사적 존재로서의 인간의 삶에 본질적인 것이라 하겠다. 그리고 이들은 인간의 인간다운 삶에 요구되는 인문적 가치에 해당

2) 조지프 나이, 『소프트 파워』, 홍수원 옮김, 세종연구원, 2005.

하는 것들이다. 인간은 단지 '있는 사실'의 세계에 머물며 현재 주어진 생존만을 도모하는 '자연적 존재'가 아니라, '있어야 할 가치'의 세계를 지향하는 '문화적 존재'다. 바로 여기서, 즉 자연적 존재에서 문화적 존재로 고양되는 지점에서 인간이 인간이 되기 위해 지향하고 실현시켜야 할 '가치'가 요구되므로, 그것은 곧 인문적 가치다. 이 가치로 인해 인간의 삶은 의미를 얻게 되므로, 이를 토대로 형성되는 소프트 파워는 인간의 인간다운 가치를 실현하는 힘이라고 할 수 있다.

3) 인문적 가치에 의한 문화적 통합의 특성

인문적 가치를 근본으로 하는 문화적 통합은 그 본성상 다음 세 가지 특성을 갖는다.

첫째, 각 부문에서 일어나는 갈등과 대립을 해소하고 그 힘들을 통합하는 데 있어 인문적 가치를 근본으로 하는 문화적 통합은 근본적인 것을 노린다. 수단적, 방법적 절충이나 타협을 위한 구체안을 제시하지 않고, 오직 근본적이고 원리적인 통합의 지평을 제시한다. 둘째, 따라서 이 통합은 포괄적이다. 어느 특정 영역의 특정 양상의 통합만을 노리는 것이 아니라, 사회의 전 영역에서 갈등이 해소되고 통합이 이루지는 것을 목표로 한다. 비록 그 수준이 만족스럽지 못하다 하더라도 목표하는 바는 포괄적이다. 셋째, 이 통합은 이루어지는 데 있어 시간이 걸리고 점차적으로 이루어지기 때문에, 더딜지언정 일단 달성된 통합의 수준은 오래 지속된다.

인문적 가치를 근본으로 하는 공동체의 통합은 이렇듯 근본성,

포괄성, 지속성을 그 특성으로 하는바, 통합의 폭과 그 영향력은 광범하고 강력하다. 비록 그 통합의 변화가 구체적으로 눈에 보이고 객관적으로 정량화할 수 있는 것은 아니지만, 총체적 파급력에 있어서는 강한 힘을 역사의 과정 속에서 발휘한다.

인문적 가치를 근본으로 하는 문화적 통합은 사회공학적 성과를 노리는 수단적 방책이 아니라 인간다운 삶을 영위하는 데에 장애가 되는 현실적 갈등을 해소한다는 점에서 그 자체 당위의 성격을 띤다. 즉, 이 문화적 통합은 역사 과정 속에서 마땅히 성취되어야 할 과제로서 당위성을 갖는다는 말이다. 당위의 성격을 띠는 문화적 통합은 따라서 갈등의 해소에 대해 도덕적 권위를 갖고 접근한다. 가치 실현의 당위 근거가 실현된 가치의 양에 의존되지 않듯이, 문화적 통합의 의의는 바로 이 당위성에 있다고도 하겠다. 부분들이 모여 전체를 이루는 것이 존재론적으로도 세계가 더 완전해지려는 본질적 방향성을 갖는다고 믿는 사람은, 종교적 신앙으로서든 철학적 통찰로서든, 이 당위성을 수용하고 있는 사람이다. 그에게 삶과 세계의 충전성과 통일성은 하나의 이상으로서 전제되어야 할 불가피한 이념이다. 그리고 이는 모든 상식인의 묵시적 대전제이기도 하고, 인류 차원에서 역사적 삶의 궁극적 목표이기도 하다. 이런 점에서 보더라도, 인문적 가치에 의거한 사회적 통합은 현실에서 온전히 성취되지 않는다 하더라도 그 당위성은 훼손되지 않는 것이다.

인문적 가치에 의한 사회적 통합이 갖는 이러한 성격 때문에 이 통합의 실현은 긴 안목으로 장기 계획을 세워 외견상 매우 '비효율적인' 인문교육을 통해서 달성될 수 있는 것이다. 여기서 우리는 국가적 차원에서의 인문교육정책부터 살펴보기로 하자.

4) 인문적 가치 구현의 길: 인문교육

어떤 국가 이념이 전제되었든 국가를 제도화된 하나의 공동체로 본다면, 국가는 인륜성을 지니는 '인륜 공동체'다. 국가가 그 자체 도덕성을 지니는 인격체가 아님은 분명하지만, 국가 구성원이 인격적 존재로서 사회생활을 영위할 수 있게 하는 조건과 제도를 구비함으로써 인륜성을 구현시켜야 한다는 뜻에서 그러하다는 말이다.

이러한 사상은 근대 시민사회의 성립과 성장에 즈음하여 국가의 인륜성을 주창한 헤겔의 국가철학에도 잘 나타나 있고, 국가 경영의 원리로 덕(德)을, 그 방편으로는 예(禮)를 내세웠던 고대 동아시아의 스승 공자에게서도 뚜렷하다.

헤겔에 따르면 '욕망의 체계'에 그침으로써 대립과 갈등을 드러내는 '시민사회'는 이를 '변증법적으로' 종합하여 이성적 이념을 구현하는 '인륜 공동체'로 고양되어야 하는데, 이를 감당하는 제도적 기구가 곧 '국가'다. 국가의 차원에서 비로소 인간의 사회적 삶은 그 이성적 이념을 온전히 실현시킨다. 따라서 국가는 인간의 도덕성을 완성시켜야 하는 사명을 갖는다.[3)]

또, 공자에 따르면 국방과 경제와 인륜 세 가지가 국가 경영의 핵심 과제인데, 이 중 가장 중요한 것은 인륜성이다. 『논어(論語)』「안연(顔淵)」 편에는 이런 내용이 있다.

자공이 정치에 관하여 묻자 공자가 답하기를 "먹을 것을 풍족하게 해주어야 하고, 군비를 충족하게 해야 하며, 국민들이 믿고

3) W. F. Hegel, *Enzyklopädie der philosophischen Wissenschaften*, §§523-548 참조.

따르게 해야 한다." 자공이 다시 "부득이하게 이 세 가지 중에서 한 가지를 버려야 한다면 무엇부터 버리시겠습니까?"라고 묻자 공자가 답하기를 "군비를 버려야 한다." 자공이 다시 "부득이하게 이 두 가지 중에서 한 가지를 버려야 한다면 무엇부터 버리시겠습니까?"라고 묻자 공자가 답하기를 "먹을 것을 버려야 한다. 자고로 사람은 태어나면 언젠가는 죽게 되지만, 나라는 국민의 믿음이 없으면 바로 설 수가 없다."[4)]

국가란 물론 외양적으로는 정치적, 경제적, 사회적 공동체이지만, 인간이 도덕적 존재인 한, 도덕적 존재를 구성원으로 하는 국가는 그보다 더 근원적으로 먼저 인륜 공동체가 되어야 한다. 따라서 국가가 인륜 공동체로서 그 사명을 다하기 위해서는 전반적인 국가 경영의 기반에 인륜적 규범과 가치를 실현하는 기본 정책이 깔려 있어야 한다. '인문 정책'이란 바로 여기에 기여하는 것이다. 국가의 인륜성을 구현하는 인문 정책은 국가의 여러 정책들 중 하나가 아니라, 국가의 모든 정책들에 '인륜적 규범과 가치'를 부여해 주는 원리적이고 기본적인 정책으로 가장 근본적인 차원에서 국시(國是)를 떠받치고 있는 주춧돌이 되어야 한다.

이 인문 정책은 우선 구성원 전체의 문화적인 삶을 지원하고 선도하는 문화 정책으로, 또 인문학을 진흥하는 학술 정책으로, 그리고 자라나는 세대를 인륜적 국가 구성원으로 육성하는 교육 정책으로 구체화된다. 그런데 이 중 가장 중요한 것은 인문교육 정책이다. 교육이란 자라나는 어린 사람들을 자연적 상태에서 문

4) 子貢問政. 子曰足食, 足兵, 民信之矣. 子貢曰, 必不得已而去, 於斯三者何先. 曰, 去兵. 子貢曰, 必不得已而去, 於斯二者何先. 曰, 去食, 自古皆有死, 民無信不立.

화적 상태로 이끌어 올려 '사람'이 되게 하는 일이다. 즉, 교육이란 자라나는 아동을 인간다운 인간이 되게 하는 것이요, 인간다운 삶을 살아갈 수 있는 능력과 자질을 갖게 하는 것이다. '경작'이라는 뜻을 갖는 '문화(cultura)'라는 개념어가 이미 이러한 의미의 '교육(educare)'을 전제로 하는 것이기도 하다. 따라서 교육의 근본에는 인문교육이 놓이게 된다. 인문교육이란 일반적으로 자라나는 세대가 어떤 특정한 능력이나 지식을 갖추는 것과는 별개로 '그저 인간으로서' 훌륭하게 살아갈 수 있도록 도와주는 교육, 따라서 일반적인 인간적 보편 가치의 실현을 도와주는 교육이라고 규정되기 때문이다.

국가의 모든 정책에 그 기초로 놓이는 국가의 사명이 인륜성의 실현에 있다면, 인문교육이야말로 국가가 역행(力行)해야 할 과업 중의 과업이다. 근대 이후 서양의 대학에서도 모든 교육이 이 인간의 본성과 보편 가치에 대한 탐구, 즉 인문학(Humanities)을 원점으로 해서 출발하였으며, 동아시아에서도 시(詩), 서(書), 예(禮), 악(樂)을 한데 어우르는 인문교육의 이념이 항상 고등교육의 중심에 자리하고 있었다.

4. 인문교육의 이념과 실천

인문교육을 통해 인간적 가치의 실현을 준비하고 인간적 가치의 실현을 통해 사회통합의 포괄적 지평을 준비한다는 것이 우리의 기본 생각이다. 그렇다면 이제 인문교육에 대해 좀 더 구체적으로 살펴보아야 할 것이다. 인문교육의 근본이념은 어떤 것이며, 현재 한국의 인문교육은 어떤 정황에 처해 있으며 그것을 바람직한 방향으로 이끌기 위해서는 어떤 개선의 노력이 있어야 하는지 개괄적으로 살펴보기로 하자.

1) 인문교육의 이념

교육(敎育)이란 '가르치고 기르는' 것이다. 그런데 한자의 가르칠 '교(敎)' 자는 어원적으로 '본받고 때리는' 두 가지 활동이 상호적으로 일체가 되어 일어나는 일을 뜻하는 글자라고 한다. 즉, 자라나는 아이는 어른에게서 본을 받고, 어른은 아이에게 매를 들어 이를 잘하도록 독려하여 '가르침'이 이루어진다는 것이다. 우리말의 '가르치다'는 '말로 일러 기르다'(가로다 + 치다)라는 말로, 사람 삶의 뜻을 말로 일러 주어 정신적으로 기른다는 뜻이라고 한다. 그런가 하면 교육에 해당하는 서구어의 뿌리인 라틴어 'educare'는 '이끌어 올리다'라는 뜻을 지니는 말이다. 사람이 아직 못 되고 동물적인 상태에 머무는 어린 것들을 사람다운 사람의 상태로 이끌어 올린다는 것이다.

그러고 보면, 결국 교육이란 동서를 막론하고 자라나는 아동을 자연적 상태에서 문화적 상태로 이끌어 올려 사람이 되게 하는 일이다. 그런데 문화(文化)라는 한자어는 서양어 'culture/Kultur'의 역어로 만들어진 것이고, 이 서양어의 어원인 라틴어 'cultura'는 본래 "밭을 갈아 농작물을 재배, 경작함. 일을 하여 농작물을 수확함"이라는 뜻을 갖는다. 그런가 하면 수준 높은 교육을 받은 '지도적 시민'들이 지녀야 할 지적, 정서적, 도덕적 자질과 능력, 덕성 등을 바로 이 '경작된 영혼의 수확물'이라는 개념, 즉 'culture/Kultur'로 총칭하게 되었다. 우리가 '교양(敎養)'이라는 역어로 일컫는 것이 바로 그것이다. 이렇게 볼 때 교육한다는 것, 문화 상태로 끌어 올린다는 것은 곧 '교양'을 갖추어 준다는 것을 뜻하게 된다.

이렇게 생각해 보면 교육의 기본은 바로 교양을 갖게 하는 교양교육인데, 이는 곧 자연 상태를 넘어서서 인간다운 인간이 된다는 것이요, 인간다운 삶을 살아갈 수 있는 능력과 자질을 갖게 된다는 것이다. 그렇다면 이는 또한 다름 아닌 인문교육이다. 인문교육이란 우선 '단적으로 인간으로서' 훌륭하게 살아갈 수 있도록 도와주는 교육, 따라서 일반적인 인간적 보편 가치의 실현을 도와주는 교육이다. 인문교육이란 곧 인간으로 하여금 올바른 인간이 되게 하려는 교육이다.

2) 한국 인문교육의 현실: 인문학 연구와 인문교육의 유리

어떤 시대, 어떤 사회에서든 본래, 인간과 세계를 총체적으로 이해하고 이를 바탕으로 인간이 그 세계 안에서 어떻게 살아야 하는지를 알고자 하는 것이 학문적 탐구의 중심 과제라면, 이를 실천에 옮기는 능력을 가르치고 기르는 것이 교육의 과정이다. 이러한 과정을 통해 자라나는 세대가 지성과 덕성을 갖춘 성숙한 인격체로 성장하여 세계와 공동체에 대해 책임질 수 있게 되는 것이 교육의 근본 목표이자 핵심 과제다. 학문 연구와 교육의 관계는 이렇게 처음부터 불가분적인 것이다.

근래 한국에서는 "인문학이 위기에 처해 있다"는 학계 안팎의 경고 내지 호소가 호응을 얻어 인문학 진흥을 위한 여러 방책의 강구가 인문 정책의 중요한 한 축을 이루는 경향을 보이고 있다.

정부가 연구재단을 통해 인문학 연구를 재정적으로 지원하는 것이 그것이다. 그러나 인문학 진흥은 인문학 연구가 인문교육과 연계되지 않는 한 소기의 성과를 얻기 어렵다고 본다. 인문학 연구는 인문교육과 유리되면 그 본래적인 의의가 희석되며, 그 성과가 인문학의 진흥에 크게 기여하지도 못한다는 말이다.

학문으로서의 인문학 연구는 본래 인문교육을 위한 것이다. 인문학은 자기반성을 토대로 한 주체 연관적, 가치 지향적 탐구이기 때문에, 그 탐구에만 그치고 그 내용의 실현과는 무관한 채 남아 있을 수가 없다. 그러하다면 이는 곧 자기부정과 다름없는 일이다. 한마디로 말해, '인간다운 삶에 대한 탐구'가 '인간다운 삶의 실현'과 무관하다면, 그것은 자기부정의 공허한 이론에 지나지 않을 것이다. 따라서 인문학은 인간다운 삶의 실현을 준비하는 인문교육과 불가분적이며 동근원적(同根源的)이다. 사실 그 본원을 보자면, 인문학은 인문교육에서 유래한다. 인간으로서 가장 훌륭하게 살아갈 수 있도록 일반적인 인간적 보편 가치의 실현을 도와주는 '인문교육'을 위해, 그 인간적 보편 가치의 내용을 탐구하고자 한 것이 곧 인문학이라는 말이다. 따라서 인문학적 탐구는 이상적 인간상을 실현할 실천적 능력을 길러 주는 인문교육을 위해 그에 봉사하는 것이어야 하며, 인문교육은 이러한 인문학적 탐구의 성과를 바탕으로 그 과제를 수행해야 한다.

인문학의 위기를 호소하는 인문학자들이 그 원인으로 상업주의적 세태나 정책적 오류를 지적하지만, 실은 인문교육과 유리된 것이 더 깊은 원인이다. 그리고 본래 인문교육의 심화와 고양을 위해 탐구되던 인문학이 인문교육으로부터 유리되어 스스로 무력해진 데에는 인문학 자체의 내부에도 다음 두 가지 원인이 있다.

하나는 인문학이 실증과학을 닮으려 했던 것이고, 다른 하나는 실증과학의 융성으로 인해 인간상 자체가 망실되었다는 것이다.

"인문학이 … 고유한 연구 대상과 연구 방법을 가질 수 있기 위해서는 인간 자체가 자연과 사회 환경을 뛰어넘는 자유로운 주체로 이해되어야 하며, 그 자유로운 주체의 활동 역시 결코 자연법칙이나 사회 규칙으로 환원되어 설명될 수 없는 정신의 표현으로 해석되어야 한다. … 자연적 및 사회적 규정성을 넘어서는 인간 자체의 존재가 부정되면, 결국 인문학의 고유 연구 대상이 사라지게 되며, 고유 연구 대상이 없기에 고유 연구 방법도 갖추지 못한 학문 아닌 학문으로서 인문학이 사라지는 것은 당연한 것이 된다."5)

3) 한국 인문교육의 과제: 인문학과 인문교육의 연계

인문학 연구가 "인간의 본성과 인간다운 삶의 조건과 보편적인 인간적 가치 등의 탐구"라는 그 본래의 과제를 충실히 수행하고, 인문교육이 "인간다운 사람의 양성을 통한 인간적 가치의 실현"이라는 그 본래의 과제를 충실히 이행하기 위해서는, 양자가 긴밀히 연계되어야 한다. 인문학 연구가 인문교육으로부터 멀어진 배경을 일부 살펴보았지만, 그렇다면 이 양자의 연계성을 회복하기 위해선 어떤 인문 정책을 세워야 할까? 사실 오늘날 한국에서 화급하고 긴절한 인문 정책은 바로 이 문제에 모아지고 있다. 필자는 구체적인 정책으로 다음 네 가지를 제안한다.

---

5) 한자경, 『일심의 철학』, 서광사, 2002.

첫째, 중등 교육과정에서 인문교육이 광범하게 이루어질 수 있도록 교육과정을 재정비해야 한다.

'인문 교과군'이 별도로 설정되어 그 안에서 문학, 역사, 도덕, 철학 분야의 학습 내용이 학교 급별, 학년별 수준에 맞게 적절히 개발되어 학습되어야 한다. 특히 도덕 교과 교육은 정치사회적 내용을 과감히 버리고 고유한 도덕적 문제만을 도덕철학적 관점에서 다루도록 해야 한다. 민족 분단 등 특수한 한국적인 정치사회적 문제를 다룰 때에도 그것들을 도덕적 관점에서 도덕적 문제로 다루어야 한다. 이와 더불어 고등학교에서 대학 입시를 염두에 두고 문과, 이과로 학급을 나누고 이과 학생들에게 인문교육을 소홀히 하는 일은 조속히 지양되어야 한다.

둘째, 인문학 분야 대학 졸업생이 중등 교육과정의 인문교육에 참여할 수 있도록 교원 양성 제도를 개선해야 한다.

많은 인문학자들이 우려하는 이른바 '인문학이 위기'는 현실적으로 인문학을 공부하려는 대학생이 줄어들고 그 연장선상에서 인문학 연구자가 줄어드는 현상을 가리키는 것이다. 이른바 학문 후속 세대가 끊겨 인문학 연구가 정체되고 나면, 인문교육도 자연히 빈약해지고 결국 정지되고 말 것이다. 따라서 이러한 '위기'를 극복하는 길은 대학에서 인문학을 공부하려는 학생이 줄어들지 않고 이들 중 적잖은 수가 대학원에 진학해 인문학 연구의 길로 들어서도록 하는 것이다. 그러기 위해서는 이들이 엄격한 자격 검증을 거쳐 교사 자격을 취득한 뒤 중등 교육과정의 인문교육에 참여할 수 있도록 제도적 장치를 마련해야 한다. 이 제도가 구현되면, 한편으로는 중등 교육과정에서 인문교육이 질적으로 심화되고, 다른 한편으로는 대학에서 인문학 연구 인력 풀이 풍성해져 인문학의 진흥에 실질적인 기여를 할 것이다. 따라서 이러한 기회를 차단하고 있는 사범대학 제도의 존립에 대해서도 진지한 검토가 필요하다. 석사나 박사 학위를 얻고도 생계의 위협을 받으며 '백수'로 대학 주변을 맴도는 인문학도가 많다는 것은 국가적 차원에서의 교육적 손실이 아닐 수 없다.

셋째, 대학에서의 인문교육을 심화시키기 위해 인문학 전문교육과 인문교양교육이 하나로 통합되어야 한다. 이를 위해서 종국적으로는 대학의 교육과정이 성층화되어야 하고, 또한 대학의 교육 구조 자체가 변모해야 한다.

대개 인문학 분야의 학과에서 교수들은 그 학과 소속 학생의 교육, 즉 특정 인문학 전문교육에는 관심을 갖지만 일반 학생을 위한 인문교양교육은 소홀히 한다. 이는 인문교육을 위해서나 인문학 연구를 위해서나 잘못된 일이다. 위에서 언급했듯이 인문학 연구란 인문교육과 긴밀한 관계를 갖고 있는 만큼, 인문학 연구의 길로 통한다고 생각하는 인문학 전문교육과 그저 초보적인 교육에 그친다고 생각하는 인문교양교육은 실은 하나로 통합되어야 하는 것이다. 동일한 학과목에서 전공과목과 교양과목을 구분한다는 것은 인문교육과 인문학 연구의 동원성(同源性)을 망각한 처사다.

인문교양교육과 인문학 전문교육을 통합하기 위해서는 전공을 불문하고 누구나 기본적으로 인문교양교육을 받도록 교육과정을 구조적으로 성층화(成層化)시키는 것이 필요하다. 그리고 종국적으로는 교육 구조를 바꿔 학사 과정에서는 누구나 인문교양교육을 충분히 받을 수 있도록 하는 개혁이 필요하다.

넷째, 인문학 진흥을 위한 지원이 지속적이고 제도적인 학문

후속 세대 양성에 초점을 맞춰야 한다. 이를 위해선 개개의 연구 계획을 단기간 지원하는 현행의 지원 방식을, 예비 학자를 선발하여 연구자를 장기간 지원하는 방식으로 전환할 필요가 있다.

근년 들어 한국에서는 연구재단을 통해 인문학 진흥을 위한 재정 지원을 대대적으로 하고 있다. 그러나 이 지원이 단기간의 연구 프로젝트 별로 이루어져 연구자가 생계의 위협을 받지 않고 지속적으로 연구 활동에 종사하기에는 미흡한 점이 많다. 인문학의 탐구 성과는 그 특성상 장기간의 학문적 성숙을 통해 비로소 결실을 맺게 되는 것이 보통이므로, 사람 중심으로 지원이 이루어지는 것이 좋다고 본다. 생계의 위협을 받지 않고 장기간에 걸쳐 연구를 계속할 수 있기 위해서는 신분적 안정이 요구되기 때문이다. 물론 그 학자적 자질을 검증하는 데에는 엄격성과 객관성이 수준 높게 지켜져야 할 것이다.

참고문헌

베르그송, 『도덕과 종교의 두 원천』, 송영진 옮김, 서광사.

사회통합위원회 웹사이트 http://www.harmonykorea.go.kr/class/info.asp

Maslow, A. H., "A Theory of Human Motivation", *Psychological Review* 50(4), 1943.

_____, *Motivation and Personality*, New York: Harper & Row, 1954.

Nye, Joseph, *Bound to Lead: The Changing Nature of American Power*, 1990.

_____, *Soft Power: The Means to Success in World Politics*, 2004, 홍수원 옮김, 『소프트 파워』, 세종연구원, 2005.

Hegel, W. F., *Enzyklopädie der philosophischen Wissenschaften.*

『논어(論語)』

한자경, 『일심의 철학』, 서광사, 2002.

■ 손동현 ■

서울대학교 철학과를 졸업하고 독일 요하네스 구텐베르크 대학(마인츠)에서 철학 박사 학위를 받았다. 성균관대학교 학부대학 초대 학장을 지냈고, 철학연구회, 한국철학회, 한국교양교육학회 회장을 역임하였다. 현재 성균관대학교 문과대학 철학과 교수로 재직 중이며 한국교양기초교육원장을 겸하고 있다. 주요 저서로 『중등 도덕교육의 현실과 문제』(공저), 『나의 삶, 우리의 현실』(공저), 『공동체 자유주의』(공저) 등이 있고, 역서로는 『존재론의 새로운 길』, 『비판이론』, 『문화학이란 무엇인가』 등이 있다.

문화는 소통이다

1판 1쇄 인쇄 2012년 1월 25일
1판 1쇄 발행 2012년 1월 30일

지은이 엄정식 외
발행인 전 춘 호
발행처 철학과현실사

등록번호 제1-583호
등록일자 1987년 12월 15일

서울특별시 종로구 동숭동 1-45
전화번호 579-5908
팩시밀리 572-2830

ISBN 978-89-7775-751-6 93300
값 18,000원